中国轻工业"十四五"规划立项教材

高等职业教育经管类专业平台课精品教材

商务应用文写作
微课版（第二版）

申作兰　张学芳　编著

中国轻工业出版社

图书在版编目（CIP）数据

商务应用文写作：微课版/ 申作兰，张学芳编著
. --2版. --北京：中国轻工业出版社，2025.2
中国轻工业"十四五"规划立项教材　高等职业教育经管类专业平台课精品教材
ISBN 978-7-5184-4217-1

Ⅰ.①商… Ⅱ.①申… ②张… Ⅲ.①商务–应用文–写作–高等职业教育–教材 Ⅳ.①F7

中国版本图书馆CIP数据核字（2022）第242865号

责任编辑：刘　晶　　责任终审：劳国强　　　设计制作：锋尚设计
策划编辑：张文佳　　责任校对：朱　慧　朱燕春　责任监印：张京华

出版发行：中国轻工业出版社（北京鲁谷东街5号，邮编：100040）
印　　刷：三河市国英印务有限公司
经　　销：各地新华书店
版　　次：2025年2月第2版第1次印刷
开　　本：787×1092　1/16　印张：16.25
字　　数：350千字
书　　号：ISBN 978-7-5184-4217-1　定价：49.80元
邮购电话：010-85119873
发行电话：010-85119832　010-85119912
网　　址：http://www.chlip.com.cn
Email：club@chlip.com.cn
版权所有　侵权必究
如发现图书残缺请与我社邮购联系调换
220520J2X201ZBW

第二版前言

商务应用文，作为一种专业的沟通工具，涵盖范围较广，包括商务信函、通知、调查报告、商务策划文案等，在传递信息、解决问题、表达观点、规范行为、建立联系和文化传承等方面具有重要价值，是人们在社会化生存中不可缺少的基本技能。

随着数字经济的发展和人工智能的进步，信息获取和处理变得更加高效，对相关文种写作也有了更高的要求。比如AI技术能够快速检索和分析大量的文献资料，帮助作者在短时间内获取所需的有效信息，这对于调研报告、新闻写作尤为重要，能够大大加强研究的广度和深度。移动互联网时代对利用新媒体平台（如微博、微信公众号等）进行的文案创作也提出了更高的要求。因此，作者在对社会新需求调查分析时，充分考量企业岗位对职业人才商务应用文写作能力的需求，修订形成了《商务应用文写作：微课版（第二版）》。

《商务应用文写作：微课版（第二版）》内容以岗位需求为导向，以技能训练为本位，增加了"新媒体文案写作"等写作内容、二维码微课视频、二维码随堂练习题、课程思维导图，更新了大量案例，完善了学习目标，突出了对学习者的规范意识、公民意识等职业素养的培养。在本书内容设计上，先以案例导入，启发学生对某一文种的认识和思考，再以知识介绍让学生掌握这种商务应用文的写作知识和写作要领，然后以"知识拓展""信息小贴士"丰富学生的知识面，穿插企业各类"正确""错误"案例，形成鲜明对比，强化文种的写作质量，并通过"练一练"有效提高学生的写作技能，构建起全新的"教、学、写、评"内容体系，满足一体化教学需要。

本书主要涵盖商务应用文写作常用的商务行政公文、商务事务文书、商务信息文书、演说类文书、商务法律专用文书、求职文书等文体文种，所有文体都简明定义，指出要点，列出方法，选择新近的典型范例进行实例示范，对使用中的难点进行点拨。总之，力求从新的角度对商务应用文写作进行规律性的探讨，总结出通用、简明、易于操作的写作技巧。在编写中坚持理论联系实际，透过现象抓本质，以简驭繁，力求突出时代性、科学性、创新性、实践性和拓展性，促进写作能力的提高。

鉴于本书中所引用的部分案例流传较广，引用较为频繁，无法一一标注出处或最初出处，在此谨向这些初始作者致以最诚挚的谢意。在本书编写过程中，得到了亚太森博（山东）浆纸有限公司、山东元景行知文化旅游咨询有限公司的支持和帮助，参考了合作企业的相关岗位工作任务要求，采用了真实项目案例，同时也得到了中国轻工业出版社的大力协助，在此一并表示感谢。

由于我们的水平有限，书中不妥和疏漏之处在所难免，真诚期盼同行专家的批判指导，敬请广大读者不吝指正。

编著者

第一版前言

应用文是现代社会人们在工作、学习、生活中经常用到的信息交流工具,随着时代的不断进步,各项工作对应用文写作提出了越来越高的要求,因此每个人都应该掌握一定的应用文写作的基本知识和技能,尤其是对于即将步入社会的大学生来说,应该注重对其进行这方面能力的培养和训练。

在着手编写教材前,我们深入多家商务公司进行了调研,了解商务工作中常用应用文种的写作现状及使用情况,收集了大量资料。本书无法穷尽种类丰富的商务应用文种,而是突出了人们在日常工作、学习和生活中比较常用的应用文体做主要内容。同时教材选用的例文,贴近商务工作实际,并尽可能采用较新的规定和例文。

本书主要涵盖商务应用文写作的行政公文、事务文书、信息文书、礼仪文书、法律文书、其他常用文书等文体文种,所有文体都简明定义,指出要点,列出方法,选择新近的典型范例进行实例示范,对使用中的难点指点迷津,并附有练习案例和错例分析,还设有拓宽求深的知识链接以介绍与文体相关的网站。总之,力求从新的角度对商务应用文写作进行规律性的探讨,总结出通用、简明、易于操作的写作技巧。在编写中坚持理论联系实际,坚持透过现象抓本质,坚持以简驭繁,力求突出时代性、科学性、创新性、实践性和拓展性,并能将写作理论运用到写作实践中,促进学生写作能力的提高。

鉴于本书中所引用的部分案例流传较广,引用较为频繁,无法一一标注出处或最初出处,在此谨向这些初始作者致以最诚挚的谢意。在本书出版过程中,得到了部分企业的支持和帮助,得到了中国轻工业出版社的大力协助,在此一并表示感谢。

由于我们的水平有限,书中不妥和疏漏之处在所难免,真诚期盼同行专家的批判指导,敬请广大读者不吝指正。

编　者

目录

项目一 认识商务应用文写作
- 任务一　认识商务应用文……3
- 任务二　商务应用文写作要素……7
- 任务三　商务应用文写作技巧……14
- 任务四　商务应用文写作规范……27

项目二 商务行政公文
- 任务一　了解商务行政公文……35
- 任务二　通知……44
- 任务三　通报……50
- 任务四　报告……59
- 任务五　请示……68
- 任务六　函……76
- 任务七　纪要……83
- 任务八　决定……89
- 任务九　批复……97

项目三 商务事务文书
- 任务一　计划……104
- 任务二　总结……109
- 任务三　调查报告……119
- 任务四　可行性研究报告……124
- 任务五　商务策划文案……128
- 任务六　规章制度……133
- 任务七　申请书……148

项目四 商务信息文书
- 任务一　企业简介……154
- 任务二　产品介绍……156
- 任务三　启事和声明……161

| | 任务四 | 新媒体文案写作…………………………………………… | 171 |
| | 任务五 | 经济消息…………………………………………………… | 191 |

项目五 演说类文书

	任务一	开幕词和闭幕词………………………………………………	202
	任务二	欢迎词和欢送词………………………………………………	207
	任务三	演讲稿…………………………………………………………	211
	任务四	述职报告………………………………………………………	219

项目六 商务法律专用文书

	任务一	经济合同………………………………………………………	227
	任务二	经济合作意向书………………………………………………	231
	任务三	招标书与投标书………………………………………………	235

项目七 求职文书

| | 任务一 | 求职信………………………………………………………… | 242 |
| | 任务二 | 个人简历……………………………………………………… | 246 |

参考文献………………………………………………………………………………… 253

项目一

认识商务应用文写作

学习目标

知识目标
1. 了解商务应用文的分类。
2. 理解商务应用文写作的作用。
3. 掌握商务应用文写作主旨、材料、结构和语言表达四大要素内涵。
4. 掌握商务应用文写作的关键和写作的步骤。
5. 掌握商务应用文写作数字、结构层次叙述、计量单位、综合校对、词语、标点符号的使用规范。

能力目标
1. 能区分各类商务应用文。
2. 能分清应用文与说明文、议论文、记叙文的区别。
3. 能根据不同的主题采用不同的结构方式撰写文种。
4. 能熟练运用情感指数增加商务应用文的亲和力。
5. 能按照商务应用文的各种规范要求来审视文书。
6. 能全面综合校对一个文种。

素养目标
1. 培养起正确对待应用文的严肃性、规范性、严谨性。
2. 能够把握洞察实务与驾驭语言之间的平衡。
3. 将中国悠久灿烂的文化与其他文明古国失落的、中断的文化进行比较,展现我国传统文化经久不息,增强民族文化自信心。

思维导图

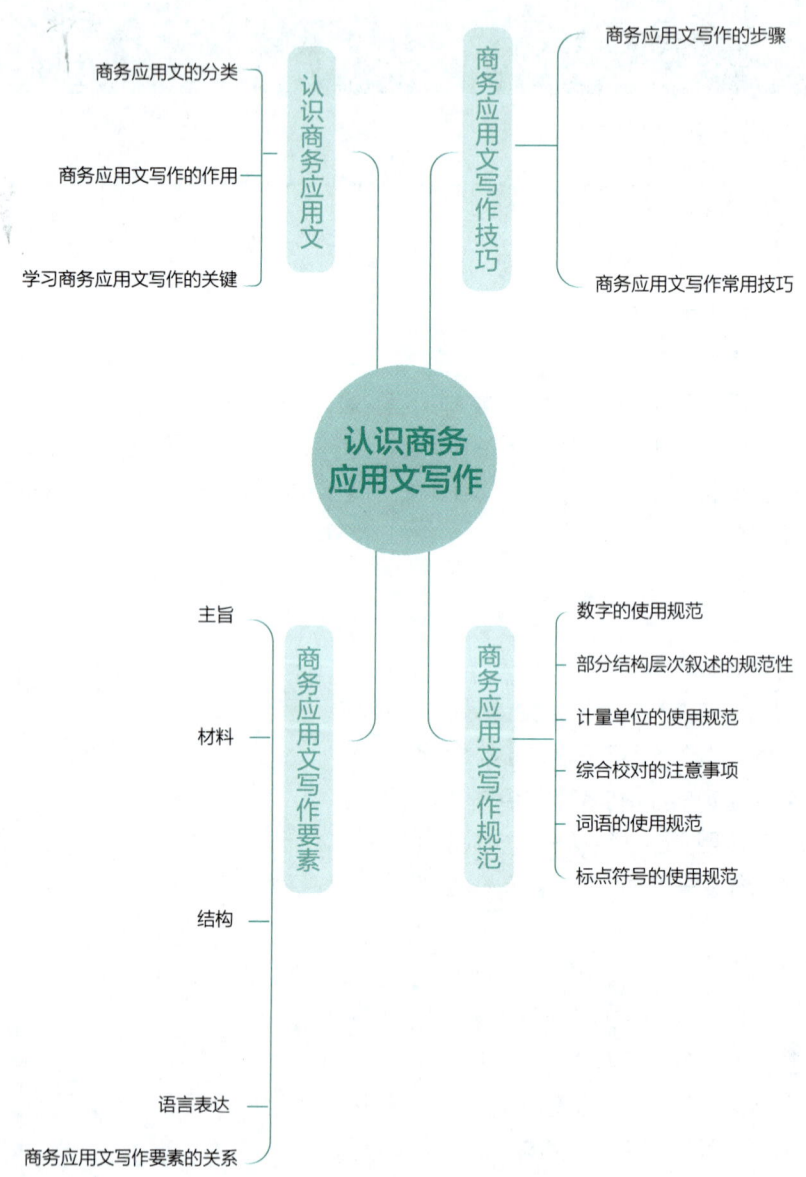

任务一
认识商务应用文

 案例

"博士"寻驴

从前，有一位老先生，号称学富五车、才高八斗，方圆百十里地享有很高的声望，人称"博士"，他也因此得意扬扬、自视很高。这一天，家人来向他报告：家里一头最精壮的黑驴莫名其妙地丢失了，而眼下正是田里、家里活儿最多、最需要牲口的时候，请老爷赶紧想办法或者找回黑驴，或者重买一头新驴。当时一头正值壮年的驴也还很值几个钱，于是有好事者提醒博士说，还是先写个寻驴启事，也许还能找回来呢！博士连连点头称是。于是磨墨铺纸，提笔运腕，一张寻驴启事一气呵成，墨迹未干就赶紧让家人拿出去，张贴在闹市口了。

可是，转眼几天过去了，一点黑驴的消息也没有，博士决定亲自到街头去看一看、听一听，了解了解关于黑驴的消息。来到闹市口，自己写的启事还在，还真有不少人在围观，博士混入人群，心下得意，想听听大家的说法。只听得有好事者正摇头晃脑地给大家念着："……，我中华古国、历史悠久、文化灿烂、民风淳朴、文明教化，盘古开天，唐宗，宋祖""什么嘛！什么嘛！""什么意思！瞎耽误工夫！"围观的人没等好事者念完，就已连连唾弃着地四下散去。原来，"博士"真不愧为博士，一个寻驴启事洋洋洒洒上万字下去，还没提到一个驴字，难怪他等了好几天没有任何消息呢！原来大家还没等他讲到驴就早已不耐烦读下去了！

那么，到底什么是应用文呢？应用文的起源至迟可以追溯到殷商社会晚期，也就是距今3000多年前，可以说我国有初步定型文字的最初年代也就伴随着有了应用文的使用。殷墟出土的甲骨卜辞，商周时期的钟鼎文，《周易》中的卦、爻辞等，都是应用文的原始形态。所以，如果说，神话是中国文学的"祖先"，那么甲骨卜辞则是应用文的"祖先"了。

应用文一语的出处，最早见于南宋张侃的《拙轩集》，原话为："骈四俪六，特应用文耳"。骈：指两物并列，这里指骈文，是古时候的一种文体。这种文章语句大部分是对偶的，由于对偶的单句或复句的上句是四言，所以这里说"骈四"。俪：与"骈"的意思相通，本义指两人并列，故古人称夫妻为"伉俪"，由于骈文文句下句多为六言，所以这里说"俪六"。

应用文是人类在长期的社会实践活动中形成的，在处理公私事务时经常使用的实用性文体，是保证人们日常生活和工作正常运转的重要工具，是人际交往中必不可少的重要文体。应用文在其长期的历史发展中，已经形成了区别于文学作品与实用文体的极其鲜明的个性特点。

关于"应用文"的概念，学界尚无统一严格的定义，不同的学者和书籍往往有不同的归纳和概括。学习者可从以下几个方面把握其本质特征：

（1）写作目的明确（实用性）。应用文是为实现特定目的服务的，因此其写作动因与目的十分明确。应用文写作为处理工作中和生活中的实际问题而写，具有直接的功用性和广泛的实用性。

（2）语言表达规范（规范性）。应用文主要使用规范的现代汉语，具有程式化，规范化的特点。规范是指应用文的内容结构和文面格式有规律可循。应用文的内容结构一般都是约定俗成的（例如，写计划一般写目的，然后再写具体任务目标、措施、时间以及步骤）。适当采用一些古语词汇，文章的语言庄重、简洁、严密，这一点和文学作品形成了鲜明的差异。

（3）格式体例稳定。大多数应用文已经形成了稳定的通用格式和体例，这体现了其规范性和严肃性，撰写者在拟文时必须遵守格式体例的要求。

（4）时间要素明确。应用文其所针对的事务一般是在一定时期内存在的，因此执行时间、有效期和成文日期等时间要素非常明确。

综上所述，可以这样定义应用文：应用文是各类企事业单位、机关团体和个人在工作、学习和日常生活等社会活动中，用以处理各种公私事务、传递交流信息、解决实际问题所使用的，具有直接实用价值、格式规范、语言简约的多种文体的统称。

这个定义规定了应用文的本质特征，使它明显区别于其他文体，又涵盖了应用文的基本特性。从这个概念中我们得到的信息有以下几条。

- ◆ 应用文是一种文体（本质属性）。
- ◆ 应用文格式规范、行文简约、具有实用性（特点）。
- ◆ 应用文的使用者是国家机关、社会组织、个人。
- ◆ 应用文是用来处理公私事务、传递交流信息、解决实际问题的（作用）。

认识应用文

应用文的使用非常广泛，几乎涉及各个领域、各个部门、各个阶层、每个个人。比如，科研单位的人员，需要用学术论文；政府机关指导工作，需要用公文；工商企业经营，需要用合同；打官司，需要用诉状；即使学生今天生病了、不能上课，也需要用到请假条……相对于其他文体来说，应用文的使用频率要高得多，许多人可以一辈子不写小说、剧本、诗歌、散文，但他在工作、生活、学习中却免不了要写应用文，小到写张请假条，大到计划、总结、论文等。正如叶圣陶先生所说的那样："大学毕业生不一定能写小说、诗歌，但是一定要能写工作和学习中使用的文章，而且非写得既通顺又扎实不可。"可以这么说，应用文使用的广泛，已经到了无所不在的程度。今天在中国特色社会主义市场经济条件下，应用文是任何企事业单位和个人日常工作、生活中不可缺少的一个重要工具。应用文同别的文体比较，有共性，也有个性。共性是它们都是对客观事物的反映，都要谋篇布局、用词造句、使用标点符号，讲究条理性、逻辑性，同样使用叙述、说明、议论等表达方式，要求准确、鲜明、生动的文风。

商务应用文是人们在经济活动中，处理商务贸易事务时所使用的具有实用价值、经济意义和固定或惯用格式的文体。

项目一　认识商务应用文写作

> **信息小贴士**
>
> 　　美国未来学家阿尔文·托夫勒指出，信息时代家庭工作的任务是编制电脑程序、写作、远距离检测生产过程。信息时代社会家庭化，作为三项家庭工作任务之一的写作，自然不是文学写作而是文章写作，特别是商务写作。因为社会发展关系密切、直接的是文章而不是文学。从预见变化，促成变化这个角度来说，社会越是进步，应用文在社会发展中的地位越加重要。

一、商务应用文的分类

在实际工作中，大家可能会遇到形形色色、各种各样的商务应用文，根据其形式和内容用途大致可以将其划分为以下几种类型。

（一）按形式来划分

以形式作为划分标准，商务应用文可以大致分为以下两类。

固定格式的商务应用文：常见的固定格式的商务应用文主要有商务合同、邀请信、通知、请示以及批复。相比较而言，这类商务应用文的格式是有比较规范的要求的。

非固定格式的商务应用文：而所谓非固定格式的商务应用文，在日常工作中则往往应用得更为广泛，其中最为大家所熟悉的就是随着计算机和网络一起兴起的电子邮件。

（二）按内容用途来划分

以内容以及用途作为划分标准，商务应用文则又可以分为以下两类。

通用的商务应用文：常见的通用商务应用文主要有通知、纪要、请示、批复、总结、备忘录以及报告等。由于相对于礼仪性的商务应用文而言，这些文体使用得更为频繁，所以在课程后面的内容中将对它们的写作方法进行专门的讨论。

礼仪性的商务应用文：所谓礼仪性的商务应用文，则主要是指贺信、贺电、邀请书、请柬以及慰问信等。

二、商务应用文写作的作用

《福布斯》杂志的创始人——马尔科姆·福布斯曾经说，"一封好的商务信函，可以让你得到一次面试的机会，帮助你摆脱困境，或者为你带来财富"。也就是说，写好商务应用文在一定程度上能够给大家带来很大的经济利益。从另一个角度来看，商务应用文写作与其他任何文本的撰写一样，其作用和最终目的都是与别人进行某种形式的交流与沟通。而需要强调的一点是，沟通并不仅仅是所传递出来的信息，而是被别人理解的信息。如果理解了这一点，那么我们就可以认识到，在日常工作及生活中大家所普遍谈及的"沟通的障碍"其实就都是来自简单传递的单向沟通。

因此，在商务应用文写作方面最为重要的一点就是要避免陷入单向沟通的误区，时刻站在读者的角度来思考问题并形成最后的文字表现，让文书接收方能够理解自己的意图，这样才能发挥出写作商务应用文的沟通作用。

单向沟通的表现

日常工作生活中有很多陷入单向沟通的例子，比如说短信。在一般情况下，无论对方是否想接收短信，只要手机开着他就会收到，并且往往根据他自己当时的心情去诠释短信的内容。而发送人的心情则通常难以得到传递，由此而引发不必要的误会和误解。

三、学习商务应用文写作的关键

项目一　练习一

商务应用文写作的核心内容包括以下几个部分，这些内容也就是本课程的主要构成：商务应用文的写作步骤以及相应的重点；商务应用文的写作技巧；商务应用文写作的注意事项；商务应用文写作应掌握的范例。

> **信息小贴士**
>
> 　　人工智能大语言模型现已广泛应用于写作领域，其在大规模的文本创作、复杂数据的收集与整理、文本内容的流畅与准确等方面表现优异。人工智能写作大幅提高了文章写作效率，且能满足不同用户的需求，生成个性化的文章风格和内容。然而，人工智能基于海量数据生成的文章不免成为套路文字，缺乏真实性与创造性。尤其是在应用文体的写作方面，因涉及具体实际问题的处理、人际的沟通，其表现不及人类创作那般真实与灵活。
>
> 　　目前，各类基于AI技术的写作大模型仍以文字方式与人类交流互动。它们接受人类的指令，不但能完成自动摘要、会议纪要、程式化新闻报道等多种写作任务，而且还能够自动生成创意性文本，如传统上认为只有人类才能完成的剧本、歌曲、企划等创造性写作。那么，AI是否更适宜于写作模式化的应用文呢？
>
> 　　从结构看，AI所写的通知、公函、计划和总结等常用应用文，整体结构不规范，甚至出现结构错乱的问题；从文字内容看，AI应用文文字冗余或适切性信息不足等问题非常突出，不但不能直接采用，甚至会对初学者产生误导。可以说，相比于人机交互初级阶段由人主导的"真性写作"，即IT2.0时代的互联网电脑写作，所谓AI写作，也即让机器像人一样思考和处理问题的写作尚属于"假性写作"阶段。

任务二
商务应用文写作要素

一、主旨

通过写作内容所表现出贯穿全文的基本观点或看法，常被比作文章的"灵魂"，也有人解释为"意犹帅也"，也就是像军队里的统帅，其表现将直接影响到整个军队。

写作要素

 案例

辩论赛的盘问主旨

下面是某辩论赛的盘问阶段，由正方盘问反方，留意一下正反方观点各是什么。

正方：好，我们也谈一些小道具，刚才在场上，有人为我们擂鼓助威，但是有时候打辩论，可能是孑然一身，形单影只，哪一种更有利于您的发挥呢？

反方：对方辩友，只要肯为我们加油鼓励，那就是好的了。

正方：是呀，所以刚才有人为我们助威，更有利于我们的发挥，否则冷冷清清，可不利于我们的成长。第二个问题，您桌子上放的应该是方便面的盒子吧，方便面可以解饿和方便面能够有利于人的身体健康，是不是一个概念呢？

反方：对方辩友，方便面它是一种食物，我实在不清楚，这个问题跟顺逆境有什么样的关系呀？

正方：其实呀，这只是一个简单的类比。在逆境中，人是可以解饿，也可以满足基本的需求，但是它和有利于人的成长，是不是两个概念呢？

反方：对方辩友，天将降大任于斯人也，正因为这样，苦其心志，我们才能够更加成功，正因为我们失败过，正因为我们遭遇过逆境，我们才知道，我们更应该上去，更应该努力，更应该迈向人的成长啊。

正方：如何是降大任于斯人呢？可要先饿你，再空乏你哟，要劳你哟，才能把责任给你。但是我们每个人的成长，是不是这样的经历呢？再问对方辩友，刚才上场的时候，有人为我们每个人送了一瓶水，让我们上场前润喉，这可谓是对我们的帮助吧，这是不是更有利的呢？

反方：我当然要非常感谢刚刚送水给我们的这位先生，他的确让我们润润喉。再者对方辩友，刚刚所谓顺境可以饱食，然而对方辩友，当我们饿的时候，我们才会知道，原来非洲的难民他们是这样的饥饿，当我们有能力的时候，我们才会因为我们在饥饿的时候，遭遇过这样的逆境，我们才可能会帮助这些人，才可以使我们更加成长，不是吗？

正方：可是按照对方的立论，非洲的人身处逆境，有利于他们的成长？我们要救助他们，不就是遏制他们的成长了吗？

反方：正因为他们在非洲，他们饥饿，他们想要努力，他们就更加发展。对方辩友，你可以看看现在……

以上案例是某国际大专辩论会决赛中的一个片段，正反双方围绕自己的观点，或防守，或出击，但无论哪一方，均有一个立足点。这就是所指的主旨。案例中：

正方观点：顺境更有利于人的成长。

反方观点：逆境更有利于人的成长。

（一）主旨与标题

商务应用文的主旨经常在标题中体现出来。因此，应特别注意标题的制作，要求概括得准确简练。如：

《××公司20××年工作计划》

《关于举办商务应用文写作培训班的通知》

《关于同意设立××分公司的批复》

练一练

给下面的公文加上合适的标题。

各市商务、财政、发展改革、工业和信息化、公安、生态环境、税务主管部门：

根据《国务院关于印发〈推动大规模设备更新和消费品以旧换新行动方案〉的通知》（国发〔20XX〕7号）以及《国家发展改革委 财政部印发〈关于加力支持大规模设备更新和消费品以旧换新的若干措施〉的通知》（发改环资〔20XX〕1104号）要求，实施汽车置换更新补贴政策，现将《20XX年山东省汽车置换更新补贴实施细则》印发你们，请抓好贯彻执行。

山东省商务厅 山东省财政厅

山东省发展和改革委员会 山东省工业和信息化厅

山东省公安厅 山东省生态环境厅

国家税务总局山东省税务局

20××年9月25日

（二）主旨的依托和要求

对商务应用文而言，要求做到：正确，正确体现写作要求；鲜明，态度要鲜明，针对性强。

主旨仅仅是一种观点或是看法。从写作角度看，它只是一种不实在的东西。主旨本身没有说服力，必须靠一些实在的东西来支撑，说服他人。例如，计划中写道——切实加强企业文化建设，如何"切实"，如何"加强"，哪些方面的企业文化建设等，全都不清楚，必须有相应内容的说明。

二、材料

材料是商务应用文写作的物质基础，主要用来证明写作的观点，使写作的观点言之有理、有说服力，常常比作文章的"血肉"。例如，由某第三方数据统计部门与某高校就业指导中心共同进行的"20××年大学生择业状况及心态调查"结果显示，调查主要有以下3个观点。

项目一 练习二

（1）研究生薪金期望逐年下降。
（2）国企担心大学生"骑牛找马"。
（3）四成用人单位对大学生不满意。

其中的第一点是这样理解的：研究生薪金期望逐年下降。不同学历的大学生在择业时要求的"理想月薪"有明显的差异。大专生以1800~2500元和2500~3000元两个等级为主要的理想月薪水平，薪金期望比前两年有所增加。有56.1%的本科生以2800~3800元为理想月薪水平。硕士研究生的理想月薪集中在5000~6000元的水平上，但薪金期望有逐年下降的趋势。在山东求职的外省大专生较省内的大专生对月薪有更高的期望值。

上面例子的材料主要包括哪些类别？分别起怎样的作用？

材料主要有数据和典型事例支撑主旨。数据和事例的处理上，一般而言：先列举总体数据，典型事例仅仅是为更好地说明问题而用，典型事例应该作为总体数据这个"面"中的一个"点"。在使用材料时，要求切题：符合主题的需要；要求真实；合乎实际；要求典型；有代表性，说服力强。

三、结构

结构常常称为思路。一份商务应用文可能有多个小观点，也可能用多个材料来证明一个观点，这就牵涉排位问题。排位问题，其实就是文章的结构，也就是平时说的思路问题。常常比作应用文的"骨架"。

除了排位问题外，结构还牵涉其他一些内容，例如，材料的详略处理；开头与结尾的方式；过渡与照应的配合等。

（一）常见的结构方式

常见的结构方式有并列式和递进式。

公文多采用"三部曲"的结构形式，内容一般分三个部分处理，在写作通知、通报、报告、请示、批复等公文时多用。这种形式主要包括三部分内容：为什么写；写什么内容；有什么要求。

如"通报"。

（1）通报的缘由（为什么写）。
（2）通报的事项：通报的具体情况、对情况的分析、单位给予的奖惩（写什么）。
（3）通报结语：提出希望或号召（有何要求）。
如"请示"。
（1）请示缘由（为什么要写请示）。
（2）请示事项（请示什么内容）。
（3）请示结语（有何要求）。

练一练

请大家分析案例中的"三部曲"分别是什么？

中国人民银行关于调整商业性个人住房贷款利率政策的通知

中国人民银行上海总部，各省、自治区、直辖市及计划单列市分行；各国有商业银行，中国邮政储蓄银行，各股份制商业银行：

为落实党中央、国务院决策部署，适应我国房地产市场供求关系的新变化、人民群众对优质住房的新期待，促进房地产市场平稳健康发展，现就调整商业性个人住房贷款利率政策有关事项通知如下：

一、取消全国层面首套住房和二套住房商业性个人住房贷款利率政策下限。

二、中国人民银行各省级分行按照因城施策原则，指导各省级市场利率定价自律机制，根据辖区内各城市房地产市场形势及当地政府调控要求，自主确定是否设定辖区内各城市商业性个人住房贷款利率下限及下限水平（如有）。

三、银行业金融机构应根据各省级市场利率定价自律机制确定的利率下限（如有），结合本机构经营状况、客户风险状况等因素，合理确定每笔贷款的具体利率水平。

此前相关规定与本通知不一致的，以本通知为准。

中国人民银行
20××年5月17日

应用文则多采用的总—分—总结构，多属并列式。一般处理是，分开头、主体和结尾三部分内容。

- ◆ 开头：总体概括，定好基调。
- ◆ 主体：分点展开阐述，深入分析。
- ◆ 结尾：综述有关内容，强化观点。

（二）开头结尾的方式

关于开头和结尾的写法，有以下几种影响较大的理论。

（1）凤头、猪肚、豹尾。意思是——开头要漂亮，中间容量大，结尾要响亮。

（2）起句当如爆竹，骤响易彻；终句当如敲钟，清音有余。意思是——开头要响亮、吸引人，结尾要引人思考。

应用文的开头不像散文等追求曲折委婉，应用文追求实用的性质，决定了它的写法——宜"直"不宜"曲"。追求开门见山，重心明确。常见的开头方式有以下几种。

（1）概述式：点明具体情况。

（2）根据式：点明发文的根据。

（3）目的式：点明发文的目的。

练一练

看看下面案例的开头方式属于以上哪种？有何优点和缺点？平时写作时应该注意哪些问题？

1．最近，中国银行某省某市支行某路储蓄所的同志在一笔大额储蓄存款中发现疑点，及时将情况报告了有关部门，并协助公安部门抓获了诈骗30万元巨款的罪犯，使全国的一个大案得以破获，国家财产免受重大损失。

2．为更好地响应国家全民健身活动的号召，提高我公司职工的身体素质，增强职工的拼搏意识和团队精神。结合我公司的具体实际情况，我公司定于20XX年11月1日召开全行趣味运动会。现将主要事项通知如下：……

应用文对结尾的要求不高，有的甚至没有结尾。常见的结尾方式有以下几种。

（1）总结式：总结全文，再次强调主要内容。

（2）希望或号召式：对主体部分所写内容提出希望或号召。

（3）结语式：以结束语作为结尾。常见于公文的处理，如"特此通知""以上请示，妥否，请批示"等。

四、语言表达

写作中，处于最前线的始终是作为个体的语言，对写作影响很大，应该重视其处理。首先有必要理解应用文的语言和散文语言的区别。

案例

1．春夏之交，腾格里沙漠东南的中卫市沙坡头区呈现出一派生机盎然、朝气蓬勃的景象，天气晴朗，微云淡抹，暖意宜人。但是，在下午六时许，沙漠东北部的天际突然竖起一道黑墙，越升越高，迅速向前推进。黑色的帷幕很快向两边拉开，帷幕后边窜起无数沙、云，转眼将夕阳吞没，同时，地面上升起黑色的、灰色的、黄色的尘云交织在一起，翻滚着、变幻着，出现千奇百怪的景象。接着帷幕四合，一声巨响，一瞬间白昼变成黑夜，强大的气流卷着沙尘横扫过来。室内尘土弥漫，呛得人喘不过气来，这就是黑风！沙暴！

2. 这次强沙暴主要是西伯利亚强冷空气侵入造成的，强冷空气前锋于五月四日八时进入新疆西北部，风速逐渐加大，在北疆地区和东疆北部形成第一片沙尘暴；五月五日八时在新疆哈密以东、星星峡至甘肃安西一带形成第二片沙尘暴；五月五日十四时以后，在阿拉善盟、甘肃酒泉以东至宁夏北部形成第三片，也是最大的一片沙尘暴。沙尘暴风力达8～12级，能见度大多仅在200米以内，局部地区能见度为零。沙暴所到之处，地表土层风蚀厚度一般达10～30厘米，沙丘前移1～8米，每平方公里降沙量达166多吨。有的地区出现高达300～700米的沙尘暴壁，1千米以外都能听到轰鸣声。

对比上面两个例子，说说两者的区别。

应用文语言的特点：

明白：应用文的目的不是让人欣赏，而在让人理解并接受，故必须把明白放在第一位。要求观点明确，思路清晰；用词造句应平实、规范。

准确：要求语言能精确无误地表达作者要表达的理论和观点。政令的庄严，不允许朝令夕改；准确表达，辨清细微差别，避免产生歧义；使用书面语言，不用或少用口语、俗语，不生造词语，不写错别字；正确使用介词、数量词和商务应用文常用的惯用词语、专业词语；正确使用标点符号。

练一练

请分析这篇公文的语言存在什么问题？

批复

巨峰镇政府：

你镇提出试行"关于违反碳排放规定的处罚办法"最好不执行，因为这个办法违反上级文件精神。

岚山区人民政府
20××年12月6日

很明显，上述案例的语言不准确。"最好不执行"，态度不明确，不是完全性否定，对方仍可执行；"这个办法违反上级文件精神"，过于笼统，应予以指明。

简洁："简"即简省，"洁"即干净。也就是要求文章不可有多余的段落、句子、词、字，避免空话、套话、大话和言之无物，要以高效、快速地传递信息为任务。

> **练一练**

这是一位同学给老师的请假条，请用简约的语言修改。

请假条

尊敬的老师：

　　我惭愧地提起笔，写信给你。

　　昨天，当我放学回家的时候，本来烈日当空，晴空万里，不料走到中途，突然下起瓢泼大雨，我不能及时走避，被雨水淋成个落汤鸡。回家以后，就觉得有点冷，妈说我着了凉。吃过晚饭，我开始咳嗽了，医生说我患了流行性感冒，要好好休息。

　　我知道这一次的病是由于抵抗力太弱引起的，我现在深悔平日没有听从老师的指导，好好锻炼身体。今天，我暂不能到校上课了。希望过两天之后，我能痊愈，就回校补课。而且，今后我要更认真地做早操。现在妈叫我向学校请假两天，希望您能给我批准。

学生林佳佳谨上
20××年1月17日

　　简洁的要求：去除冗赘；思路清晰，重点明确；概括能力强。

　　庄重：商务应用文的语言受内容、目的、对象和范围的制约，决定了语言风格上的庄重，要根据不同的场合，掌握恰当的分寸。一般都使用书面语言而不用口头语，敬谦辞使用比较多。

> **练一练**

以下是一位同学给某公司林总经理写的一张便条，有些词语用的不得体，请帮他修改。

林总：

　　您约我今天下午去贵公司处谈我班同学光临贵公司参观一事，因我有急事，现决定改期。具体改在何时，另行磋商。

×××
20××年12月12日

　　上述案例中，第一句"光临"一词不得体，"光临"是敬辞，称宾客来到，用自身不合适，应改为"到（去）"；第三句"决定"不得体，语气应尊敬婉转，应改为"不得不（只好、只能）"；最后一句"磋商"显得词义过重，不得体，应改为"商量（商议、商定）"。

　　以上内容，打个简单比喻就是：

- ◆ 某人生病了，想方设法治病；
- ◆ 主旨指的是——想治好病；

- ◆ 材料指的是——相应的药物、加强锻炼等；
- ◆ 结构指的是——药物的先后顺序等；
- ◆ 语言指的是——煮药的要求，锻炼的项目、地点等内容。

五、商务应用文写作要素的关系

商务应用文写作有四个相互统一、相互制约的要素："写作主体"（作者），"写作客体"（写什么），"写作载体"（怎么写），"写作受体"（为谁写）。

"四体"相互独立，相互依存，对立统一。"写作主体"是进行写作的人，他是写作过程的统领因素，起主导作用；"写作客体"是写作的指描对象；"写作载体"是物化的形态，是写作考虑的文章图式、预期形式；"写作受体"是读者，他对写作过程、写作行为起制约作用。"写作主体"进入写作状态，"四体"处于一个相互制约的运动过程，这就是写作过程。

任务三 商务应用文写作技巧

一、商务应用文写作的步骤

在了解了商务应用文写作的要素之后，我们来看看商务应用文写作的以下六个步骤。

（一）步骤一：制定正确的行动目标

在撰写某一个商务应用文之前，我们应该首先回答一个问题，即我们希望该文书的对象在收到文书之后采取怎样的行动；这个问题的答案也就是我们撰写商务应用文的行动目标。

1．主动目标与被动目标

需要强调的是，这个行动的主体是收取商务应用文的对方。因此，我们撰写商务应用文所表达出来的意愿只能是一个"被动目标"，而对方的实际行动才是所谓的"主动目标"。

2．将被动目标转化为主动目标

正如前文中提到的单向沟通一样，大多数人在撰写商务应用文时往往陷入一个误区当中，即将自己的被动目标当成了主动目标——只关注自己的主观想法或者需要完成的工作任务，而忽略了接收文书的对方的感受。

认识到这样一个误区，将被动目标转变为主动目标，就需要在明确之前的第一个问题的基础上，再获取以下这个问题的答案：作为商务应用文的撰写者的我们在乎什么？换言之，我们从成功撰写商务应用文、正确传递信息并获得对方实际行动的响应中，能够收获到什么成果。只有将我们在乎的内容与希望对方采取的行动形成一致，那么才能有效地把被动目标转化为主动目标。

有关总经理组织召开公司全体秘书会议的邮件

在某公司中，总经理让其秘书组织全公司的秘书开会，要求她在确定时间和地点之后发一个邮件告知所有的秘书。

这个邮件实际上就是一个商务应用文，相当于一个通知。在撰写这个邮件的过程中，我们可以分析得到：总经理秘书的行动目标是"让所有的秘书都得去开会"而不是简单地"通知每个秘书会议的时间和地点"。因此，邮件中仅仅明确了会议的时间和地点还不够，因为这样并不能确保所有秘书都按照要求来参会，而是应该进一步在邮件中要求所有秘书在会议前一个星期都对是否参加会议进行确认。

要写好这个商务应用文，总经理秘书需要将其被动目标转化为主动目标：自己之所以在乎"所有秘书都按时参会"这个事情，是因为总经理交代自己组织这个会议，如果与会的秘书没有到齐，那么就意味着自己组织工作的失败；换言之，自己希望在总经理面前有一个良好的表现，就需要确保会议顺利组织成功，而组织成功的标志之一就是人员来得比较齐，所以需要他们给自己一个能否与会的确认。

练一练

请判断出围绕以下事件而起草的商务应用文的行动目标。

（1）某公司的一位销售人员以邮件形式向部门经理汇报上个月的销售任务完成情况。

（2）某公司人事部门的一位员工为收集所有员工升位之后的身份证号码而给所有公司员工群发邮件。

（3）某公司副总经理收到一封投诉客服部门张丽的投诉信，批评其恶劣的服务态度；为收集与该事件相关的信息，该副总经理着手给张丽发邮件，并抄送给其部门经理。

（二）步骤二：决定文章的正式程度

在这个步骤中需要把握以下内容。

1. 正式程度的判断依据：正式指数

判断在某一个商务应用文中所应该采用的正式程度，可以应用"正式指数"来操作。所谓的"正式指数"主要根据以下三个问题所涉及的内容来确定：商务应用文的撰写者本身是否很了解目标读者？目标读者的地位比商务应用文的撰写者低吗？商务应用文的内容是好消息吗？

商务应用文的撰写者应就这三个问题的实际情况以"1~10"分进行打分：如果特别了解目标读者就是10分，比较了解就是7、8分，不了解甚至很不了解就是1~3分；如果是给自己的下属写则为10分，平级则为5分，给自己的上级写则为1分；如果内容为好消息则为10分，坏消息则为1分。

这三个问题的得分之和越低，则相应的商务应用文应该越正式。

2. 正式程度的表现

在了解了正式指数的内容之后，我们接着来讨论商务应用文正式程度所表现的方面：

形式：这里所谓的"形式"，是指商务应用文所采用的媒介的形式，例如，发电子邮件、寄书信或者留便签等。不同的媒介形式，决定了商务应用文的体裁、格式以及称谓等具体内容。

按照正式程度来划分，宣传册、政府公文、带抬头的信件、请柬以及行文正式的电子邮件附件都是正式的商务应用文，通常会给目标读者以受到重视的感觉；而一般的电子邮件、便签等则属于非正式的商务应用文。

称谓：是指对目标读者的称呼。

语气：是指在撰写商务应用文的过程中采取相对轻松愉快的口吻还是比较凝重严肃的口气的选择。

练一练

请分析并得出围绕以下主题而撰写的商务应用文的正式指数。

（1）某公司总经理要组织各部门秘书共进午餐，要求其秘书代表自己给他们发送通知邮件。

（2）某公司的一个普通员工发现经常有员工违反禁止在会议室里吃午饭的规定，于是决定给行政部经理写一封投诉信。

（三）步骤三：设定文章的总体风格

在制定了正确的行动目标并选择决定了正式程度之后，撰写商务应用文进入到第三个步骤——决定文章的总体风格。

1. 把握总体风格的依据：游说矩阵

对商务应用文总体风格进行判断和把握，可以参考"游说矩阵示意图"所示的应用工具。在游说矩阵中，纵坐标表示资源的充足程度（即沟通的内容是否在目标读者的资源及能力范围之内，是否强人所难），横坐标代表商务应用文的撰写者与其目标读者在立场上的一致程度（即双方是否相互认可）；换言之，这两个方面的因素共同决定了对商务应用文总体风格的最终选择。

简单型：从示意图中可以看到，游说矩阵的第一象限代表着"撰写者与目标读者站在同一立场上，并且资源充足、不存在障碍"的情形，这种情形即称之为"简单型"。

说服型：按照同样的分析方法，可以看到游说矩阵的第二象限代表着"资源充足，但撰

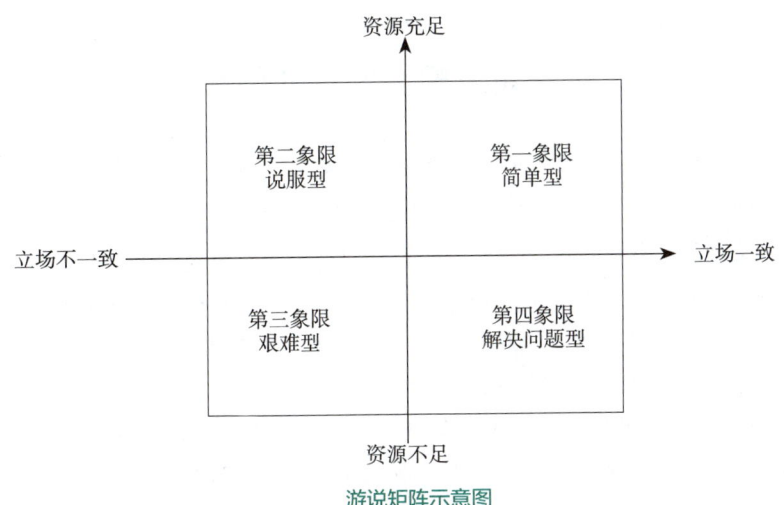

游说矩阵示意图

写者与目标读者立场并不一致"的情形,这种情形即称之为"说服型"。

艰难型:游说矩阵的第三象限代表着"撰写者与目标读者立场不一致且资源也不充足"的情形,这种情形即称之为"艰难型"。

解决问题型:游说矩阵的第四象限代表着"尽管撰写者与目标读者立场保持一致,但资源并不充足"的情形,这种情形即称之为"解决问题型"。

2．总体风格的设定

根据以上游说矩阵的分析判定结果,可以按照以下的方式来把握商务应用文的总体风格:

简单型:如果是简单型的商务应用文,那么其总体风格就是以罗列事实为主。这是因为这类商务应用文的行动目标对于目标读者而言难度并不大,并且在立场上对方也持相同一致的态度,所以这类商务应用文的内容只要告诉目标读者有这样一件事情即可,在篇幅上可以相对简短。

说服型:如果是说服型的商务应用文,由于其行动目标与目标读者的初衷并不一样,撰写者需要通过商务应用文来使其改变原来的想法或者认识,所以尽管资源状况是充足的,但仍然会需要与目标读者进行反复多次的沟通才能达到目标。因此,这类商务应用文通常篇幅较长(简短的形式无法表达清楚),并且需要特别突出强调撰写者的利益之所在,充分分析自己观点或者想法的优势和好处,以达到转变目标读者立场的目的。

解决问题型:解决问题型的商务应用文通常运用于员工与领导进行沟通并且意见并不一致的时候,其总体风格是有问有答且篇幅较长;换言之,在这种类型的商务应用文中,撰写者运用将问题和答案打包的形式,应该向目标读者提供包含一种甚至多种方法的解决方案。

艰难型:最后来看看艰难型的商务应用文。这类文书在资源和立场两个方面都遇到了障碍,因此达到成功有效沟通的概率会很小,这样的商务应用文是否值得花费精力去撰写,应该要三思而后行。

有关新年晚会安排的信件

某公司总经理要求其秘书对公司新年晚会进行安排,预算是5000元。在这个活动安排过程中,这个秘书可能会需要撰写有关以下几种情形的汇报邮件:

1. 该秘书发现了一个特别适合举办新年晚会的场所,距离公司很近且饭菜可口,预算方面也没有超出5000元的要求。那么这种情形就属于简单型,秘书撰写商务应用文向总经理汇报这个情形的时候,只要简单地提出在这个场地举办新年晚会的建议即可。

2. 该秘书找到了另外一个场所,各方面都符合要求,只是报价与预算相比超支了500元。那么这种情形就属于解决问题型,秘书撰写商务应用文向总经理汇报这个情形的时候,可以就选择这个场所的好处及优点进行自问自答,把这个事情分析清楚,力图使得总经理形成"虽然超支500元,但是物有所值"的认识。

3. 该秘书打算向总经理提出新的建议——在预算要求内,组织员工去听新年音乐会而不是去吃年夜饭。那么这种情形就属于说服型,秘书撰写商务应用文向总经理提出这个建议的时候,需要强调利益的所在——组织员工听音乐会不仅可以给员工留下一个美好的回忆,还能够提升其整体素质。

在撰写之前先分析得到商务应用文的总体风格,可以使撰写者清楚地认识到文书的重点之所在,从而使得商务应用文逻辑清晰、重点突出,进而容易达到其行动目标。

练一练

请分析围绕以下主题而撰写的商务应用文的行动目标、正式指数以及总体风格。

某公司总经理吩咐其秘书制定一份购买打印机的预算,而这个秘书通过了解得知,由于打印机维修维护费用高,所以租赁打印机比购买打印机所付出的费用更低。该秘书打算起草一份商务应用文就这个将购买打印机转为租用打印机的想法向总经理进行汇报。

(四)步骤四:选择文章的层次结构

在做好前三个步骤之后,撰写商务应用文进入到第四个步骤——选择文章的层次结构。如同购买房屋要注重户型结构一样,商务应用文的层次结构也是非常重要的,主要的层次结构包括以下五种类型。

1. 连贯式

所谓"连贯式",就是指商务应用文的层次结构按照事情发展的时间顺序来展开。

突出的重点:连贯式的层次结构突出的重点在于事情的前因后果以及发展脉络。由于采用这种层次结构的商务应用文从整体上看是浑然贯通、连成一体的,因此读者是不能颠倒前后顺序或者从中间节选来阅读的,否则其表达的意思就将不再完整。

适应的情形:在日常工作中,适用于这种层次结构的商务应用文主要有工作报告、事故调查报告、工程报告以及程序安装的说明等,这些文体的共同要求都是内容要清楚明白。

2. 并列式

所谓"并列式",就是商务应用文中层次与层次之间是并列的关系。

突出的重点:并列式的层次结构也可以被称为"天鹅下蛋式",因为这种层次结构要求在文书中的每一段前面都要有前提择要,作为后续并列内容的引子。正因为各个层次是并列的关系,所以这种层次结构的文书便于读者按照其兴趣或关注的重点来分段阅读。

适应的情形:在日常工作中,这种层次结构主要在报告、总结以及建议书等商务应用文中常常被运用。值得注意的是,不同的层次结构在同一个商务应用文中是可以互相穿插使用的,例如,某个事故报告在总体上采用的是连贯式,但其间在分析原因的时候则又可以采用并列式的层次结构,最终目的都是能够将文书的核心意思清楚地呈现给读者。

3. 分析问题式

所谓"分析问题式",实际上就是围绕问题的出现直到最终解决的逻辑关系而展开的一种层次结构。在实际的工作环境中,出于不同的需要,分析问题式的层次结构还有着以下四个类型。

◆ "只有结果",这样的商务应用文包括批复、指示以及命令等,它们通常都没有问题的原因也没有相关的分析,因为并没有这个必要。

◆ "提出问题并分析问题",情况简报就属于这样的类型。

◆ "提出问题并解决问题",公告和通知就属于这样的类型。

◆ "提出问题、分析问题,最后解决问题",这种类型实际上就包括了处理问题从始至终的整个逻辑关系,在实际工作中指导性的通报和决议就是最好的例子。

4. 问答式

所谓"问答式",就是指运用问答的形式来组织商务应用文的全篇。

突出的重点:在商务应用文中运用问答式的层次结构应该要注意对问题的设计。问题并不是胡乱设计的,而是为了突出文书的主旨而进行的一种利益上的引导。因此,设计问题时要突出利益以及避免不良后果的方法。

适应的情形:在日常工作中,通常会采用这种层次结构的商务应用文主要有企业的内刊、内部通信以及操作程序指南等。

5. 行动结果式

所谓"行动结果式",就是在商务应用文中先摆问题,而后突出结果以及结果的实现方式的一种层次结构。

案例

"夏天草坪长得特别快,一个星期不剪就会很难看,夏日剪草是非常痛苦的一件事情,我们公司生产的XYZ型号家庭剪草机,可以使剪草这项繁重的体力劳动变得轻松。经过计算,我们公司的剪草机比较同类型机器，可以节省30%的时间以及20%的能源。选择我们的产品将是您明智的选择。"

（五）步骤五：列出文章的大纲

在明确了商务应用文的行动目标、正式程度、总体风格以及层次结构之后，撰写的第五个步骤就是列出文章的大纲。

1. 列出大纲的好处和目的

由于现在计算机的广泛普及，撰写商务应用文的这个步骤往往被大家所忽略，认为直接动笔开始撰写比较有效率。但我们需要明确的一点是，在撰写商务应用文之前做列出大纲的工作实际上是"磨刀不误砍柴工"的环节。动笔之前如果先列出一个大纲，那么在撰写的过程中就能够有的放矢，相比较而言更加容易。

撰写商务应用文是一个"七分想，三分写"的过程，列提纲的过程实际上就是一个建立自己思维次序的过程；在合理的撰写次序确立了之后，具体内容的行文就是水到渠成的事情了。

2. 具体的做法

利用大纲来有序地组织撰写者的思路，可以有以下两种方法：

提纲法：提纲法是很常见的一种列提纲的方法，实际上就是围绕商务应用文的核心主旨，按照时间的顺序以及逻辑关系将主要内容全都罗列出来，然后往里边填充具体的内容。

辐射法：辐射法，则是一种发散的思维方法，即撰写者从一个中心点出发，随性地把联想到的东西或者想法都集中在纸上。在这个过程中，一开始并不必着急去考虑其是否具有价值以及整理这些想法的内在逻辑关系，当所有的想法都呈现出来之后，再将它们梳理清楚。辐射法的好处在于不会漏掉撰写者任何一个想法，在西方也被称之为"脑力激荡法"或者"头脑风暴法"。

有关申请参加培训的申请

某公司的一位营销人员想报名参加新媒体营销培训班，但是由于最近公司在控制成本，原则上是不批准任何培训申请的，所以她打算写一份申请给其经理，让他批准并支持自己的请求。

对于这样一个商务应用文而言，其行动目标很简单，就是这个财务人员希望其经理同意自己出去参加培训并支付培训费用；其结构层次可以采用行动结果式，即分别分析参加和不参加这个培训对公司而言所产生的帮助和损失。当然，层次结构也可以采用并列式，即并列地分析自己应该参加这个培训的原因。

为达到这样的一个沟通目的，对于这个商务应用文可以采用辐射法列出一个大纲：接受培训后在工作中可以减少出错；可以学习数字经济下新媒体营销方法，以帮助增长产品销售量；有利于员工的个人成长和发展；提高员工对公司的满意度；提升员工对公司的忠诚度；形成公司良性的企业文化……

（六）步骤六：撰写初稿

在经过以上五个步骤之后，商务应用文的写作进入撰写初稿阶段。实际上，有了以上五个步骤的铺陈之后，撰写初稿就已经变得相对简单了，需要的是给撰写者自己留出一个比较完整的时间、在一个相对安静的空间中排除干扰、一气呵成、一鼓作气地完成即可。

当然，初稿撰写完成之后，还应该进行细致的校对，以使得文书更加规范和生动。

二、商务应用文写作常用技巧

除了遵循严谨的步骤之外，要写好商务应用文还需要掌握并合理使用一些技巧，这些技巧的运用实际上是对文书的润色，可以使其变得更加生动有效。通过实践工作的积累和体会，商务应用文写作的技巧可以总结为以下六个方面。

写作技巧

（一）运用情感指数增加商务应用文的亲和力

如同前文所提到的判断商务应用文的正式程度可以使用正式指数一样，增加文书的亲和力可以参考一个叫作"情感指数"的数字标准。

1. 情感指数的内涵

所谓"情感指数"，实际上就是对读者的关注程度，它在很大程度上可以对商务应用文的亲和力予以衡量。正如前文所提到的，"沟通是被读者理解的信息，而不是所发出的信息"，情感指数的高低可以真实地反映出商务应用文的撰写者是否站在目标读者的立场上来从事这项工作。

西方的心理学家通过研究发现，人类有共同的13个特性，其中有一条就是希望被尊重和理解；然而，绝大多数人在自然的条件下都是更加关注其自身的利益和情感，却往往忽视他人的相同需求。因此，如果在商务应用文中能够体现出相比自己更多的对于目标读者的关注，那么文书的亲和力自然会得到很大的提高。

2. 情感指数的计算

情感指数，是用在商务应用文中提到目标读者的次数减去提到撰写者自己或者公司的次数，如果结果为正值（即情感指数为正），说明文书是以读者为中心的；如果结果是负值（即情感指数为负），则显然难以获得目标读者的良好感受。因此，在商务应用文中应尽量少提及撰写者自身，而应该更多地提到目标读者。

情感指数的计算与调整

以"我们很高兴地宣布,我们的新图书馆会在6月份对外开放,欢迎光临"这样一句话为例,其中提到目标读者的地方最多只有1处(即"欢迎光临"中对目标读者的暗指),而提到撰写者自身的地方却有2处;所以,这句话的情感指数为"-2"。

由于情感指数为负值,所以这句话让目标读者听起来就不是很舒服了。为了提高其带给目标读者的亲和力,可以将其改为:"从6月份开始,您可以用新图书馆来完善您的研究,我们图书馆欢迎您的光临"。做了如此的修改之后,情感指数变为了+2(读者处为3,撰写者处为1),相应地可以发现其亲和力也得到了较大的提升。

3. 增加情感指数的方法

具体而言,增加情感指数的方法有如下四种:

增加第二人称代词:这是一种最为直接的方法,即在商务应用文中增加"你""您"以及"你们"这样的第二人称代词,单数或者复数的都可以。

增加第三人称的专有名词:所谓的"第三人称的专用名词"有很多,例如,"消费者""纳税人""员工"等,这些专有名词出现在商务应用文中也是一种对目标读者的尊重。

增加读者的姓名:由于人的天性特征使然,在商务应用文中如果能在适当的时机加入读者的姓名,也会使其倍感亲切。

增加对读者的暗指:所谓的"对读者的暗指",实际上就是指在商务应用文中对祈使句的使用,这是因为祈使句中往往省略了指代目标读者的代词。

请计算以下范例中所表现出来的情感指数。

各位支持我的读者:

你们好!

感谢你们一直以来支持着小可的书,我的书写得也还不够成熟,但是还是要谢谢你们的支持,是你们的支持给了我继续写下去的动力。在这里想告诉大家一件事情,就是我马上要高考了,所以这段时间实在没有时间更新,还请读者们原谅。请放心,这本书不会半途而废的,我会一直写下去,希望你们继续支持我这个还不成熟的小子。你们是最棒的读者。耐心等待吧,一切都会继续下去的!

以下是某公司客户经理在带其下属小王参加完一次客户的会议后给小王发的一封邮件的部分内容,由于在这次会议中该经理面对客户A公司所提出的诸多问题无法解答而处境尴尬,他认为这是因为小王没有与其进行事先沟通所造成的,所以这个邮件中的语气显得相当严厅。出于对小王进行适当指导的目的，请对这封邮件进行必要的调整和修改。

"……我们必须马上处理这件事情，在这次的会议上我因为没有了解到A公司的最新信息而感到尴尬不堪。对我来说，这是个不小的奚落，你我的确应该密切关注他们的情况，我希望从你那里而不是从客户那里知道最新消息……"

（二）努力做到"读者为尊"

在提出情感指数的基础上，接下来进一步提出"读者为尊"这个技巧。

1. "读者为尊"的内涵

实际上，所谓的"读者为尊"是运用情感指数、提升对读者的关注程度的观念的一种延伸，其核心意思就是要求从对方的角度来表述问题。如果说情感指数是倡导在表达方式上要注意能够多提及目标读者，那么"读者为尊"就是在强调商务应用文撰写者应该要站在目标读者的角度和立场来看待分析问题。

以下是两种不同的表述，可以很明显地看出其中的区别：

一般的表述："我很高兴地宣布，我们公司在20××年度超过了预期的目标，完成任务了"；

"读者为尊"的表述："非常感谢在座各位的努力，我们公司在20××年超过了我们预期的目标"。

2. "最先提及读者而非自己"的原则

在"读者为尊"的理念中，还有一条所谓"最先提及读者而非自己"的原则。与情感指数是计算在商务应用文中谈到读者的次数多还是提及撰写者自己的次数多不同，这个原则主要是强调应该在表述的时候首先提到目标读者，而后再继续其他的内容。

张良的推荐信

以下是一封以推荐张良为主要内容的推荐信的部分内容：

"……我非常高兴推荐张良加入对方的战略团队，其财务技能可以帮助团队计算投资收益率和盈亏平衡点，同时其乐观向上的个性也会使团队中的每个人都笑口常开……"

如果按照"最先提及读者而非自己"的原则，这个内容应该修改为以下形式：

"……贵方从张良的加入可以获得有形和无形的好处，有形的好处是其财务技能可以帮助团队计算投资收益率和盈亏平衡点，而其乐观向上的个性也会给团队带来无形的好处……"

（三）进行有效的反馈

商务应用文写作的第三个技巧是进行有效的反馈。在商务应用文中，不同的反馈会收到不同的效果，具体有以下几种类型。

1. 正面反馈

所谓"正面反馈"，就是指对别人的一种认可。美国心理学家威廉·詹姆斯的研究结果表明，人类本质中最深远的驱动力就是希望具有重要性；换言之，也就是说人们最殷切的需求是渴望得到他人的肯定。例如，在小孩子的培养方面就应该经常地予以鼓励和引导，而不能只是一味地简单批评。

在商务应用文写作方面也是一样，在文书中撰写者应该有意识地多用一些正面的反馈去称赞目标读者做得好的地方，多给予对方一些关怀。

2．修正性反馈

所谓"修正性反馈"，就是指当目标对象出现了一些问题的时候，撰写者应该在商务应用文中给予其一个反馈，但这种反馈是以一开始的称赞为前提的。修正性反馈可以在向目标读者提出相应问题及其建议的同时，最大限度地给予目标读者体贴温暖的感觉。

尽管在日常工作中由于意见分歧而导致的指责是不可避免的，但如果能够将修正性反馈予以有效的运用，则可以使自己的人际关系获得很大的攀升。

3．负面反馈和没有反馈

负面反馈是与正面反馈相对应的一种反馈形式，而"没有反馈"则更加可以从字面上来予以理解。相比负面反馈容易导致工作中的矛盾升级而言，没有反馈则更加不利于工作的顺利展开和人际关系的改善与巩固；这是因为没有反馈一方面会使得实际问题得不到解决，另一方面也会使得团队的向心力减弱。因此，在商务应用文的写作中，一定要注意就目标读者的良好表现进行正面反馈，对其缺点和不足予以修正性反馈或者负面反馈，但千万不能听之任之而没有反馈。

（四）增加商务应用文的紧迫性

商务应用文写作的第四个技巧是增加其时间上的紧迫性。

1．增加紧迫性的作用

在日常工作中，大家都有这样的经验，即希望自己发出的商务应用文在目标读者那里能够被第一时间阅读，从而使自己的沟通目的能够尽快达成。那么，要做到这一点就必须增加商务应用文的时间紧迫性，激发目标读者能够在最短的时间内采取我们所希望的行动。

2．增加紧迫性的方法

在商务应用文中增加紧迫性的方法其实很简单，主要就是在文书中加入体现时间敏感性的句子，注意限定事情的最后期限。在增加时间敏感性的过程中，应该要注意以下三个方面的问题：

时间的规范性：首先，应该注意时间的规范性问题。这主要是指应该要避免使用昨天、今天、明天、今年等时间约束不明确的时间代词，这样的表述并没有太大的实际意义。

时间的精确性：其次，在会议记录或者电报等商务应用文中则更加要把握时间的精确性，应该在其中注明几月、几日、几时、几分甚至还有几秒等精确的时间，并且越精确越好。

时间的通用性：最后，就是要特别注意时间使用的通用性，具体的要求范例包括：

①商务应用文中一律要使用公元的全称，例如，20××年不能缩写为××年。

②在商务应用文落款成文日期的部分，根据《党政机关公文格式》规定："成文日期中的

数字用阿拉伯数字将年、月、日标全，年份应标全称，月、日不编虚位（即1不编为01）。"

③尽量不要用农历。

④注意汉字和阿拉伯数字之间的搭配使用规则，不能出现"腊月15"以及"星期3"等错误情况。

（五）增加可信度

商务应用文写作的第五个技巧是增加可信度。所谓"可信度"，就是让自己的文书在目标读者那里看起来非常的值得相信，而要做到这一点，就必须在商务应用文的撰写过程中做到言之有物，将撰写者自己实际经历的东西表达出来。

例如，"我们在努力地爱护环境"这句话是比较空洞的，而如果将爱护环境的具体行动增加进去则会极大地增加其可信度："我们通过回收塑料、玻璃、铝材和纸张的方式，尽最大努力地去爱护环境"。

练一练

请对以下的内容进行修改以增加其可信度。

"每个员工的绩效考评将根据每个人的全面成长来计算，公司将会用几个标准来进行综合评分，希望每个员工重视个人的全面发展"。

（六）做到行文简洁

商务应用文写作的第六个技巧就是尽量做到行文简洁。正如我们在前文中所分析的那样，在日常商务环境中，目标读者并不一定总是有时间来阅读并分析商务应用文。因此，商务应用文的撰写在意思鲜明的基础上，一定要做到尽量简单，不要啰唆冗长。

如何让大块的文章得到有效的阅读

尽管作为商务应用文的撰写者应该要尽力做到行文简洁，但在实际工作中，我们还是会经常遇到需要部门的每个人都了解但是内容却又非常多的"大块文章"。对于这种文章，大多数人很多时候都不愿意阅读，因此也就无法发挥沟通的效果。

在这种情况下，可以按照以下方法来进行处理：首先让秘书把这个文章打印出来，而后附上一个记录着部门需要浏览者姓名的表格，并要求每个人在读完之后签字予以确认。通过这种处理方式，可以强制性地要求目标读者进行阅读并形成有效反馈，从而使得从上至下的沟通更加顺畅。

要做到行文简洁可以采用以下方式。

1．采用电报文体

要使商务应用文短小精干，可以采用电报文体。所谓的"电报文体"，就是在这种文体中一个字就有很多的意义，这就需要撰写者对文章中的每一个字都要进行斟酌，做到惜字如金。

2．另加附件

如果在商务应用文中实在有太多需要说明的内容，那么为了达到行文简洁的目的，则可以将冗长的内容部分以附件的形式与正文分开。

3．词句力求简单精练

商务应用文写作的目的并不是难倒别人或者进行语言功底的考试，因此，在商务应用文中应该尽量选用简单的词，避免采用比较晦涩的词；与此同时，还应该做到"一式一文主旨明确"，即用简单的一句话表达一个意思即可，不要试图用一个句子表达多个意思。

 案例

复合句向单句的转化

有这样一句话："考虑了景观和工程因素之后，我们将建筑位置，定在离河最远的地方，或者如果这个位置不能够为大家所接受，那么我们将会聘请调查员考察一下其他可选的建筑地点"。

可以很明显地看到，这句话从"或者如果"那个地方开始形成了一个意思的转承，因此是个复合句。但这种复合句在商务应用文中是不应该出现的，应该将其转变为以下两个独立句："考虑了景观和工程因素之后，我们将建筑位置定在了离河最远的地方。如果这个位置不能够为大家所接受，我们将会聘请调查员考察一下其他可选的建筑地点"。

另外，商务应用文只是说明一个情况，而不是让撰写者发表某种感慨；因此，在其中应该少用描写性的词汇而尽量使用陈述性的词汇。

4．多用主动语式

在英文的文章中，被动语式的应用很多，但是在中文的语言环境中，主动语式更加符合读者的阅读习惯。因此，商务应用文写作也应该尽量采用主动语式。

项目一　练习三

5．适当运用缩略语

在日常工作和生活中，有各种各样的缩略语，如"八项规定""三严三实"等，在商务应用文中适当地运用缩略语可以使整个文章显得简洁流畅。但是值得注意的是，对缩略语的使用应该把握适当的原则，即不能将没有通用性的、自创的缩略语运用于商务应用文之中，否则，很容易引起不必要的歧义。

任务四 商务应用文写作规范

如何使商务应用文具有规范性，具体包括以下六个方面。

一、数字的使用规范

对商务应用文写作规范性的要求首先表现在所应用的数字上。对于在商务应用文中应用的数字，有以下的使用规范和要求。

商务应用文中数字运用不规范的表现

在以下列示的内容中，数字的使用都存在不规范的问题。

1. "对于自媒体管理人才的需求每年都在增加"

分析：句子中提到了数量的增加，则应该加入确定的数值以明确相应的增幅，这个句子可以改为："对于自媒体管理人才的需求以每年20%的速度在增加"。

2. "您的账款已经过期了"

分析：仅仅提到"账款过期"的这个事实对于客户而言是没有任何实际意义的，应该在其中明确具体的过期时间，这个句子可以改为："您的账款已经过期40天了"。

3. "本月氯化钾产量为300吨，增加了8%"

分析：很明显这个句子中缺乏产量增加的比较基准期，可以改为："本月氯化钾产量为300吨，相比去年同期增加了8%"。

4. "本公司专科文化程度的员工由过去的54%上升到78%，本科文化程度的员工由过去的29%上升到53%"

分析：该公司总人数的比例应该是100%，而两类文化程度不同的员工比重之和在增长之后却达到了131%（78%＋53%），这显然是不合逻辑的。这个句子应该改为："本公司专科文化程度的员工由过去占总人数的54%上升到78%，本科文化程度的员工由过去占总人数的29%上升到53%"。

1. 真实准确

在商务应用文中使用数字，第一个规范和要求是真实准确。表现在商务应用文中的数字通常对实际工作有着极大的指导作用和意义，因此其中所援引的数字数据务必来自稳妥的出处，这样才能确保是真实准确的。

2．各个分数之和与总数相等

正如前文案例中的列示的错误一样，"各个分数之和与总数相等"也是运用数字的基本要求之一。

3．统计口径一致

在商务应用文中援引的数字的统计口径也是非常重要的，不同统计口径的数据放在一起是没有任何意义的；只有在统计口径一致的前提下，才能进行数据之间的对比。

4．列举数字有可比性

前文案例中有关氯化钾产量的例子就是列举数字缺乏可比性的典型。除了明确数字比较的基准之外，根据我国公文写作的法规规定，按惯例"××以上"以及"××以下"都应该是包含该数字在内的。

5．注意倍数关系

在商务应用文中，数字之间的倍数关系反映在"降低""降低了""降低到"等表示数字变化的用语上。需要强调的是，"降低70%"与"降低了70%"表达的是同样的倍数关系，即原来为100%，现在变为了30%；而"降低到70%"则不同，它表示原来为100%，现在变为了70%。

6．分清楚汉字与阿拉伯数字的使用场合

汉字与阿拉伯数字的使用场合是在商务应用文写作过程中需要注意的另一个问题，需要予以明确的界定，具体的规定为："商务应用文中的数字，除部分结构层次叙述以及在词组惯用语、缩略语和具有修辞色彩语句中作为词素的情况必须为汉字外，其他情况应当使用阿拉伯数字"。

二、部分结构层次叙述的规范性

所谓的"部分结构层次叙述"，就是对商务应用文中的几级嵌套的分层次编号。在这个方面，国家标准规范的具体要求如下。

- 结构层次的第一层，其层次编号用"一""二""三"……来表示。
- 结构层次的第二层，其层次编号用"（一）""（二）""（三）"……来表示。
- 结构层次的第三层，其层次编号可以用阿拉伯数字来表示。
- 结构层次的第四层，其层次编号可以用"（1）""（2）""（3）"……来表示。

与此同时，国家标准规范还要求商务应用文的结构层次最好不要多于四级，否则逻辑关系的复杂会给读者带来极大的不便；另外，还应该注意不要越级使用各个层次的编号。

三、计量单位的使用规范

在国家标准规范中对于计量单位也是有明确要求的，如下表所示。

单位类型	正确使用	错误使用
长度单位	千米、米、分米、厘米	公分、尺
功率单位	千瓦、瓦	马力
质量重量单位	吨、千克、克、毫克	斤、两
热能单位	焦耳	千卡
体积单位	升、毫升	公升、立升
土地面积单位	公顷、平方米	亩、平方丈

四、综合校对的注意事项

在前文的内容中曾经提到，完成商务应用文写作第六个步骤之后，还应该有综合校对的过程。在这个过程中撰写者应该按照商务应用文的各种规范要求来审视自己的文书，其中应注意以下事项。

1. 做旁观者

人们对于自己撰写的文章通常都会觉得很顺眼，其实不然。在综合校对的过程中，撰写者首先要将自己定位于一个旁观者，对自己的文章进行冷处理并反复审视几次以发现和纠正存在的错误。

2. 做朗读者

完成商务应用文要求的时间通常都比较紧，但在这种较强的时间约束下切不可草草提交了事。在综合校对的过程中，撰写者还应该扮演一个朗读者，反复地朗读自己的文字并随时进行修改和完善。

3. 做求教者

我们熟悉的白居易大师始终能够将自己定位于一个求教者，以小学生的心态来就自己的作品反复地向周围的人们请教；同样地，在商务应用文的综合校对阶段，撰写者也应该扮演好这样的角色。

项目一 练习四

五、词语的使用规范

在商务应用文写作中，还应该特别注意词语的使用规范。其中，"等"和"等等"这两个词的用法尤其值得分辨清楚。

表示列举未尽且后面再无其他词语的时候，"等"和"等等"都可以使用，而当后面有其他词语的时候则只能用"等"。

无论是"等"还是"等等"，其前面所列举的名词或词组一般都不得少于两项，但其中有一个特例，即当前面这个词是一个专有名词或者人名时，可以只列举一个后面用"等"概括。

表示列举未尽且细指人的名词和专有名词的时候，一般只能用"等"。

"等"与其前面所列举的名词或词组之间不能出现停顿，而"等等"与前面的词语之间则可以用逗号隔开。

练一练

请判断以下的用法是否正确。

（1）林区的职工、机关、学校企业等等单位，都要节约能源；

（2）陈某某等竟然置党纪国法于不顾，公然收取贿赂；

（3）长江黄河海河松花江等大江河的洪水灾害已得到初步的控制；

（4）中小学校要充分利用多种形式经常向中小学生进行交通安全常识的教育，如广播、图片、展览、文艺，等。

六、标点符号的使用规范

标点符号的使用会对商务应用文最终呈现出来的意思产生重大的影响，如果使用不当或者错误，则很有可能造成理解上的偏差和歧义。

1. 常见的标点符号使用错误

首先，我们来看一下在以下的案例中标点符号的使用是否存在错误。

案例

① "严禁中外记者利用采访进行挑唆，煽动性宣传报道"。

② "一、二十字，二、三十年代，七、八十岁"。

③ "经营项目有馄饨、饺子、面条……等等"。

④ "通过这件事我们深刻体会到：依靠群众、坚持调查研究的重要性"。

具体分析如下。

①这句话的问题在于"挑唆"和"煽动性宣传报道"是在宾语的级别上的并列，它们之间应该使用顿号。

②这句话的问题在于三个词组之中的顿号，顿号代表的是语气的停顿，类似于休止符的作用，这里的三个词组都不应该使用顿号进行内部停顿。

③这句话的问题在于省略号和"等等"是重复的，只能二者选用其一。

④这句话的问题在于冒号的使用，"深刻体会到"与后半句话实际上是动宾关系（一个从句做宾语），它们的联系是很紧密的，不应该用冒号来进行句内的停顿。

2. 标点符号的种类

标点符号分为点号和标号两大类。

点号：点号包括"句末点号"和"句内点号"两种，句号、问号和叹号表示一种停顿和语气的并且通常放在句子最后的称之为"句末点号"；而逗号、顿号、分号和冒号表示句内停顿的则称之为"句内点号"。

标号：标号包括以下9种。

① 引号，又可分为单引和双引。
② 括号，在商务应用文写作范围内我国承认的括号主要有3种。
③ 破折号。
④ 省略号。
⑤ 着重号，用于在需要突出的内容下用点做出标记。
⑥ 连接号，即两个同类词语中间的那一小横，如秦岭—淮河。
⑦ 间隔号，通常用于西方人名之间，如迈克·乔丹。
⑧ 书名号；又可分为单书名号和双书名号。
⑨ 专名号，即画于特定文学作品下边的横线。

有关标点符号的使用规范，可参照《标点符号用法》（GB/T 15834—2011）——于2012年6月1日开始实施的一项中华人民共和国国家标准。

3. 具体的用法

尽管有相关的工具书可以参考，但是在这里还是就几个常见的、容易出错的标点符号的问题进行以下的辨析。

反问句的标点符号：在反问句的末尾是用问号，还是感叹号？对于这个问题很多人都有不同的意见，在这里我们认为两种选择都是可以的，只是适用问号和适用感叹号的情形并不相同：在同样一个反问句中，需要表现特别强调的语气的时候就用感叹号，而当所表现的语气一般强烈的时候则选择使用问号。

引号的用法：在使用引号的时候，需要注意以下情况。

① 非法规性的文件，用引号加以强调而不用书名号。如准发××省××厅"关于人文函大招生问题的通知"。
② 特定称谓用引号，如"渤海九号"钻井平台，"神舟十九号"等。
③ 缩略语可以用引号，如"农转非"（即农业户口转非农业户口的缩写）。
④ 需要着重的论述对象用引号予以标识，例如有物就是要有内容，有序就是要有条理，那么加上引号变为"有物"和"有序"之后，就是表明作者在分别的句子当中分别强调说明有物和有序。

括号的用法：括号可以表示一个文件的成熟程度，比如说某一个政府文件是试行办法还是最终的版本，只能用于需要进行说明的词语的结尾，如《××市人民政府住房公积金管理办法（试行）》。

省略号的用法：省略号表示的是引文的省略、列举的省略或者说话断断续续的状态，需要特别注意的是，省略号不能与"等"以及"等等"这些词语一起使用。

4．标点符号的点放位置

关于标点符号的点放位置，需要注意以下几点。

写作规范

一是点号可以放在一行文字的末尾，但是不可以放在一行文字的开头；换言之，点号应该紧跟前面意思的文字，而不要把它单独放到下一行。

二是标号中的引号、括号和书名号，前半个不能放在一行文字的末尾，而后半个则不能放在一行文字的开头。

三是标号中的省略号和破折号，不可以一半在前一行文字中，同时另一半在后一行文字中。

四是引文结尾处的句号和引号，如果引用语是作为一个独立整体存在，则句号在先；反之，则句号在后。

项目二

商务行政公文

学习目标

知识目标
1. 了解商务行政公文的定义及其在商务活动中的作用。
2. 掌握商务行政公文的特点,包括权威性、规范性和工具性。
3. 熟悉商务行政公文的基本格式,如标题、主送机关、正文的撰写要求。
4. 理解并掌握通知、报告、请示、批复等常见商务行政公文的写作方法和注意事项。
5. 掌握商务行政公文中数字、结构层次叙述、计量单位、词语、标点符号的使用规范。

能力目标
1. 能够区分不同类型的商务行政公文,并理解其适用场景。
2. 能够根据商务活动的需要,选择合适的商务行政公文文种进行撰写。
3. 能够熟练运用商务行政公文的写作规范,确保公文的准确性和规范性。
4. 能够根据不同的主题和受众,采用不同的结构方式和语言风格撰写商务行政公文。
5. 能够按照商务行政公文的各种规范要求来审视和修改文书,提高公文质量。

素养目标
1. 培养严谨的商务应用文写作态度,注重细节和准确性。
2. 提升逻辑思维和表达能力,能够清晰、准确地传达商务信息。
3. 增强团队协作和沟通能力,能够与相关部门和人员有效沟通,确保公文的有效传达和执行。

思维导图

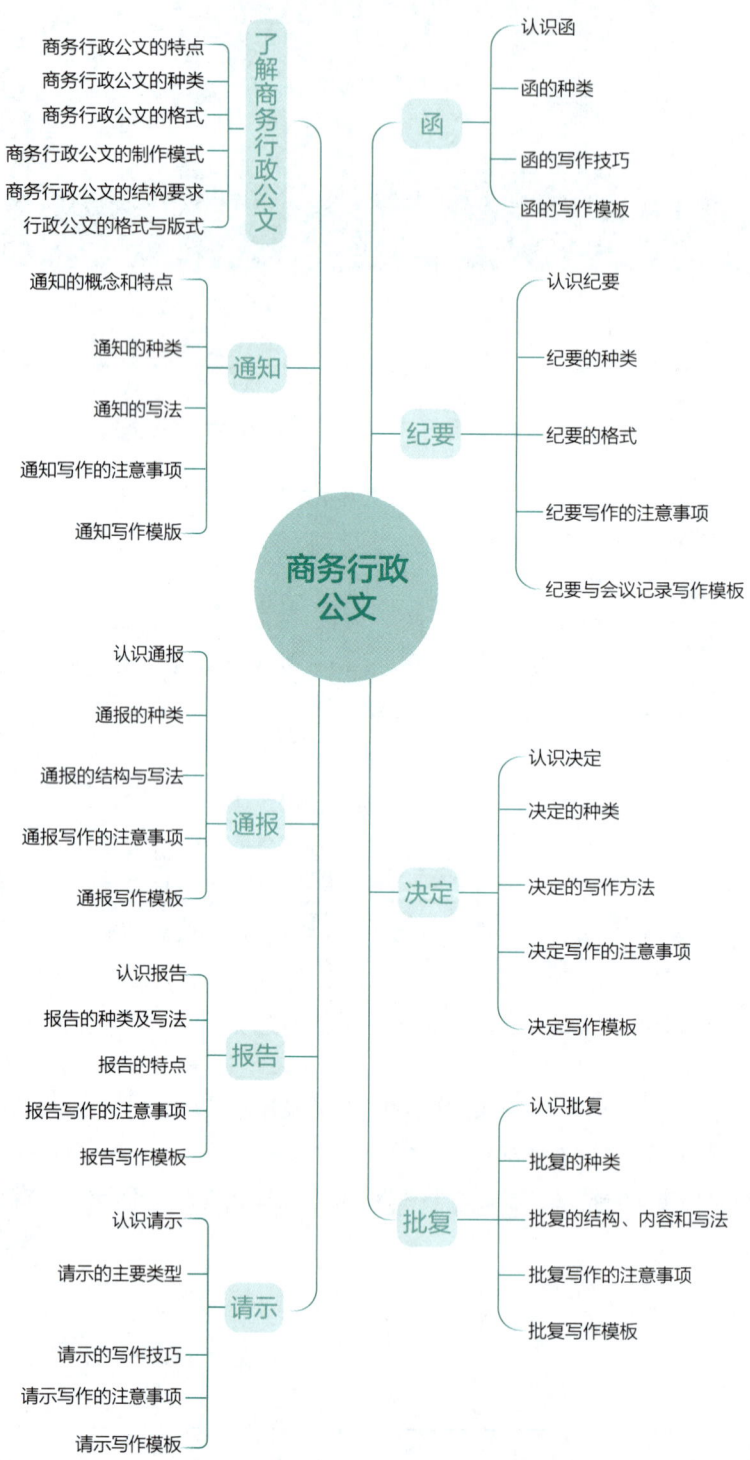

任务一 了解商务行政公文

商务行政公文是商务组织机构在商务活动中进行行政管理时使用的文案。在商务组织的行政管理活动中各级管理机关的意图、政令都要靠行政公文传达、布置、安排、实施。商务行政公文是实施商务组织管理意图的工具。

一、商务行政公文的特点

权威性：无论是事实、数字还是各种意见、结论，一旦进入正式公文，就不能任意更改、解释、否定，是商务组织开展工作的依据。

规范性：公文的撰写和处理，从起草到成文，到收发、传递、分办、立卷、归档、销毁等，都有一套规范化的制度。另外，公文具有特定的体式。其文体、结构、用纸的尺寸、文件标记都有统一的规定。

工具性：公文是各机关、团体、组织在公务管理过程中最经常、最大量使用的一种工具。公务管理的方法很多，而最科学、最正规的方法是利用公文。

二、商务行政公文的种类

（1）从具体的文种来划分，根据2012年4月16日，中共中央办公厅国务院办公厅印发的《党政机关公文处理工作条例》中规定，有下列15个文种。

通知：适用于发布、传达要求下级机关执行和有关单位周知或者执行的事项，批转、转发公文。

通报：适用于表彰先进、批评错误、传达重要精神和告知重要情况。

报告：适用于向上级机关汇报工作、反映情况，回复上级机关的询问。

请示：适用于向上级机关请求指示、批准。

批复：适用于答复下级机关请示事项。

议案：适用于各级人民政府按照法律程序向同级人民代表大会或者人民代表大会常务委员会提请审议事项。

函：适用于不相隶属机关之间商洽工作、询问和答复问题、请求批准和答复审批事项。

纪要：适用于记载会议主要情况和议定事项。

决议：适用于记载会议讨论通过的重大决策事项。

决定：适用于对重要事项作出决策和部署、奖惩有关单位和人员、变更或者撤销下级机关不适当的决定事项。

命令（令）：适用于公布行政法规和规章、宣布施行重大强制性措施、批准授予和晋升衔级、嘉奖有关单位和人员。

公报：适用于公布重要决定或者重大事项。

公告：适用于向国内外宣布重要事项或者法定事项。

通告：适用于在一定范围内公布应当遵守或者周知的事项。

意见：适用于对重要问题提出见解和处理办法。

公司目前涉及的商务公文为九种：①决定；②意见；③通知；④通报；⑤报告；⑥请示；⑦批复；⑧函；⑨纪要。

（2）从行文关系来划分，商务组织的行政机关，根据管理工作的需要，按照行政管理的隶属关系和管理机关的职权范围，一般分为上行文、下行文和平行文。

上行文：即下级机关向上级机关呈递的公文，一般可分为逐级行文、多级行文和越级行文三种。上行文有报告、请示和议案三种，有时"意见"也可用作上行文。

下行文：即上级机关对下级机关制发的文件，一般可分为逐级行文、多级行文、直到基层行文这三种。下行文的文种较多，有决议、决定、命令（令）、公报、公告、通告、意见、通知、通报、批复、纪要11种公文。

平行文：即互相没有隶属关系和业务指导关系，同级或不属同一系统的机关部门之间的行文。平行文多采用"函"。

（3）按缓急程度来划分，可分为特急、急件、一般文件三类。

（4）按保密级别来划分，可分为三个等级：绝密、机密和秘密。

三、商务行政公文的格式

商务行政公文一般由版头（文头）、主体、版记（文尾）组成。公文首页红色分隔线以上的部分称为版头；公文首页红色分隔线（不含）以下，公文末页首条分隔线（不含）以上的部分称为主体；公文末页首条分隔线以下、末条分隔线以上的部分称为版记。页码位于版心外。

（一）版头（文头）

份号：如需标注份号，一般用6位3号阿拉伯数字，顶格编排在版心左上角第一行。

密级和保密期限：涉及商务组织机密的公文应当标明秘密级别和保密期限。一般用3号黑体字，顶格编排在版心左上角第二行；保密期限中的数字用阿拉伯数字标注。

紧急程度：如需标注紧急程度，一般用3号黑体字，顶格编排在版心左上角；如需同时标注份号、密级和保密期限、紧急程度，按照份号、密级和保密期限、紧急程度的顺序自上而下分行排列。

发文机关标志：由发文机关全称或者规范化简称加"文件"二字组成，发文机关标志居中排布，上边缘至版心上边缘为35mm，推荐使用小标宋体字，颜色为红色，以醒目、美观、庄重为原则。需要多个机关联合行文时，主发机关需排在前头，如有"文件"二字，应当置于发文机关名称右侧，以联署发文机关名称为准，上下居中排布。

发文字号：由发文机关代字、年份、序号组成。发文字号编排在发文机关标志下空二行位置，居中排布。年份、发文顺序号用阿拉伯数字标注；年份应标全称，用六角括号"〔〕"括入；发文顺序号不加"第"字，不编虚位（即1不编为01），在阿拉伯数字后加"号"字。上行文的发文字号居左空一字编排，与最后一个签发人姓名处在同一行。如"鲁教职字〔20××〕16号"。

分隔线：发文字号之下4mm处居中印一条与版心等宽的红色分隔线。

（二）主体

标题：要标明发文机关全称，准确、简要地概述商务行政公文的主要内容，并标明公文种类。如"日照××股份有限公司关于实施节能降耗措施的决定"。一般用2号小标宋体字，编排于红色分隔线下空二行位置，分一行或多行居中排布；回行时，要做到词意完整，排列对称，长短适宜，间距恰当，标题排列应当使用梯形或菱形。

主送机关：指商务行政公文的主要受理机关，应当使用全称或规范化简称、统称。如"公司属各部门"。编排于标题下空一行位置，居左顶格，回行时仍顶格，最后一个机关名称后标全角冒号。

正文：是商务行政机关表述决策层管理意图、政令、措施等具体内容的部分。由发文事由、事项、结尾组成。公文首页必须显示正文，一般用3号仿宋体字，编排于主送机关名称下一行，每个自然段左空二字，回行顶格。文中结构层次序数依次可以用"一、""（一）""1.""（1）"标注；一般第一层用黑体字、第二层用楷体字、第三层和第四层用仿宋体字标注。

用印：要在成文日期上加盖发文机关印章。

附件：如有附件，在正文下空一行左空二字编排"附件"二字，后标全角冒号和附件名称。如有多个附件，使用阿拉伯数字标注附件顺序号（如"附件：1.×××××"）；附件名称后不加标点符号。附件名称较长需回行时，应当与上一行附件名称的首字对齐。

成文日期：以签发机关负责人签发的日期为准。联合行文的以最后签发机关负责人的签发为准。成文日期中的数字用阿拉伯数字将年、月、日标全，年份应标全称，月、日不编虚位（即1不编为01）。成文日期一般右空四字编排，印章用红色，不得出现空白印章。单一机关行文时，一般在成文日期之上、以成文日期为准居中编排发文机关署名，印章端正、居中下压发文机关署名和成文日期，使发文机关署名和成文日期居印章中心偏下位置，印章顶端应当上距正文（或附件说明）一行之内。联合行文时，一般将各发文机关署名按照发文机关顺序整齐排列在相应位置，并将印章一一对应、端正、居中下压发文机关署名，最后一个印章端正、居中下压发文机关署名和成文日期，印章之间排列整齐、互不相交或相切，每排印章两端不得超出版心，首排印章顶端应当上距正文（或附件说明）一行之内。

附注：如有附注（需要说明的其他事项），应当在正文结束后，另起一行、加括号注明。

（三）版记（文尾）

版记中的分隔线：版记中的分隔线与版心等宽，首条分隔线和末条分隔线用粗线（推荐高度为0.35mm），中间的分隔线用细线（推荐高度为0.25mm）。首条分隔线位于版记中第一个要素之上，末条分隔线与公文最后一面的版心下边缘重合。

抄送机关：如有抄送机关，一般用4号仿宋体字，在印发机关和印发日期之上一行、左右各空一字编排。"抄送"二字后加全角冒号和抄送机关名称，回行时与冒号后的首字对齐，最后一个抄送机关名称后标句号。如需把主送机关移至版记，除将"抄送"二字改为"主送"外，编排方法同抄送机关。既有主送机关又有抄送机关时，应当将主送机关置于抄送机关之上一行，之间不加分隔线。

项目二 练习一

印发机关和印发日期：印发机关和印发日期一般用4号仿宋体字，编排在末条分隔线之上，印发机关左空一字，印发日期右空一字，用阿拉伯数字将年、月、日标全，年份应标全称，月、日不编虚位（即1不编为01），后加"印发"二字。

版记中如有其他要素，应当将其与印发机关和印发日期用一条细分隔线隔开。

四、商务行政公文的制作模式

（一）公文用纸幅面尺寸及版面要求

幅面尺寸：公文用纸采用GB/T 148—1997中规定的A4型纸，其成品幅面尺寸为：210mm×297mm。

页边与版心尺寸：公文用纸天头（上白边）为37mm±1mm，公文用纸订口（左白边）为28mm±1mm，版心尺寸为156mm×225mm。

字体和字号：如无特殊说明，公文格式各要素一般用3号仿宋体字。特定情况可以作适当调整。

行数和字数：一般每面排22行，每行排28个字，并撑满版心。特定情况可以作适当调整。

文字的颜色：如无特殊说明，公文中文字的颜色均为黑色。

（二）装订要求

公文应当左侧装订，不掉页，两页页码之间误差不超过4mm，裁切后的成品尺寸允许误差±2mm，四角呈90°，无毛茬或缺损。骑马订或平订的公文应当：订位为两钉外订眼距版面上下边缘各70mm处，允许误差±4mm；无坏钉、漏钉、重钉，钉脚平伏牢固；骑马订钉锯均订在折缝线上，平订钉锯与书脊间的距离为3~5mm。包本装订公文的封皮（封面、书脊、封底）与书芯应吻合、包紧、包平、不脱落。

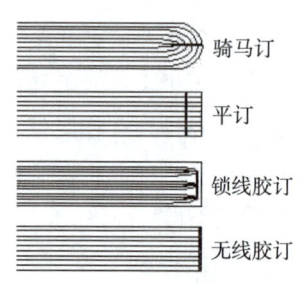

图2-1 装订方式

五、商务行政公文的结构要求

开头用语：用来表示行文目的、依据、原因，伴随情况等。如为（了）、关于、由于、对于、根据、按（遵、依）照、据、查、奉、兹等。

结尾用语：为要（盼）、特此通知（报告、函告）等。

过渡用语：为（对、因、据）此、鉴于、总之、综上所述等。

经办用语：经、已经、业经、现经、兹经、办理、责成、试行、执行、贯彻执行、研究执行、切实执行等。

称谓用语：有第一人称的我、本；第二人称的你、贵；第三人称的该等。

六、行政公文的格式与版式

以下是一些常见的行政公文格式与版式。

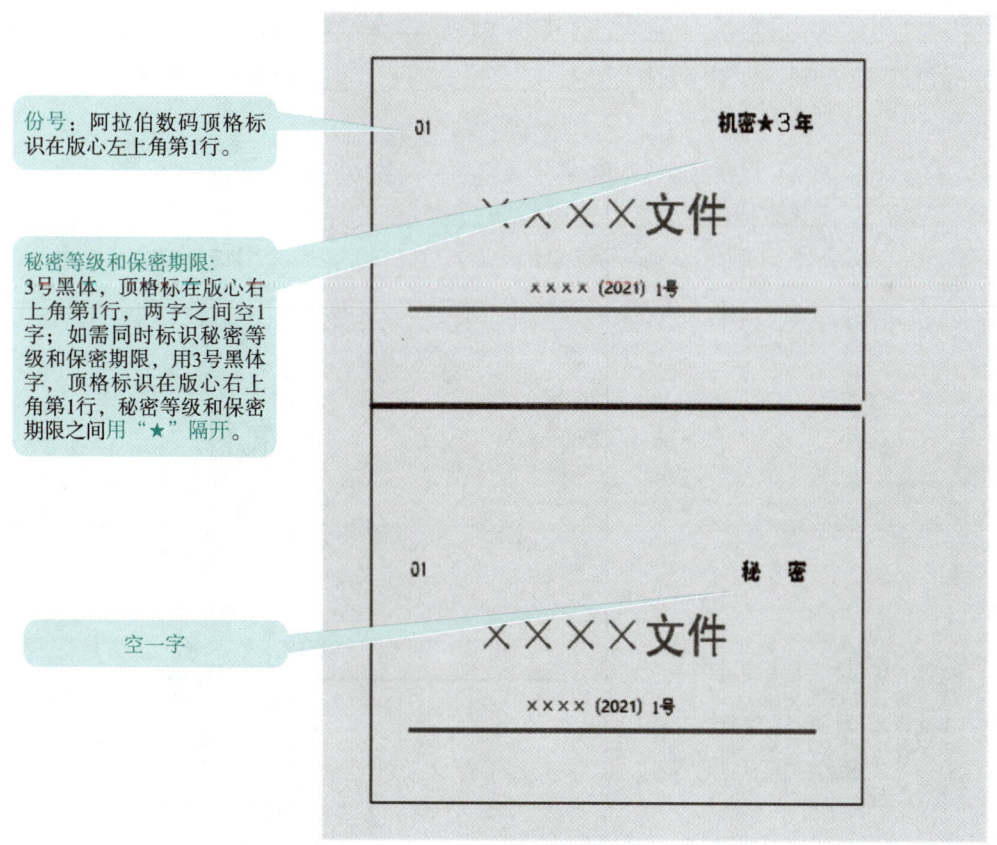

上行文发文机关标志位置

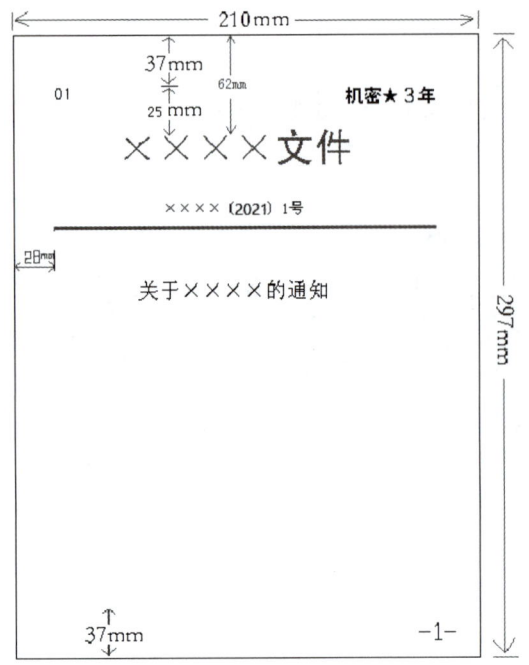

平行文和下行文发文机关标志位置

上行文发文机关标志位置

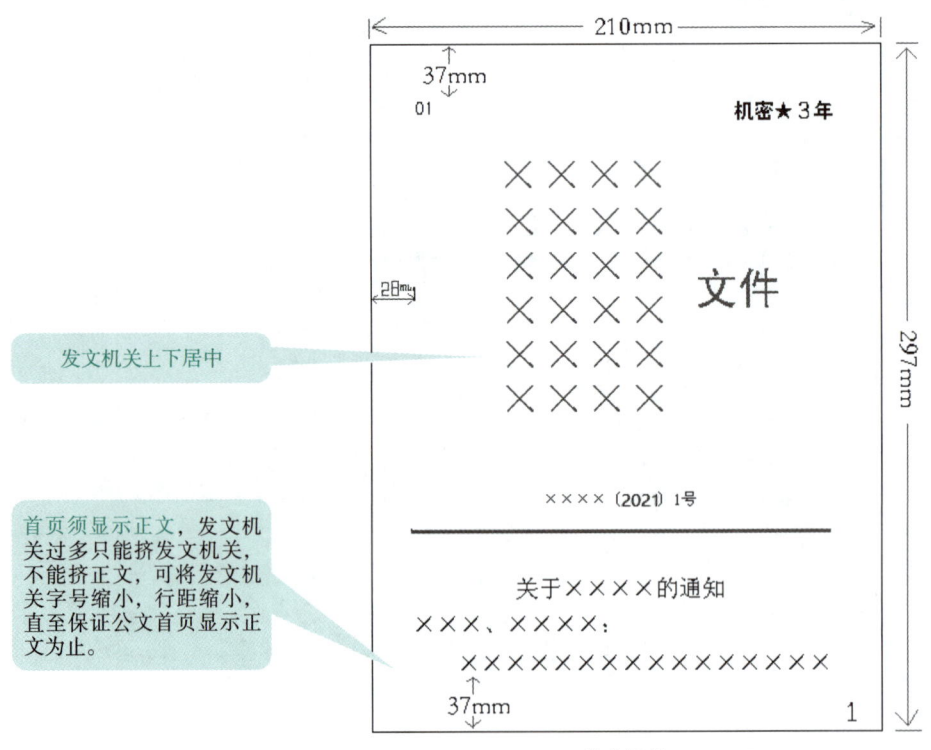

发文机关

项目二　商务行政公文

机关代字
年份
序号
六角括号

发文字号：位于版头正下方，机关标识下方（党的公文可以在版头的左下方）。报纸上公布文件时将发文字号标注在标题下面。

发文字号

居左空1字

居右空1字。平行排列于发文字号右侧，签发人用3号仿宋体字，签发人后标全角冒号，冒号后用3号楷体字标识签发人姓名。

主办单位签发人姓名置于第1行，其他签发人姓名从第2行起按发文机关顺序依次顺排，下移红色反线，使发文字号与最后1个签发人姓名处在同1行。

签发人：代表发文机关核准并签发公文文稿的领导人姓名，签发人和会签人（联合行文）的姓名是公文生效并对其内容负责的标志。
一般公文不必有签发人，上行文中要标明，请示应当在附注处注明联系人姓名和电话。

签发人

商务应用文写作：微课版（第二版）

主送机关名称下1行，每自然段左空2字，回行顶格。数字、年份不能回行。3号或4号仿宋体印刷。

页码： 公文每1页的顺序编号，用阿拉伯数字标注在图文区下端，正面为单号，位于右下角，反面为双号，位于左下角。数码左右各放一条4号一字线，一字线距版心下边缘7mm。单页码居右空1字，双页码居左空1字。空白页和空白页以后的页不标识页码。

正文： 公文的核心和主体部分，表述文件的具体内容，体现发文机关的意图。
主送机关之下、落款之上都是正文，一般包括缘由、事项、结尾3部分。

正文、页码

附件： 附在正文之后的一些补充材料。公文如有附件，在正文下空1行左空2字，文件印章等生效标志之上。

带附件的公文： 附件可能是被转发的上级文件、报告、意见、会议纪要等，不会被全文印在正文部分，正文只是转发的说明和要求，这种"附件"其实也是正件、正文。

附件

附件：如有序号使用阿拉伯数码，附件名称后不加标点符号。

印章：印章是发文机关对文件生效负责的凭证，除会议纪要和电报形式发出的公文外，正式行文都应加盖印章。
上不压正文、下不离日期、"骑年盖月"，上距正文1行之内，也就是不到1行的空白。

```
××××××××××××××
××××××××××××××
××××××××××××××
×××××××××××。
附件：1.××××名单 25人
     2.××××表   2份
```

二〇二一年一月二十七日

附件序号、印章

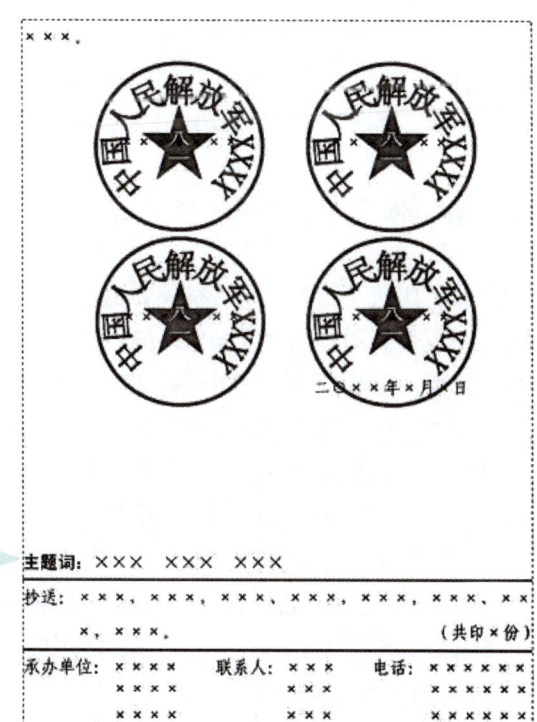

主题词：反映公文内容的规范化词语，名词或名词性词组。用3号黑体字，居左顶格标识，后标全角冒号；词目用3号小标宋体字，词目之间空1字，词语中间不用顿号而是空格，数量为3~5个。

主题词

任务二 通知

 案例

在一个遥远的王国里，国王决定举办一场盛大的宴会，邀请所有的臣民参加。他命令宫廷的书记官写一份通知，告知所有人宴会的时间和地点。书记官接到命令后，立刻开始撰写通知。敬爱的臣民们：我们的国王陛下决定举办一场前所未有的盛大宴会，以庆祝我们国家的繁荣与和平。我们诚挚地邀请每一位臣民参加这一盛事。宴会将在王宫的花园中举行，届时将有丰富的美食和精彩的表演。我们期待与您共同分享这一喜悦的时刻。请务必出席。由于通知中缺少具体的时间信息，臣民们纷纷在不同的时间到达王宫，有的在清晨，有的在傍晚，甚至有人在深夜才到达。宴会现场一片混乱，国王和臣民们都感到非常尴尬和不便。最终，书记官意识到因为没有提供足够的信息而导致了宴会的混乱。

该案例展示了在撰写通知时，如果缺乏必要的详细信息和对受众的考虑，可能会导致执行上的混乱和误解。有效的商务应用文应该提供清晰、具体的信息，并考虑到目标受众的需求和习惯，以确保信息的有效传达和活动的顺利进行。通过这个案例，请大家想一想通知应该如何撰写以确保信息的完整性和适用性呢？

一、通知的概念和特点

通知是批准下级机关及转发上级机关和不相隶属机关公文、发布规章、传达要求下级机关办理和有关单位需要周知或者共同执行的事项、任免和聘用干部等所使用的公文，它是公文中使用频率最高、使用范围最广的一种。其主要特点如下。

使用的广泛性：使用通知的机关单位最为广泛，不受发文机关级别高低限制；通知的内容广泛，上到传达中央重要方针政策，下至反映基层单位的日常行政工作，都可以用通知。在日常的工作中，给下级发的通知，即所谓"下行文"；给同属于一个系统的，但不相关也不相隶属的单位（即平级关系）也可以发通知，即所谓的"平行文"。

写作的灵活性：通知的写作自由灵活，形式多种多样，既可以是发表重要指示的长篇，又可以是转发文件的短文，有的只一两句话；既可内部发文，又可公开张贴。有时写的是一件事，有的则是几个问题。语气平缓，相对灵活。

受文对象的确指性：通知一般是针对具体单位或人员来发文，受文对象确指性极强。

有明显的时效性：通知的事项一般是要求立即办理、执行或知道的，不容拖延。有的通知如会议通知等，只在指定的一段时间里有效。

二、通知的种类

一般情况下，通知可以分为以下六种类型，其关注的重点和关键各不相同。

会议通知：撰写会议通知的时候，应该注意的内容包括会议的时间、地点、目的、要求、安排以及外地的人员到会的方式等。

指示性通知：所谓"指示性通知"，就是用于上级传达给下级机关去予以办理的通知。

批准性通知：所谓的"批准性通知"，就是在下级有某一个请示呈递上来，经上级批准之后再转发出去予以遵照执行的通知。由于此类通知都要涉及对原文标题引用，因而容易导致整个标题字数较多，繁杂冗长。解决的办法是：减少中间环节，不要层层转发，而应直转即可，例如，标题为《××公司关于转发省公司〈关于转发国网公司〈关于××××工作有关问题的通知〉的通知〉的通知》可直接改为《××公司转发国网公司关于××××工作有关问题的通知》。常见的格式如下：

关于转发《××××××》的通知

××××（主送单位）：

　　现将××××××（上级单位或有关业务主管部门）《××××××》（文号）转发给你们，请结合实际，认真贯彻执行。

　　××××××（具体贯彻意见和要求）。

　　附件：××××××

（印章）

××××年×月×日

发布性通知：所谓的"发布性通知"，主要用于某种规章制度的发布。需要特别提请注意的是，这种通知实际上是应该附带有文件附件的。常见的格式如下：

关于印发《×××××× 办法》的通知

××××（主送单位）：

　　为了××××××（目的），根据××××××（依据），制定了《××××××办法》，现印发给你们，请结合实际，认真贯彻执行。贯彻执行中有何问题，请及时反馈××××××。

附件：××××××

写知照性通知

（印章）

××××年×月×日

知照性通知：所谓"知照性通知"，通常用于上级给所属的下级机关通报某些事务的情形之中，下级机关知道了解情况即可。这类通知可分为两种：

一是向下属机关告知仅需知道而不需要直接执行或办理的事项，如成立、调整或撤销机构、启用或作废某单位印章等，只起通报情况作用。

 案例

关于××、×××等同志职务任免的通知

各区县旅游局、市属各旅游部门、企事业单位、机关各处（室）：

根据工作需要，经局党委研究决定：

××同志任企管处处长，免去其办公室主任职务；

×××同志任××旅游公司总经理。

中共××市旅游局党委（印章）

20××年11月10日

二是要求下级办理的一般性事项，如布置一般工作、印发工作提纲等。

周知性通知：与知照性通知相类似的，还有一种通知叫作"周知性通知"；这种通知的作用在于让目标读者知道事情的情况而无须他们采取任何的措施和行动，纯属于告知性的。

写周知性通知

 案例

深圳市人民政府
关于宝安龙岗两个市辖区有关税收政策问题的通知

各区人民政府、市府直属各单位：

为了贯彻统一税法、公平税负、平等纳税的原则，以利于建立市场经济体制，促进经济的发展，现就宝安县撤县后的有关税收政策问题通知如下：

一、设在宝安、龙岗两区的所有企事业单位(含个体工商业户，下同)，对其生产、经营的收入，……

二、设在宝安、龙岗两区的所有企事业单位，按照深圳经济特区的规定，一律按15%的税

率征收企业所得税，免征地方所得税和地方附加税；……

三、设在宝安、龙岗两区的所有企事业单位和个人，按照深圳经济特区的规定，……

四、……

五、……

六、上述通知，从××××年一月一日起执行，过去的规定与本通知有抵触的，以本通知为准。

三、通知的写法

作为正式的通知，应该注意以下的格式要求。

1．标题

通知的标题应该包括发文机关、事由以及文种三块内容，除极简单的事情，标题可只写"通知"二字外，一般说来，应在"通知"前加上发文机关名称和事由，便于人们通过标题尽快掌握通知的意向。如"国务院关于预防中东呼吸综合征的通知""山东省人民政府关于进一步抓好农村劳务开发的通知"。根据工作需要和行文目的，有的标题还要写明是紧急通知、重要通知或补充通知等。

2．送与对象

通知与其他任何一种商务文书一样，应该且只能有一个主送单位，但抄送单位可以有多个，主送单位一定要顶格来写。

3．正文

正文是通知的主要内容。起草时要交代清楚发文原因、意图和目的，通知什么事情，有哪些具体要求和意见，受文单位应如何办理。批准性通知结构简单，其余通知一般由三部分组成。

事由：这是通知的开头，应写明制发通知的缘由、目的、依据或情况。

事项：写出通知的内容，即要求受文机关承办、执行和应予以知晓的事项。这些内容如较复杂，可分条列项写出。

结尾：这部分常用"特此通知""专此通知"之类的习惯用语作结。

正文的结构是灵活多样的，大体说来，可以有三种写法：

总分条文式：引言之后将通知事项分为几点，用顺序号分条拟写，这样写的好处是条理清楚，一目了然。

归纳式：按性质将正文分为几大部分，如原因、要求、具体措施等，每一部分集中说明一方面的事情，使受文者易于掌握和遵照办理。

篇段合一式：有些内容简单的通知，正文不再分条分部分，通篇就一段话甚至一句话。

4．署名

通知的署名包括发文机构和日期即可。

5．附件

正如前文所提到的，批准性的通知，如"有关××法律法规的通知""总经理办公室关于新的财务报销制度的通知"等，应该将法律法规或者新的财务报销制度作为附件与通知一同下发。

 案例

关于召开涉外饭店星级评定工作会议的通知

各地市文化和旅游局、省涉外星级饭店评审委员会委员：

兹定于×月×日在××市召开全省涉外星级饭店评定工作会议。现将有关事项通知如下：

一、会议内容

1. 传达全国涉外星级饭店评定工作会议精神；
2. 讨论全省涉外星级饭店现状，表彰优秀饭店；
3. 布置明年评审工作。着重研究如何用星级饭店评审，复审等手段促进饭店管理与服务跃上新台阶问题。

二、参加人员

各地市州文化和旅游局领导，省内各主要涉外饭店负责人，评审委员会各委员，旅游公司、旅游车队负责人列席。

三、报到时间和地点

与会人员务必于×月×日12：00前到××市×路××饭店二楼一号会议室报到。（联系人：××　　电话：××××××××）

四、食宿费及其他

与会人员会议期间食宿由旅游局承担，其他费用自己解决。

××省文化和旅游局（盖章）

××××年×月×日

四、通知写作的注意事项

依据通知的特点，写作过程中需注意以下几点：

一是明确通知对象。上级机关不可以作为通知对象，如有事情沟通可视情况采用合适的公文文种。

二是通知事项要具体明确，不能反复修改发出的通知。

三是要求执行的通知，表态要明确，不可模棱两可。

四是作为公文的通知具有法律效力和行政效力，应考虑所发通知内容是否适合以公文形式主送。

项目二　练习二

> **知识拓展**

通知撰写小贴士

1. 标题的撰写

（1）标题中的事由一定要醒目、明确，能够概括正文的主要内容。

（2）标题中也可省略发文单位，单位内部发布的非正式通知也可以只标明"通知"二字。

（3）在发文单位和事由之间用"关于"连接，事由与文种之间要加"的"，但要注意断字的位置必须保持词和数字的完整性，标题分为三行时，要形成矩形或梯形。

（4）如果有特殊情况，还要在"通知"前加上"紧急""重要""补充"之类的字样。

（5）发布规章的通知，所发布的规章名称要出现在标题的主要内容部分，并使用书名号。批转和转发文件的公文，所转发的文件内容要出现在标题中，但不一定使用书名号。

2. 主送机关的撰写

主送单位较多时，需注意要按级别及层次作为排列顺序，同一级别层次之间用顿号，不同级别层次用逗号分开。

3. 通知撰写常用语

（1）通常情况，正文先写发文依据，后写发文目的，有的通知只写发文的目的，发文目的一般以"为"或"为了"作为开头，后用"状语+动宾结构"表达目的和工作目标，再用"现就有关事项通知如下"过渡到主体部分。

（2）通知的结尾一般会提出希望、号召或要求。一般性通知常用"以上通知望认真执行"，重要性通知常用"特此通知，望认真执行""本通知自下发之日起实行"等。如果在导语末尾写了"特作如下通知"之类的承启语，那么，在正文结尾处不宜再用"特此通知"之类的惯用语，以免重复。

五、通知写作模板

通知写作模板

标题	×××××关于××××的通知
主送机关	××××：
通知缘由	×××××××××××××××××××××××××××，现就有关事项通知如下：
通知事项	××××××××××××××××××××××××××××××。
执行要求	特此通知。
发文机关署名	××××（印章）
成文日期	××××年×月×日

> **练一练**

请找出以下通知范例中存在的问题。

酒店办公室通知

各部门经理：

　　经董事会研究决定，定于12月20日，在虎域风景区召开各部门主任会议。会议为期三天，主要汇报各部门全年工作的完成情况并研究明年工作计划。要求各部门主任或副主任至少一人参加。参加会议的人员，酒店负责提供车辆接送；每人随身所携带的物品体积不得大于三平方米，不得重于两斤；会后酒店会将会议人员送往大约200里外的餐厅。会议时间较长，希望大家准备好必备的生活用品。

20××年12月16日

任务三　通报

 案例

关于表彰顾文峰等同志先进事迹的通报

××公司〔20××〕19号

××公司所属各部门：

　　10月26日上午，我公司员工在江边组织团建活动时，听到有人呼救。当时员工们已准备离开，但面对紧急情况，他们立即放下手中物品，迅速跑向发出喊声的地方。发现两名儿童在江中挣扎，即将被江水吞没，顾文锋、吴书生等几位员工毫不犹豫，立即跳入江中施救。经过与急流近十分钟的搏斗，成功将两名儿童救上岸。此时，下水的员工已冻得发抖，但他们不顾自身安危，与其他员工一起将落水儿童送往医院救治，最终两名儿童得以脱险。

　　顾文锋、吴书生等同志的行为体现了高度的社会责任感和英勇精神，公司决定给予通报表扬。

　　公司号召全体员工以顾文锋、吴书生等同志为榜样，积极投身于助人为乐的活动，拒绝冷漠，以大爱的胸怀关心身边的人和事，争做新时代的好员工。为全市精神文明建设和公司的文化建设做出新的贡献，并以此为契机，共同营造和谐企业、和谐社会。

××公司（印章）

20××年10月27日

> **案例**
>
> ## 山东省人民政府研究室关于表彰 20×× 年度全省政府系统优秀调研成果的通报
>
> 各市人民政府办公室（研究室），省政府各部门、各直属机构，各有关单位：
> 　　根据《山东省人民政府关于进一步加强调查研究工作的意见》和《中共山东省人民政府党组关于进一步加强和改进调查研究的意见》的要求，省政府研究室组织开展了20××年度全省政府系统优秀调研成果评选。在初评的基础上，邀请部分市及省直有关部门负责同志、高等院校、科研院所专家学者组成专家评选会进行认真评选，共评出一等奖69篇、二等奖116篇、三等奖213篇。现对获奖调研成果予以通报。
> 　　附件：20××年度全省政府系统优秀调研成果获奖名单
>
>
>
> 山东省人民政府研究室
>
> 20××年1月5日
>
>

一、认识通报

写通报

　　通报是国家机关、社会团体、企事业单位表彰先进、批评错误、传达重要精神或情况所使用的一种下行公文。通报属于指导性主动下行文体，常用于表扬好人好事，批评错误的人和事，传达重要情况和工作中的经验教训，借以教育有关工作人员，改进工作。特别是对于某些影响巨大、后果严重、教训深刻的事件的处理，更常用通报的方式，为的是教育全体人员，引以为戒，防止再发生类似事件。通报不仅要反映事件本身的性质、发生经过和处理结果，而且要着眼于未来，提出预防性的措施和意见。对于所通报的事实，不论是批评还是表扬，都要认真核对，如实反映，不能夸大或缩小，用词要有分寸。因此，通报是对收文单位和相关人员有一定约束力的内部公文。
　　通报的作用如下。
　　（1）互通情况，沟通信息，使有关单位或组织了解工作进程，安排好自己的工作。
　　（2）学习先进的典型经验，指导和推进工作。
　　（3）吸取他人教训，警惕类似问题发生。
　　通报的特点如下。
　　（1）典型性。不是任何的人和事都可以作为通报的对象来写的。通报的人和事总是具备一定的典型性，能够反映、揭示事物的本质规律，具有广泛的代表性和鲜明的个性。这样的通报发出后，才能使人受到启迪，得到教益。

（2）引导性。无论表扬性通报，批评性通报，还是情况通报，其目的都在于通过典型的人和事引导人们辨别是非，总结经验，吸取教训，弘扬正气，树立新风。

（3）严肃性。通报的内容和形式都是严肃的。由于通报是正式公文，是领导机关为了指导面上的工作，针对真人、真事和真实情况制发的，无论是表扬、批评或通报情况，都代表着一级组织的意见，具有表彰鼓励或惩戒、警示的作用，因而其使用十分慎重、严肃。

（4）时效性。通报针对当前工作中出现的情况和问题而发。它的典型性、引导性都是就特定的社会背景而言的。随着客观情况的变化，一件在当时看来具有典型意义的事实，时过境迁，未必仍具有典型性。因此，通报作用的发挥，与抓住时机适时通报是分不开的。

二、通报的种类

（一）表彰性通报

主要用来表彰先进，介绍单位或个人成功的经验、做法，以学习先进，见贤思齐，改进与推动工作。

（二）批评性通报

用来批评后进，纠正错误，打击歪风，指出有关单位或个人存在的错误事实，提出解决办法或处理意见。

（三）传达性通报

用于传达上级重要精神与重要情况；引起人们的警觉与注意，对当前的工作起指导作用。

三、通报的结构与写法

通报由标题、主送机关、正文、发文机关和日期组成。

（一）标题

通报的标题通常由发文机关、事由和文种三个要素构成。

1. 完全式标题

《××市公安局关于表彰×××同志临危不惧、勇擒歹徒事迹的通报》
《国务院关于表彰国家科委等单位长期深入基层开展扶贫工作的通报》
《卫生部关于××医院滥开大量滋补药品的通报》

2. 事由＋文种

《关于工期工作检查的通报》

3. 发文机关＋文种

《中央纪律检查委员会通报》

有时可省略发文机关和事由，只写"通报"二字，但比较重要的通报则不能省略。通报的签署和时间也可以在标题下方，这样则不再落款；通报也可以有抬头、落款，时间则写在发文机关下面。

（二）正文

1. 表彰通报正文的一般写法

（1）叙述先进事迹，包括时间、地点、人物、事迹、怎么做、结果。

（2）对上述事件进行分析、评议，指出其典型意义，或概括其主要经验，语言要简明概括。

（3）提出表彰或发出号召。如果是转发式的表彰通报，正文部分先对下级机关所发的这个材料进行评价，加上批语，即对被表彰者进行评议等，再发出号召或提出要求。

 案例

关于表彰李明同志见义勇为行为的通报

各部门、科室：

11月20日傍晚，我公司物流部员工李明同志在下班途中，偶遇一起交通事故。在确认现场安全的情况下，他毫不犹豫地冲上前去，救助了受伤的行人，并迅速拨打了急救电话。在等待救护车到来的过程中，李明同志一直守护在伤者身边，为其提供必要的急救措施，直至医护人员到达并将伤者送往医院。

李明同事在面对紧急情况时，表现出了极大的勇气和责任感。他的行为不仅体现了个人的高尚品质，也彰显了我们公司员工的社会责任感和人道主义精神。为此，公司决定：

一、对李明同志的见义勇为行为进行全公司通报表扬。

二、给予李明同志奖金3000元，以资鼓励。

公司鼓励全体员工以李明同志为榜样，发扬助人为乐的精神，积极参与社会公益活动，展现我们公司的良好形象。

××科技有限公司

20××年12月10日

2. 批评通报正文的一般写法

（1）通报缘由，即将事故或错误事实的经过情况、时间、地点、事故、后果等交代清楚。

（2）对事故进行分析评议，重点分析事故发生的原因，指出事故的性质及其危害，并提出处分决定。

（3）写明防止此类事故的措施，要对症下药，提出告诫，或重申某一方面的纪律。

 案例

关于违反公司资料管理规定的通报

各部门：

近期，公司内部审计发现，市场部员工张三于12月7日晚未经批准，擅自将4份公司内部资料带出办公区域，该行为违反了公司资料保密与安全管理规定。为维护公司信息安全和规章制度的严肃性，根据公司员工手册及保密协议相关条款，对张三员工予以通报批评，并将进一步采取相应的纪律处分。

所有员工均应严格遵守公司资料管理规定，保护公司信息资产安全。此事件给全体员工敲响警钟，请大家引以为戒，自觉维护公司利益，共同营造安全、规范的工作环境。

特此通报。

××公司人力资源部
20××年12月8日

练一练

请结合以下案例，以××公司安全管理委员会的名义，写一篇通报，题目自拟。

12月25日上午，我公司生产部员工李艺在1号厂房内私自接电使用电热水壶烧水，且在烧水过程中长时间离开工作岗位，导致水烧开后未能及时断电，引发电线短路并起火，造成部分生产资料损坏。

经调查，此次事件是由于员工李艺违反公司安全操作规定，未经许可私自使用大功率电器，且在操作过程中疏忽大意，离开岗位，未能及时处理烧水设备，最终导致安全事故的发生。幸运的是，火势被及时发现并得到控制，未造成更严重的人员伤亡和财产损失。

为严肃公司安全规定，强化员工安全意识，根据公司安全生产管理规定，对李艺予以通报批评，并给予相应的经济处罚。同时，要求生产部组织全体员工进行安全教育，加强安全检查，杜绝类似事件再次发生。

公司再次强调，安全生产是公司运营的重中之重，全体员工必须严格遵守安全操作规程，加强自我安全意识，确保个人和公司财产安全。请各部门引以为戒，加强安全管理，共同维护公司安全稳定的生产环境。

3. 情况通报的一般写法

情况通报的正文，关键在于对情况的掌握要确实、全面、充分。它的正文包括以下三个方面内容。

（1）叙述情况。
（2）分析情况，阐明意义。
（3）提出指导性意见。

 **案例**

关于20××年元旦期间公司安全保卫工作的通报

各部门：

在刚刚过去的元旦假期中，得益于公司领导的高度重视和各部门的积极配合，我们的安全保卫工作取得了显著成效，确保了公司资产和员工的安全。现将元旦期间的安全保卫工作情况通报如下：

一、公司领导对安全保卫工作的重视程度高，确保了各项安全措施的有效执行。（具体内容略）

二、各部门加强了规章制度的执行，严格遵守安全操作规程。（具体内容略）

三、实现了节前有详细安排，节日期间有严格检查，节后有书面汇报的良好工作机制。表现突出的部门包括××部门和××团队。

随着元旦假期的结束，春节假期即将到来，为确保公司在春节期间的安全，我们再次强调以下几点要求：

1. 将安全防范工作视为首要任务，加强门卫管理和值班制度，加大现场检查力度。
2. 严格遵守值班纪律，确保值班人员到位，保障公司财产和人员安全。
3. 鉴于节日期间烟花爆竹的使用增多，需特别注意防火安全，认真执行防火措施，加强自查和必要的安全预防。
4. 加强汇报制度，确保信息畅通，及时上报和处理各类安全问题。（具体内容略）

请各部门认真贯彻执行上述要求，确保公司在春节期间的安全稳定。

保卫处
20××年1月8日

（三）尾部

包括发文机关署名和成文时间两个项目内容。有的在通报标题中已标明发文机关名称，这里就不必再写。

四、通报写作的注意事项

（一）注意时效性

发通报要抓住时机，及时将先进典型和经验向社会宣传推广，对反面典型予以揭露，引起警戒，或对某些重大事项和重要情况，及时予以通报，

项目二 练习三

以起到交流情况、信息,指导工作的作用。错过时机的通报,就失去了它的时效性,没有行文的意义了。

(二)注意指导性

不能事无巨细都发通报,要选择对工作有普遍指导意义的事项来发通报。通报要有普遍的指导意义,就应选择典型。先进的典型要能反映事物的本质特征,能揭示时代的本质,体现时代的精神。反面的典型,应有一定的代表性,能体现鉴戒的作用。所以,只有选准、选好典型,通报才能起到激励教育、推动工作和批评警戒的作用。

(三)注意真实性

通报中所涉及的事例,必须是客观存在的,经过反复调查、认为是真实可靠的,绝不允许捏造和虚构。同时,事例的反映要准确,不能夸大或缩小,要实事求是。通报在结尾提出的希望和号召,也必须切合实际,有一定的针对性,使读者能够接受或受到启示。

关于员工违反公司纪律问题的通报

各部门:

近期,我公司对一名员工在工作时间内不遵守公司规章制度并侮辱同事的问题进行了处理,给予相应处分,并将处理结果正式公布。此做法符合公司规定,体现了公司对维护良好工作环境和团队纪律的坚定态度。

为提升工作效率和团队协作,公司要求所有员工一方面要认真履行岗位职责,遵守公司规章制度,尊重同事,保持良好的工作关系;另一方面,公司也将为员工提供必要的支持和培训,确保每位员工都能在积极向上的环境中发展。

现将此次事件的处理结果通报给大家,望全体员工引以为戒,共同营造一个尊重、和谐的工作环境。

附:公司对涉事员工的处理决定(略)

××公司人力资源部

20××年×月×日

该例文体现出清晰的逻辑结构和目的性。首先,直接陈述了事件本身以及公司对事件的处理决定,明确表达了公司对维护纪律的坚定立场。接着,通过对员工提出具体的工作要求和公司提供的支持,传达了公司对提升工作效率和团队协作的重视。最后,通过通报事件处理结果,旨在警示全体员工,强调了预防类似事件的重要性。此通报的优点在于其直接性和明确性,能够有效地传达公司对员工行为的期望和纪律要求,同时通过提供培训和支持,展现了公司对员工发展的关注,增强了通报的教育意义和预防功能。

五、通报写作模板

表彰通报写作模板

标题	×××××**关于表彰××××的通报**
主送机关	××××：
介绍、评议先进事迹	××××××××××××××。 　　×××××××××××××。
表彰、奖励决定	为了表彰××××××，××××研究决定：授予××××××荣誉称号。
希望、号召	希望××××以×××为榜样，××××××××××××。
发文机关	××××（印章）
成文日期	×××年×月×日

批评通报写作模板

标题	×××××**关于××××××的通报**
主送机关	××××：
叙述错误事实及后果；分析原因、性质及危害	××××××××××××××。 　　×××××××××××××。
提出处分决定	为严肃纪律××××××××，××××研究决定：对×××予以通报批评，并责令其××××。
写明预防措施、提出告诫	望××××引以为戒，××××××××××××××。
发文机关	××××（印章）
成文日期	×××年×月×日

情况通报写作模板

标题	×××××**关于××××××的通报**
主送机关	××××：
叙述情况	最近，我单位发生了××××××××××。为了××××××××××××××。
承上启下过渡语	现将情况通报如下。
分析情况，阐明意义	××××××××××××××。 　　×××××××××××××。
提出指导性意见	希望×××××××××××××。
发文机关	××××（印章）
成文日期	×××年×月×日

> **练一练**

指出下列公文中不准确的地方并改正。

表彰通报

　　市××造纸厂，采取有力措施，切实贯彻《安全生产条例》，建立安全生产岗位责任制，实现全年生产无事故。成为市第一个安全生产年企业，为此，政府决定对××造纸厂通报表彰。

××市政府
20××年12月26日

> **练一练**

分析下面公文有什么错误。

关于××市民政事业费管理使用问题的通报

　　××市任意挪用、占用和滥用民政事业费的问题，是非常严峻的。民政事业费是体现党和国家对广大优抚、救济对象生活疾苦的关怀，任何人挪用、侵占和占用民政事业费必须限期如数追回。为了严明党纪国法，对挪用、占用民政事业费的有关人员，要按党纪政纪严肃处理，并将处理结果报省人民政府。

　　各地要把××市的问题引以为借鉴，加强民政事业费的管理，杜绝××市问题再度发生。

20××年12月26日

> **知识拓展**

通报与通知的区别

　　从行文方向上来说，通报与通知都可以下行，所述事项都是需要在一定范围内为大家所周知的，二者主要区别在于以下几点。

　　1. 目的不同

　　通知一般用于传达需要周知或执行的事项，发文机关与受文者的目标是一致的；而通报属于指导性主动下行文，通过表扬好人好事，批评错误的人或事，传达重要情况和工作中的经验教训，借以教育有关工作人员，改进工作。

　　2. 用途不同

　　使用通知的机关单位最为广泛，通知的内容既可以是一般的日常事务，也可以是对某一事项具有重大指导意义的内容；而通报要告知的事项，一般都是对一定范围内的工作带有指导意义的重大事项。所以通报的用途不如通知广泛。

3. 执行力不同

通知中传达的各项事宜，需要下级认真执行；而通报主要用于告知情况，不要求受文者主动执行，其行政约束力相对要小一些。

4. 表达方式不同

通知多用祈使句，提出的是具体要执行的要求；通报多用叙述的表达方式，讲述的是"事"，多就此事提出希望。

任务四 报告

 案例

关于××地区扶贫工作进展情况的报告

××××：

为全面贯彻落实国家关于脱贫攻坚的战略部署，确保××地区贫困人口如期脱贫，现将近期我地区扶贫工作进展情况报告如下：

一、工作进展概述

（正文略）

二、存在问题与挑战

（正文略）

三、下一步工作计划

（正文略）

××地区将继续坚持精准扶贫、精准脱贫基本方略，以更加坚定的决心、更加有力的举措，确保高质量完成脱贫攻坚任务，为全面建成小康社会贡献力量。

××局

20××年12月12日

一、认识报告

报告，是下级机关或部门、企事业单位向上级机关或部门汇报工作，反映情况，答复上级机关的询问时使用的一种公文文种。它是党政机关和企事业单位、团体组织都广泛采用的重要上行文。

根据《党政机关公文处理工作条例》规定："报告适用于向上级机关汇报工作，反映情况，回复上级机关的询问"。报告是下级机关呈送上级机关的上行文种，中下级机关特别是基层单位和部门常会用到这一文种。

二、报告的种类及写法

按照内容和作用来划分，有呈报性报告和呈转性报告。

报告一般由发文字号、签发人、标题、主送机关、正文、发文机关署名、成文日期组成，其他格式按规定和行文需要标注。

◆ 呈报性报告。

呈报性报告是报告的主体。这类报告以报告工作和汇报工作、反映情况、答复询问为主要内容。由于向上级机关呈报工作情况涉及的内容十分广泛，呈报性报告又可分为工作报告、综合报告、专题报告、检查报告等。

写呈报性报告

（一）工作报告

工作报告，是指党的机关、行政机关、企事业单位和社会团体，按照有关规定，定期或不定期地向上级机关或法定对象汇报工作。汇报的内容，包括过去一段的工作情况和下一段工作部署。比如，党代会、人代会、政协全会上的工作报告，各机关、单位的年度工作报告、阶段性工作报告等。

1. 标题

一般有两级标题，但标题的形式有以下几种。

第一种形式：主标题由报告内容涉及的范围、时间与"工作报告"组成；副标题由破折号加会名（在××会议上）组成；再下一行标注报告人的职务与姓名。

第二种形式：主标题由会名（在××会上）、报告的主题与"报告"组成。标题之下居中标注报告人姓名。这个报告在会议上通过之后，在标题之下、报告人姓名之上标注作报告的时间和会议通过的时间。

第三种形式：工作报告要确定一个主题，并以报告的主题作主标题，副标题由破折号、会议时间、会名与"工作报告"组成，即"——在×年×月×日××会议上的工作报告"，在副标题之下居中标注报告人姓名。

2. 正文

工作报告的正文一般由两大部分组成。第一大部分是过去一段的工作总结，第二大部分是下一段的工作部署。工作总结，要实事求是，写作方法不落俗套，抓住主要的、本质的、有代表性的材料，再从感性认识上升到理性认识，成绩、经验和应吸取的教训，一气呵成，浑然一体。工作部署,要抓主要矛盾和主要方面,在国家的总方针、总政策、总计划的指导下,紧密结合本地本单位本组织的实际,坚持民主决策和科学决策,深刻地阐明每一项新的工作的意义、目的、任务和完成任务的要求、方法与措施,应具有挑战性和感召力,能唤起大家的共鸣,以统一思想,提高认识,万众一心,共同奋斗。按照法律规定的工作报告,还要请代表(党代表、人民代表、职工代表等),或委员们审议、通过,如果代表或委员们有意见和建议,还要对工作报告进行修改,直到会议通过为止。

××县物价局整治企业经营环境工作报告

××县人民政府:

近年来,根据省、市、县优化办工作安排意见和全市物价工作会议要求,我局深入贯彻落实中央13、14号文件精神,以清费治乱减负为工作重心,加强对涉企收费管理,规定收费行为,减轻企业负担,取得了一定成绩。具体来讲,我们主要做到了以下"五个注重":

一、注重宣传教育,树立收费法治意识

近几年,对企业乱收费现象在本县曾几度得到抑制,减负治乱不断取得阶段性成果。但乱收费现象还不能从根本上得到解决。这当中既有收费部门受利益驱动的主观原因,同时也不能排除社会各界法治意识淡薄的客观因素。为提高企业的自我保护能力,我们加大了收费政策、法规的宣传力度。

一是……;二是……

二、注重自身建设,提高队伍整体素质

收费管理工作涉及面广、政策性强,这就要求我们必须培养一支政治合格、业务过硬、作风优良的队伍……

三、注重落实制度,规范全县涉企收费秩序

为搞好收费管理,上级制定了不少的规章制度,如何抓好落实,是一个棘手问题。结合本县实际情况,去年我们主要做了以下工作:

一是……;二是……;三是……

四、注重标本兼治,堵住乱收费源头

…………

五、注重动态管理,制止乱收费反弹

针对历年来治理乱收费工作中出现的"前清后乱"这一疑难症状,经过调研与分析,我们着手对收费实行动态管理,及时制止乱收费。

一是……;二是……;三是……

由于我们采取了上述措施,去年……

××县物价局
20××年××月××日

（二）综合报告

前面讲的工作报告，也是综合报告。这里讲的综合报告，是指向上级机关报告情况，或报告工作情况的综合报告，不是指面向代表或委员们的工作报告。

1. 标题

由发文机关名称、时间与"工作情况综合报告"或"工作情况报告"组成。

2. 正文

由开头、主体、结尾三个部分组成。开头部分，概括地说明全文的主旨，即把本地区本单位各个方面的工作情况，包括工作依据、目的、总的情况和对整个工作的评价等，实事求是地作一个概述。反映成绩和问题，都要实事求是，有喜报喜，有忧报忧，喜忧兼报。主体部分，是综合报告的核心，就各方面的工作进展情况、主要做法、所取得的成绩和经验及存在的问题，一一陈述。在结构安排上，层次要分明，有主有次，可分条（项）陈述，也可分层次陈述；尽量使用综合性的材料和数字说明，做到言简意赅。结尾部分，写出工作中存在的主要问题，提出下一步工作意见。写问题，不宜太多；提出下一步工作意见可以具体一点。最后另起一段，以"专此报告"或"以上报告如无不妥，请指示"结束全文。

3. 起草综合性报告的注意事项

一是突出重点。各方面的情况，不能平衡用力或平铺直叙，每次的报告应有所侧重。二是做好分析。即把各方面的情况收集之后，进行由表及里的分析研究，提炼出事物的本质，找出带规律性的经验和工作方法，以指导今后的工作。三是处理好点与面的关系，做到点面结合。这样的综合报告才有说服力和感召力。

关于××同志入党审查的综合报告

××，女，2005年9月出生，汉族，现为××公司××部门员工。××同志于2017年6月加入中国共产主义青年团，2023年9月进入××公司××部门工作，并于2024年5月参加公司党委举办的第33期入党积极分子培训班学习，成绩合格，顺利结业。

××同志是部门内的优秀员工。她工作认真负责，勤勉努力，对提升整个团队乃至整个部门的工作效率与质量起到了积极作用。上级领导及同事对其工作态度和专业能力均给予了高度评价。

在思想品德方面，她尊敬领导……

在理论修养方面，××同志表现出色，积极参与公司组织的各类政治理论学习活动，……

在工作实践中，××同志积极参与公司组织的各项活动，尤其在公益活动方面表现突出，……

经过函调，其父母政治立场坚定，无任何历史政治问题，……

鉴于以上考察情况，党支部经集体讨论认为××同志作为一名优秀的公司员工，入党动机端正，……请上级党组织审核。

××公司党支部书记 ××
20××年××月××日

（三）专题报告

专题报告，是指就某一工作或某一工作的某一方面向上级机关汇报。有两种情况：一是按照行政管理工作的特点、规律和有关规定，主动地向上级机关汇报；二是答复上级机关的询问，被动地向上级机关汇报。

1. 标题

由发文机关名称、汇报的主题与"报告"组成。

2. 正文

一般采用三段式结构。主要有以下几种结构形式：一是情况（包括经验）、问题、打算。这种形式，适用于以反映情况为主的专题工作报告。二是"情况、经验、不足（存在的问题）"。这种形式，适用于以总结经验为主的专题工作报告。情况，包括开展工作和进行某一专项工作的依据、工作进展情况、所取得的成效等经验，包括完成某一专项工作任务的做法和所取得的经验体会等。情况和经验都可分条陈述。写经验体会，应站在全局的高度，从马克思主义的立场、观点出发，对工作进行全面的分析研究，把带有规律性、普遍性、全局性的做法和经验加以归纳、推理、提炼，使之上升到理性高度，这样，对全局工作才有指导意义。问题，是在分析研究的基础上，抓住存在的带倾向性的主要问题，并把问题讲清楚。如果是专题经验报告，可不写问题或一笔带过。今后的打算，针对存在问题和上级机关的工作部署撰写，做到目标、任务明确，措施得当，保障有力。工作经验专题报告，不写工作打算。

3. 结尾

专题报告的结尾，一般要写结尾专用语，比如，"专此报告。请审核"；"专此报告。请查收"；"专此报告。请指示"等。使用结尾语，要注意报告的内容和掌握好分寸。比如，政策方面的报告，"请审查"；财经、物资方面的报告，"请查收"或"请审查"；一般的工作情况报告，多用"专此报告"结尾。

（四）检查报告

检查报告属专题报告，但与一般的专题报告在正文的内容上和写法上又有所不同。检查报告的正文要写出犯错误的大概情况，发生错误的直接原因和间接原因、主观原因和客观原因，责任在谁，应承担什么样的法律、行政责任，处理的依据和处理情况，整改措施及今后的工作意见等。尚未处理的，要写明处理建议意见。处理建议意见应分清责任大小、问题轻重一一写明，还包括改进工作的意见等。

关于公司工会干部有关待遇的报告

市总工会：

　　3月2日来函已收悉。现将我公司工会干部的待遇情况报告如下：

　　一、公司基层工会主席由在职员工兼任，每年享受工作量减免40小时的待遇。

　　二、部门工会主席在任职期间享受公司行政副职相应待遇，由在职员工担任的每年享受工作量减免30小时。

　　三、公司工会委员在任职期间享受工作量减免30小时的待遇；部门工会委员每年享受工作量减免15小时。

　　专此报告。

××公司工会
20××年××月××日

◆ **呈转性报告。**

　　呈转性报告，是指业务主管机关或部门，依据有关政策规定或上级的文件精神，针对工作中存在的普遍问题，或在一定时间和范围内要做出安排处理的事项，向上级机关汇报，并请求批转（转发）各地各单位贯彻执行的报告。这类报告中的工作安排和问题的处理，必须超越了业务主管机关或部门的职权范围，提出建议性处理意见，请上级机关批准。上级机关批转（转发）之后，就是上级机关的意见了，所属范围的单位和个人都要贯彻执行。如果是机关、单位自己职权范围内的事项及工作部署，则不需要上级机关批转（转发）。

写呈转性报告

（一）标题

　　由报告机关名称、公文主题与"报告"组成。在这个报告之前，有一个批转（转发）的通知。

（二）正文

　　呈转性报告，一般分为开头、主体、结尾三个部分。

1. 开头

　　有两种写法：一是概述开展某项工作的依据、背景和主要目的；二是先概述某项工作情况，再进一步概述全面、深入地开展某项工作的依据、目的。概述工作要从宏观上阐述，一分为二，先肯定成绩，然后再说存在的问题，用词要恰如其分。均以"现将做好这项工作的意见报告如下"或"现就进一步做好××工作，提出如下安排意见"等过渡语转入下一个部分。

2. 主体

　　这部分涉及的内容多，范围广，又可分为做好某项工作的重要性或意义、具体的工作部署和保障措施三个部分。在写作方法上，可分条（项）撰写。第一部分一般是报告做好某项工作的意义，以达到统一思想认识的目的。第二部分的内容可分作几个独立的部分，用小标题,在序数上与第一部分并列,也可只作一个部分,撰写具体的工作部署、政策规定等。在党的路线、方针、政策和国家的法律、法规指导下,要写得具体、有针对性和操作性。最后一个部分一般写保障措施,即如何执行政策规定、落实工作部署,主要从组织措施、奖惩措施两个方面写。内容包括各级各部门要加强领导,部门要搞好配合协调,加强队伍建设,违背了政策规定和未完成任务如何处理等。

3. 结尾

即在主体部分之后另起一段。常用语有:"以上报告,如无不妥,请批转各地各单位贯彻执行",或"以上报告,如无不妥,请批转各地和有关部门执行"等。

(三)其他注意事项

撰写报告,还要注意以下七个问题。

(1)报告与请示的区别。切不可在报告中夹带请示事项。

(2)情况要真实。坚持实事求是的原则,有关材料、数据要核实、核准,不能有丝毫的虚假。

(3)报告要及时。向上级机关报告工作、汇报情况、答复询问、提出工作建议,一定要及时,否则,事过境迁,既没有报告的意义,也会给工作造成损失。

(4)中心要明确。要坚持一文一事的制度,围绕报告的中心内容收集材料和组织文字,抓住报告的主要方面,详略得当。

(5)条理要清楚。对于比较复杂的情况、综合性工作等,都要按照逻辑规律组织材料,搞好全文布局,一个问题写完之后,再写另一个问题,确保结构严谨,不得张冠李戴、文不对题。

(6)文字要精练。尽可能以极简短的文字,反映更多的内容,把可要可不要的与报告主题贴得不紧的材料全部删去。

(7)语气要恰当。要用概括性语言,陈述性、要求性语气,即应当如何做,不能怎么做,违反了如何处理等。

案例

××市人民政府关于治理××河水质污染问题的报告

××省人民政府:

省政府转来×××委员会提出的关于××河水质污染状况的报告,经市政府调查研究,对报告中提出的有关问题及解决方案报告如下:

一、解决××河水质污染问题的关键是尽快建成污水处理厂

为解决××河的污染,市政府已抓紧×区污水处理厂建设,争取在20××年建成……

根据××河河道以南人口密集区的地下水污染和环境问题,……

二、电热厂的粉煤灰也是污染源之一

....

××市人民政府
20××年×月×日

上述这份答复报告的特点如下。

（1）行文规范简练。"省政府转来×××委员会提出的关于××河水质污染状况的报告"一句表明了问题的来源、写作的缘由；"经市政府调查研究，对报告中提出的有关问题及解决方案报告如下"一句表明报告是经过研究得来的答复，并引出下文。

（2）针对性强。报告既然是为了对问题做出解答，就应针对问题一一答复，提出解决办法。这是答复报告的特点，也是其重点。

三、报告的特点

1. 单向性

报告是下级机关向上级机关汇报工作、反映情况、提出建议时使用的单方向上行文，不需要上级机关给予批复。在这方面，报告和请示有较大的不同，请示具有双向性特点，必须有批复与之相对应，报告则是单向性行文，不需要任何相对应的文件。为此要特意提请注意：类似"以上报告当否，请批示"的说法是不妥当的。

2. 陈述性

报告在汇报工作、反映情况时，所表达的内容和使用的语言都是陈述性的。本单位遵照上级的指示，做了什么工作、怎样做的这些工作、取得了哪些成绩、还存在哪些不足，必然要一一向上级陈述。反映情况时，也要把时间、地点、人物、事件、原因、结果叙述清楚，向上级机关提供准确的现实性信息。即便是提出建议的报告，也要在汇报情况的基础上，才能深入一步提出建议来。

3. 事后性

在机关工作中，有"事前请示，事后报告"的说法。多数报告，都是在开展了一段时间的工作之后，或是在某种情况发生之后向上级做出的汇报。但建议报告没有明显的事后性特点，应该尽量超前一些，如果木已成舟，再提建议也是没有意义的了。

四、报告写作的注意事项

报告撰写注意事项如下。

（1）报告中不能出现请示事项。

（2）报告的结语中，不能带有明显的期复性词语，如"以上报告，请批复"等。

（3）事故报告要及时报告，不能隐瞒事故真相。

项目二 练习四

（4）报告的撰写需要实事求是，既不可轻描淡写，也不可言过其实。

五、报告写作模板

报告写作模板

标题	×××××关于××××××的报告
主送机关	××××：
报告缘由	××××××××××，××××××××××。现将×××××××××××报告如下，请审阅。
报告事项	×××。
报告惯用结语	特此报告。
发文机关	××××（印章）
成文日期	××××年×月×日

知识拓展

报告和通报的区别

1. 行文性质不同

从公文的行文上看，报告属于上行公文，而通报是属下行公文。

2. 行文内容不同

报告的内容涉及面较广，如检查单位本身的工作是否按照上级部署或工作计划进行；或回答上级查询有关问题；或让上级机关及时掌握情况并给予指导，以免减少错误；或希望上级机关就有关问题提出建议，要求批转给有关部门单位遵照执行等。而通报的内容范围较窄，主要是表扬好人好事，或揭露反面典型；或情况传递、统一行动等。

3. 行文时间不同

报告的撰写时间灵活，可以在事情发生前、事情发生中和事情发生后行文，而通报写作时间一般在事情发生之后。

练一练

请指出下列报告的毛病，并进行修改。

关于××县中心幼儿园落成典礼及有关问题的请示报告

……幼儿园主体大楼于近日可以装修完毕，县政府决定，于"六·一"节举行剪彩落成，届时敬请光临指导。现将工程基本情况报告如下：（略）

目前，两座大楼虽已建成，但幼儿园设备尚无资金购置，恳请省妇联对所急需要的配套物资给予支持两万元。

任务五 请示

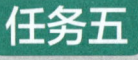

关于购置办公设备的请示

财务部：

  为提高工作效率和满足日常办公需求，我部门拟购置10台高性能电脑及3台多功能打印机。这些设备将用于支持项目管理、数据分析及文档处理等关键工作。预算已初步核定为××万元，建议从部门运营经费中列支。

  鉴于设备更新的紧迫性，恳请尽快审批购买申请，以便我们能够及时完成采购流程，确保部门工作高效运转。

  妥否，请批示。

×××销售部
20××年3月10日

  阅读上面的例文，请同学思考在什么情况下需要写请示？请示在内容上由几部分构成？请示在格式上有什么要求？

一、认识请示

请示是指下级机关就某项工作或事情向上级请求指示或批准，要求上级机关答复时使用的请求性的上行公文。它"适用于向上级机关请求指示、批准"。

什么情况下需要请示？

一是上级规定必须请示，待批准后才能实施的事项，如管辖区域变更、机构的设置等。

二是对上级现行方针、政策、法规、制度不甚了解，有待上级明确答复才能办理的事项，要请示。

三是工作中发生了新的情况而又无章可循，有待上级明确指示后才能办理的事项，需请示。

四是在经济、物资问题上请求上级审核批拨或调配使用时，需请示。

五是下级所拟制的指挥性文件，需要上级批转下达各有关单位执行时，需请示。

六是因本地区、本系统、本单位情况特殊难以执行统一规定，需要变通处理请求批准的问题。

七是本机关、本单位意见分歧，无法统一，要求上级裁决的问题。

二、请示的主要类型

请示的分类主要是根据行文的目的和内容的不同来进行的。通常可分为两种。

（一）请求指示的请示

这类请示多是涉及对政策的理解和思想认识等方面。多运用于以下三种情况：

①遇到新情况、新问题，在有关的方针、政策、规章以及上级的指示中，都找不到相应的处理依据，无章可循，因而没有对策，需要上级机关给予指示。

②对有关方针、政策和上级机关发布的规定、指示有疑问，需要上级机关给予解释和说明。

③与友邻机关或协作单位在较重要的问题上出现意见分歧，需要上级机关裁决。

写请求指示的请示

（二）请求批准的请示

请求批准的请示用于必须经过上级机关批准后才能办理的事项，主要有请求批准有关规定、方案、规划；请求审批某些项目、指标；请求批转有关办法、措施。如人事任免、机构调整等；或是在工作中遇到困难，在资金、物资、人力等问题上需要上级审核批拨或调配来帮助解决问题，如增拨经费等。

请求批准的请示所涉及的工作事项的问题往往不带普遍性，一般

写请求批准的请示

只批复行文请示的下级机关，有时根据工作需要，需知照某个有关机关时，用抄送的方式送达。

三、请示的写作技巧

无论哪种类型的请示，它们写法都基本相同，通常包括标题、主送机关、正文、落款四部分，有的请示还有附件。

1. 标题

请示的标题由发文机关、事由及文种三部分组成，其中的"事由"，应当用精简的文字准确概括请示事项。

◆ 发文机关＋事由＋文种，如《××关于成立职业技能鉴定站的请示》。
◆ 事由＋文种，如《关于购置两辆公务车的请示》。

> **练一练**
>
> 根据以下内容写出完整的标题。
>
> ××××××××的请示
>
> 人力资源部：
>   为了增进员工之间的交流与合作，提升团队凝聚力，我部门计划于20××年12月25日下午在××公园举办一次户外团队建设活动。此次活动旨在通过户外拓展训练，加强员工间的相互了解，提高团队协作能力，同时也是对员工辛勤工作的一种激励和放松。
>   活动具体安排如下：
>   时间：20××年12月25日下午14:00～17:00。
>   地点：××公园。
>   参与人员：部门全体员工。
>   活动内容：团队拓展游戏、户外烧烤等。
>   预算：预计活动费用为××元，建议从部门团队建设经费中列支。
>   请审批此次团队建设活动计划，以便我们能够提前做好相关准备工作，确保活动顺利进行。
>   妥否，请批示。
>
> ××策划部
20××年12月17日

练一练

根据以下内容写出完整的标题。

×××××××× 的请示

财务部：

……（略）

随着信息技术的快速发展，为了提升员工的工作效率和会议交流的质量，公司拟添置一批多媒体设备。这些设备将用于改善会议室设施，增强远程会议的互动性和培训活动的多样性，从而促进公司整体运营效率的提升。目前，公司已筹措资金××万元，尚缺×万元。鉴于此，特向财务部申请拨款×万元，以完成多媒体设备的购置。

妥否，请批示。

××行政部
20××年11月1日

2．主送机关

请示必须写主送机关，只能是一个，一般是行文机关的直接上级，请示的事项应是主送机关权限范围内能解决的问题。不相隶属部门的上级用请准函。不能多头请示，不能越级请示，请示不要抄送下级机关。

3．正文

请示的正文包括请示缘由、请示事项、结语三部分。

请示缘由，提出为什么要请示，请示的依据是什么，一般有理论依据与事实依据两种。写作时要求理由必须充分、实在，具有说服力。并非所有的请示都要写上请示缘由，有些请求核准、审批的请示，缘由可以写得简单甚至不写。

请示事项，重点写明需要上级机关解释、批示的问题，或予以批准的事项，注意应中肯、清楚地提出解决问题的意见和方案，以供上级判断、抉择。这部分的写作要求必须明确、具体，方案应具可行性。

结语，常用"以上请示妥否，请指示""当否，请批示""以上请求，请予批准""特此报请核批"等惯用语，一般在请示事项之后另起一行写。结语是请示必不可少的一项内容，不能遗漏，更不能含糊其词。

4．附件

不少请示都有附件，如《××市档案局关于解决干部宿舍楼修复经费的请示》附有《维修预算表》。

5．落款

请示的落款应写上发文单位和发文日期。发文单位要写全称，发文日期要写全某年某月某日，落款要盖上公章方才有效。

 **案例**

关于交通肇事是否给予被害者家属抚恤问题的请示

最高人民法院：

  据我省××县人民法院请示，他们对交通肇事致被害人死亡，是否给予被害者家属抚恤的问题，有不同意见。一种意见认为，被害者是有劳动能力的人，并遗有家属要抚养的，就给予抚恤；被害者若是没有劳动能力的老人或儿童，就不给予抚恤。另一种意见认为，只要不是由被害者自己的过失所引起的死亡事故，不管被害者有无劳动能力，都应酌情给予抚恤。我们同意后一种意见，几年来实践经验证明，这样做有利于安抚死者家属。

  是否妥当，请批示。

××省高级人民法院（印章）
20××年××月××日

  上述案例是一则请求指示的请示，这类请示多涉及政策、认识上的问题，请求上级明示。正文开门见山，提出对交通肇事是否给予被害者家属抚恤有不同意见，继而申明同意的意见及同意的理由，最后提出要求，请求上级明确批复。全文观点鲜明，语言简洁。

 **案例**

关于为开展补偿贸易拟在××服装厂设立专车间生产点的请示

××总公司：

  今年11月，我国香港××丝绸公司××先生来我公司洽谈业务。他要求我开设专厂或专车间为其生产订货，并表示愿意提供部分缝纫设备及零配件。香港××丝绸公司专营丝绸服装及绣衣，系我公司主要客户，资信良好。预计开展补偿贸易后，双方业务将有进一步的发展。

  经研究，我们拟从××服装厂拨一楼面（约×××平方米）设专车间生产点。……

  最近，香港××丝绸公司××先生应邀来沪洽谈业务，我们邀请他参观了××服装厂，向他介绍了该厂厂房及有关生产情况。……

  上述意见，如无不妥，请审核批准。

××分公司（章）
20××年××月××日

  上述案例是一份请求审核批准设立项目的请示。全文具体阐述了请示的背景、原因及条件，理由充分，态度明朗，要求明确。文中的"拟""系""经研究""如无不妥，请审核"等用语，准确、得体，值得借鉴。

四、请示写作的注意事项

一是选准主送机关，一般只写一个主送机关，即使需要同时送其他机关，也只能用抄送形式，并且不能抄送给下级机关，而且要逐级请示。

错误案例

关于重建公司档案室的请示

××省工业和信息化局、城市建设局、国土资源局：

  我公司档案室因近期连续强降雨影响，部分墙体出现渗水和裂痕，经专业建筑检测机构鉴定，已不适合继续使用，存在安全隐患。为确保公司重要文件资料和员工档案的安全，同时保障员工查阅资料的便利性，特申请重建公司档案室。

××公司
20××年6月30日

错误案例

关于校办企业管理科更名的请示

××市人民政府：

经局会议讨论通过，申请将局校办企业管理科更名为××区校办工业总公司。

××市教育局（公章）
20××年12月20日

主题词：××××请示

抄送：教育局各校办企业

错误案例

岚山区人民政府关于核减征购粮指标的请示

山东省人民政府：

由于天不作美，造成粮食严重减产，请省核减我区征购粮食指标500万公斤。

岚山区人民政府（公章）
20××年10月15日

二是规范行文，一文一事。一篇请示只能涉及一件事情，请示忌一文多事，那不便于公文的及时处理；不要在报告里夹带请示事项，更不要把报告与请示混为一谈。

> **错误案例**

请示

董事长：

  为丰富员工的业余文化生活，现申请修建改建员工活动室一间。

  同时，尚缺专业技术人员3名，请在制定明年的人员编制时一并考虑。

××行政部

20××年10月14日

  三是理由充分，表达明确，要求合理。阐述理由应有理有据，突出解决问题的必要性、重要性、迫切性；陈述请示事项应直截了当，不可含糊其词，既要提出问题，又要有解决问题的意见与建议；要求合理，实事求是，并具可操作性。

  四是语言表达简洁明了。既要晓之以理，动之以情，又不应长篇大论。

  五是不能主送给领导个人。

项目二 练习五

> **错误案例**

关于召开田径运动会的请示

××经理：

  为响应国家全民健身的号召，并丰富员工的业余文化生活，申请召开一次田径运动会。

××公司行政部

20××年10月14日

五、请示写作模板

请示写作模板

标题	××××× **关于 ×××× 的请示**
主送机关	×××：
正文：缘由、事项	为×××，经研究，拟将×××。 　　×××。
结束语	以上请示妥否，请批复。（或以上意见如无不妥，请批转各部门执行。）
发文机关署名	××××（印章）
成文日期	××××年×月×日
附注	（联系人：×××，联系电话×××。）

练一练

修改下列公文。

请示报告

张厂长：

　　您好！

　　最近气温日渐升高，我车间位于南面朝西的位置，室内十分炎热，为保证生产的正常进行，特请示安置立式空调一台。此外，申请配备SB2230型数字电阻测量仪三只。

　　谢谢！祝好！

四车间主任 李××
×年×月×日

练一练

修改下列公文。

关于购买冷冻机的请示报告

××地区财政局：

　　我厂职工食堂就餐人数二千人，一到夏季，副食品不易保管，经常腐烂变质，给食堂管理造成很大困难，严重影响食堂卫生和职工身体健康，为搞好食堂管理和食堂卫生，为保证职工的身体健康，搞好生产，顺利完成全年生产计划，经厂领导研究决定，申请购买GH型冷冻机一台，价格两万五千元。

请尽快答复。

××县棉纺厂

任务六 函

案例

关于商洽委托代培涉外秘书的函

××大学文学院：

本集团公司新近上岗的秘书缺乏专门的涉外秘书知识，业务素质亟待提高。据报载，贵院将于今年9月开办涉外秘书培训班，系统讲授涉外秘书业务、公关礼仪、实用文书写作等课程。这个培训项目为我集团公司新上岗的涉外秘书提供了一个难得的在职进修机会。为能尽快提高本集团公司涉外秘书的从业素质，我们拟选派8名在岗秘书委托贵院代培，随该班进修学习。有关代培费用及其他相关经费，将按时如数拨付。

是否慨允，恳请函复为盼。

××集团公司（印章）

20××年7月20日

一、认识函

《党政机关公文处理工作条例》规定："函。适用于不相隶属机关之间商洽工作，询问和答复问题，请求批准和答复审批事项。"函的答复功能仅仅适用于不相隶属的机关之间。

在公文的应用中，函的用途是比较广泛的。不相隶属机关之间商谈公务、接洽工作，询问事情、征求意见、答复问题、请求帮助及告知情况、催办事务等，都可以使用函；向归口管理部门请求对某一事项予以批准，也可以使用函。函既可以在平行机关及不相隶属的机关之间使用，也可以在上下级机关之间使用。

二、函的种类

函从不同角度可以分为以下种类。

(一) 按性质分

分为公函和便函。

公函用于机关单位正式的公务活动往来；便函则用于日常事务性工作的处理。便函不属于正式公文，没有公文格式要求，甚至可以不要标题，不用发文字号，只需要在尾部署上机关单位名称、成文时间并加盖公章即可。

 便函

××市卫生局便函

××市×人民医院：

你院×月××日来函收悉，所谈准备派人来我市人民医院学习用醋离子渗透法治疗骨质增生一事，经与该院联系，他们同意接收2~3人，时间可安排在9~10月份。关于该院使用的醋离子渗透机产地及性能，现寄上一份说明书，如需购买，可直接与生产厂家联系订购。

××市卫生局
20××年××月××日

(二) 按行文方向分

分为发函和复函。

发函即主动提出了公事事项所发出的函。复函则是为回复对方所发出的函。

(三) 按内容和用途分

分为商洽事宜函（用于不相隶属机关之间商洽工作、讨论问题的函），询问函（向受函者提出询问，并要求对方予以答复的函），通知事宜函，催办事宜函，邀请函，请示答复事宜函（答复来函询问和被上级机关的公文办理部门用来答复"请示"的函），转办函，报送材料函等。

 商洽事宜函

关于商请派车运送民工的函

××省交通厅：

  为了做好今年的春运工作，及时运送在我省工作的外省民工回家过年，我们组织了民工运送专门车队，但由于我们运力不足，车辆不够，估计不能满足民工要求，特请贵省派出大型客车20辆，与我省组成运送民工车队，负责运送贵省在我省工作的民工。

  妥否？请尽快函复，以便办理有关手续。

××省交通厅
20××年××月××日

 询问函

××省科学技术委员会关于询问贯彻全省科学技术工作会议情况的函

各市科委：

  全省科技工作会议自今春召开至今，已有半年。为了互通情况，并为使我省科技事业更好地为改革开放、为发展社会主义市场经济服务，希针对下列问题，将你市有关情况于9月底前具体报我委办公室。

  一、省科学技术工作会议后，采取了哪些措施进行贯彻？
  二、在此半年中，有何科学发明和科技革新？效果如何？
  三、在开展科学研究和科技交流方面曾遇到过哪些问题，如何解决？现在还存在哪些问题，哪些问题需要我们帮助解决？

××省科学技术委员会
20××年××月××日

 邀请函

关于邀请×××出席×××的函

××××：

  为了……，福州市总工会决定于×月×日上午×时在×××举办×××。届时，×××、×××等领导将出席××活动。为此，特邀请贵单位领导×××出席××活动。

  此函。

福州市总工会
20××年×月×日

 告知性函

××省新闻出版局关于××出版社
驻××市发行站更名的函

××省新闻出版局：

  为便于图书发行工作的开展，拓宽市场，疏通发行渠道，我局决定将××出版社驻××市发行站更名为××出版社驻××发行站。请予协助办理有关更名手续。

  特此函告。

××省新闻出版局
20××年××月××日

 批答函

关于拨给大型电视连续剧×××
摄制经费的复函

×××：

  你单位关于《关于尽快拨给大型电视连续剧×××摄制经费的请示》收悉。经请示省政府，同意由省财政拨××元作为该剧摄制费。

  特此函复。

××省政府办公厅
20××年××月××日

  上述案例是答复请示的函。按规定，请示的问题，应该用批复行文来答复。但为什么用函来答复呢？实际上，许多请示的答复并不都是用批复行文的，而是经上级领导机关批准，授权其办事机构答复。如上面的复函就是省政府批准同意，授权省政府办公厅答复来文单位的请示。省政府办公厅与来文单位是平级单位，不能用批复，只能用函。如果请示的事项比较重大，就应以省政府的名义直接批复。另外，业务主管部门答复不相隶属机关请求审批的事项，也应该用函，而不用批复。

三、函的写作技巧

1. 函的写作格式

  （1）标题。函的标题，通常为"发文机关+事由+文种"的形式，如"××××关于联系临时借房问题的函"。如属回复问题的函，则多在"函"字前加"复"字。如"关于建设单位

为动迁户建房问题的复函"。

（2）发文字号。函要有正规的发文字号，其写法与一般公文相同，由"机关代字+年号+顺序号"组成。大机关的函，可以在发文字号中显示"函"字。

（3）主送机关。一般来说，由于函的行文对象是明确、单一的，所以多数函的主送机关只有一个。但有时内容涉及部门多，也有排列多个主送机关的情况。

（4）正文。需写明下述三部分内容。

①制发函的根据与缘由。缘由，指发出本函的原因，一般简明扼要。如复函的缘由一般写："你单位××××年××月××日关于××××的来函收悉。"

②商洽或询问（答复）以及请求批准的具体事项。事项，指函的主体内容，根据需要把内容写出来，或商洽，或请求批准，或询问，或答复等。不管写哪种函，事项必须清楚、具体、明确、扼要，切忌在函中长篇大论。

③结尾。通常适宜使用致意性的词语，如"致以敬礼""特此申请""为盼""为荷"等专用语结束上文。"谨致谢忱"，或以"特此函告""特此申请""为盼""为荷"等专用语结束上文。

2．函的写作要求

函的写作，除了要注意格式的规范化外，还要注意以下几点。

（1）行文要直陈事项、言简意赅。这是函写作最基本的要求。因为函是一种比较简便的行政公文，讲究快捷，所以，函一般写得很简短，简明扼要，切忌空话、套话，或者含糊其词，不知所云。

 案例

关于召开共青团 ×× 省第 × 次代表大会有关问题的复函

团省委：

《关于召开共青团××省第×次代表大会的请示》收悉，省委同意于今年12月召开共青团××省第×次代表大会，请按有关规定做好筹备工作。并请各级党委及省直有关单位指导团委开好团代会，认真做好推选出席第×次团代会代表的工作。

此复。

×××办公厅
20××年××月××日

（2）用语谦和，讲究分寸。

（3）函主要用于说明有关事项与提出要求。

（4）函，是正式公文的文种，必须行文郑重。

3．函写作应注意的问题

（1）函是正式公文，必须具备公文的规范格式，公文的组成部分也要求完整。不要把函当公务信件。

（2）扭转轻视"函"的倾向。函是国家行政机关的正式公文，有它的法定权威性。发文单位要郑重其事，不能因是"函"而轻率发出；收文单位要郑重对待，公事公办，一丝不苟，不能因其是"函"而不予理睬。尤其是向主管部门请示批准的函，它代行请示职能，不能因其不使用"请示"而弃之不顾。如果平行机关或不相隶属机关向主管部门请求批准而用了"请示"，恰恰是用错了文种。

（3）要一函一事，切忌一函多事。

 案例

关于请求解决我校进修教师住宿问题的函

××大学：

首先，感谢贵校给予我校办学的大力帮助与支持。现又有一困难希望贵校帮助解决：我校已派××位年轻教师到贵校进修了一年，虽然与贵校有关部门多次协商，但不知何故，他们的住宿问题至今尚未解决。恳请贵校早日予以解决。如确有困难需要我校协助，请尽量提出。

不知妥否？万望函复。

××电子工业学校（印章）
20××年××月××日

这篇请批函的特点语言简洁凝练，表意清晰。

一是标题明确单一，提出解决进修教师住宿问题的请求，符合"一文一事"的原则。

二是措辞得体，客气中自有一股力量，使人难以拒绝：有感谢，也有请求，如"感谢贵校给予我校办学的大力帮助与支持""希望贵校帮助解决（困难）"；有陈述，也有质疑，如"虽然与贵校有关部门多次协商，"但"至今尚未解决"；有恳求，也有体谅，如"如确有困难需要我校协助，请尽量提出"。

项目二 练习六

三是正文写明了三层意思：发请批函的缘由；请求批准的具体事项；要求批准。

四是结语"不知妥否？万望函复"一句，不仅语言谦和，而且还体现了"请批性"函要求答复的特点。

四、函的写作模板

函的写作模板

标题	××××关于××××××的函
主送机关	×××：
制发函依据、缘由	×××××××××××。
目的及惯用语	为了×××××××××××，现函商（函请、函告、函洽）如下：
函具体事项	××。
惯用结语	请函复（函批、函告）。
发文机关	××××（印章）
成文日期	××××年×月×日

练一练

指出下面公文文稿的错误之处，并根据公文写作与处理的要求，改写为一份正确的公文。

请示

因工作需要，我县急需购买小轿车一辆，请批准调拨经费×元。

另：我县尚缺专业对口技术人员××名，请在制定明年人员编制时一并考虑。上述意见与要求如无不妥，请批复。

此致敬礼！

××县人民政府
××县财政局20××年12月

练一练

请根据下面提供的材料写一份函。

××市证券公司为了提高员工文化业务素质，拟将5名原来所学专业与现职工作不甚对口的大学毕业生，送××大学有关专业全脱产进修一年，公司表示除支付学院规定的学员进修费用外，还愿意在学校建设方面给予一定资助。

项目二　商务行政公文

任务七 纪要

×× 办公会议纪要

××届〔20××〕1号

×××××人民政府办公室　　　　　　　　　　　　　　　　　　20××年5月9日

4月10日下午，×××副区长主持召开区长办公会议，研究区教育信息化建设工作。参加会议的有区政府办公室、区教育局、区发展计划局、区信息中心以及××中等学校的有关负责人。

会议听取了××教育局和××中、××中、××小学等学校关于教育信息化应用情况的汇报，会议就有关问题决定如下事项：

一、教育局要结合全区学校整体布局的调整和教育信息化现状，制定今后五年教育信息化的具体项目规划和年度实施计划，在今年6月底报××政府审定。……

二、教育信息化是教学的一种重要辅助手段，教育信息化要贯彻以教学研究和教育改革为主导，为教学研究服务，……

三、教育局要会同××财政局、××发展计划局、××信息中心，组织专家对教育城域网网络中心的扩容工作进行专题研究，提出切实可行、性价比高的实施方案，以节省投资。

四、××教育局要对现有的课件制作平台的使用效果进行评估，并于6月底前在全区学校推广应用。……

五、教育局要加强教师队伍的继续教育和学校网络管理队伍建设。一是整合教研室、教师进修学校、信息中心、电教站等方面的力量，……二是通过办培训班、引进等办法，……

六、教育局要对教育信息化的现有硬件、软件资源进行优化整合，充分利用××中等已建校园网学校相对完善的信息设备和丰富的信息资源以及现有的社会资源，……

参加会议人员：××××××××××××××××××××××××××××

发：××教育局，××信息中心，各学校。

送：××委常委，副区长，×委办，×人大办，×政协办，×纪委。

×××人民政府办公室　　　　　　　　　　　　　　　　　　　　20××年5月9日印发

一、认识纪要

纪要是一种记载、传达会议情况及议定事项的纪实性公文。它用于党政机关、社会团体、企事业单位召开的工作会议、座谈会、研讨会等重要会议。

纪要通过记载会议基本情况、会议成果、会议议定事项，综合概括地反映会议精神，以便与会者统一认识，会后全面如实地进行传达组织落实开展工作的依据。同时纪要可以多向行文，具有上报、下达以及与同级机关进行交流的作用；向上级机关呈报，用以汇报会议情况，以便得到上级机关对工作的指导；向同级机关发送，用以通报会议情况，以便得到同级机关的支持和配合；向下级机关发送，用以传达会议精神，以便下级机关贯彻执行。

写纪要

纪要通常情况只印发到会的单位，视情况抄送有关的单位。为便于上级了解工作开展情况，也要抄报上级主管部门。

二、纪要的种类

1. 按照会议内容的不同分

纪要可以划分为以下几种类型。

决议性纪要：主要记载和反映领导层制定的决策事项，作为传达和部署工作的依据，对今后的工作具有指导作用。

研讨性纪要：主要记载和反映经验交流会议、专业会议、学术性会议的研讨情况，阐明各方的主要观点、意见或情况。

协议性纪要：主要记载双边或多边会议达成的协议情况，以便作为各方执行公务和履行职责的依据。

2. 根据写法的不同分

纪要分为三种类型：分项式、综述式、摘要式。

三、纪要的格式

纪要通常由首部、正文、尾部构成。

（一）首部

这部分的主要项目是标题。有的纪要的首部还有成文时间等项目内容。标题有两种形式。一是会议名称加纪要。如《全国农村工作纪要》。二是召开会议的机关加内容加纪要。如《省经贸委关于企业扭亏纪要》。成文时间即会议通过的时间或领导人签发的时间。一般在标题下居中位置用括号注明年、月、日，也有把成文时间写在尾部的署名下面。

写纪要的格式

（二）正文

由前言、主体和结尾三部分组成。

前言。首先概括交代会议的名称、时间、地点、主持人、主要议程、参加人员、会议形式以及会议主要的成果,然后用"现将这次会议研究的几个问题纪要如下:"或"现将会议主要精神纪要如下:"等语句转入下文。这项内容主要用以简述会议基本情况,所以文字必须十分简练。

主体。主体是纪要的核心内容,主要记载会议情况和会议结果。写作时要注意紧紧围绕中心议题,把会议的基本精神,特别是会议形成的决定、决议,准确地表达清楚。对于会议上有争议的问题和不同意见,必须如实予以反映。

结尾。结尾属于选择性项目。一般是向受文单位提出希望和要求。有的则没有这部分,主体内容写完,全文即告结束。

(三)尾部

包括署名和成文时间两项内容。署名只用于办公纪要,写明召开会议的机关单位名称。

四、纪要写作的注意事项

撰写纪要应当注意以下几个问题。

一是概括要全面,要如实反映会议精神。不得随意取舍,不得以偏概全,不能是自己赞同的就多写,不赞同的就略写或不写。

二是要具备一定的分析、综合能力和表达能力。这样,表述上才能做到重点突出,条理清晰,文字简练。

项目二 练习七

三是按照会议精神,对材料分类和筛选。

四是语言表达上,以叙述为主,精练、通俗,篇幅不宜太长。

五是注重使用纪要的习惯用语。纪要常常以"会议"为第三人称来记述会议内容。主体部分应注重使用下列层次或段落的开头语:"会议认为""会议提出""与会者一致认为""会议决定""会议要求""会议希望""会议号召"等。

案例

××××公司员工思想状况分析座谈会纪要

时间:××××年×月×日下午
地点:××××公司
主持人:人力资源部主管××
出席者:各部门经理、团队负责人、员工代表

现将座谈会情况纪要如下:

一、人力资源部主管××传达了公司高层关于加强员工思想政治工作,注重分析当前员工思想状况的指导意见。××主管对员工思想状况进行了分析,认为公司员工总体思想状况是积极的,健康的,但也存在一些需要关注的问题,如工作积极性、团队协作等。(具体问题略)

二、市场部经理××同志表示：当前员工思想活跃，愿意主动思考和解决问题，这是公司的宝贵财富。但也注意到部分员工中存在较为严重的功利主义倾向，过分追求短期利益，忽视长期职业发展和团队合作。

三、技术团队负责人××在汇报员工思想状况时，指出有些员工在工作与个人发展的关系上处理不当，影响了工作表现和团队氛围。

写摘要式纪要

四、客服部员工代表××谈到个别员工存在对公司福利政策的误解，担心申请福利会被视为工作表现不佳。

（其他讨论内容略）

会议总结：通过本次座谈会，公司将进一步关注员工的思想动态，针对提出的问题制定相应的解决方案，并通过定期的沟通和培训，提升员工的思想政治水平，增强团队凝聚力。

（略）

上述案例是一则摘要式纪要，摘录了与会者符合会议中心的发言要点。这种写法最大的特点是把具有典型性、代表性的言论加以提要整理，按一定的排列关系排列成文。这种写法能较真实地反映会议的讨论情况和与会人员的意见，适用写座谈会、讨论会和研究性纪要。这种纪要的观点出自个人，具体而真实，具有较强的资料价值。

 案例

×× 省人民政府办公厅关于食糖储备工作纪要

20××年×月×日，省政府办公厅召集省经委、贸易厅、财政厅、工商银行研究了省级食糖储备问题。秘书长×××同志主持会议。参加会议的有×××、×××等同志。现将会议确定事项纪要如下：

一、当前食糖资源短缺，供应紧张，为保证我省市场消费和轻工食品生产正常进行，加强对食糖的调控能力，一致同意建立省级食糖储备制度。

二、省级食糖储备暂安排2吨，由省糖酒茶叶公司落实货源。

三、食糖储备资金6000万元，由省糖酒茶叶公司自筹500万元，省工商银行贷款5500万元，贷款指标近期予以安排。

四、储备费用年需730万元，由省财政厅和代储企业共同承担。其中，省财政拨付一部分资金作为铺底资金，周转使用。省级储备糖坚持全年储备和季节性更新相结合，销售差价部分先抵补储备费用，如有节余，除适当留给储备单位作留利外，主要用于充实储备资金；如出现亏损，先从基金中补贴，超过部分由省糖酒茶叶公司负担。

××省人民政府办公厅（印章）

20××年×月×日

上述案例是一篇分项式纪要。首部简要地介绍了会议的基本情况。主体部分写会议研究确定的四个主要内容。指导思想明确，层次分明，任务明确具体。例文是直接叙述重要确定事项，对重要事项"有什么写什么"，这也是一种很值得借鉴的写法。

写分项式纪要

五、纪要与会议记录写作模板

纪要写作模板

标题	××××××××××纪要
成文时间	（××年×月×日）
前言	××××年××月××日，××××会议在××××召开。参加会议的有×××、×××，会议由×××主持。会议主要讨论了××××××问题。现纪要如下：
主体	一、××××××××××××××××××。 二、××××××××××××××××××。 三、××××××××××××××××××。

会议记录写作模板

标题	××××××××××会议记录
成文时间	（××年×月×日）
会议基本情况	会议名称：××××××××××× 会议时间：××××年××月××日 会议地点：××××××××××× 参加人员：××××××××××× 主 持 人：××× 记 录 人：×××
会议内容	会议内容： 一、××××××××××××××。 二、××××××××××。 三、×××××××××。
会议希望及要求	会议要求，××××××××××××××××。 会议指出，××××××××××××××××。 会议认为，××××××××××××××。 会议强调，××××××××××××××。

> 练一练

请阅读下文,分析其毛病,并写出修改稿。

《××××学会纪要》

时间:××××年×月××日

参加人员:常务副会长×××,副会长×××、×××、×××,办公室主任×××、副主任×××,活动中心主任××

会议内容:

一、确定了学会的办公地点。根据××××年×月××日会议决定,×××、×××同志对学会办公地点进行了考察,经过比较,认为××大学办公条件优越,适合作学会的办公地点。会议决定,从即日起××××学会迁到××大学,挂牌办公。通信地址:××市××区×××路××号。联系电话:×××××××××。

二、学会与××大学商定,由××大学给学会提供办公室、办公桌椅、电话和必要的办公费用。利用××大学的教学条件,双方共同组织举办秘书培训班等。

三、增补了学会副会长。为便于开展工作,建议增补××为学会副会长,负责学会的后勤保障和日常管理,先开展工作,以后提请×月份常务理事会确认。

四、制订了今年的活动计划。(略)

××××学会
××××年××月××日

> 知识拓展

纪要与会议记录的区别

纪要有别于会议记录。二者的主要区别是:第一,性质不同。会议记录是讨论发言的实录,属事务文书。纪要只记要点,是法定行政公文;第二,功能不同。会议记录一般不公开,无须传达或传阅,只作资料存档;纪要通常要在一定范围内传达或传阅,要求贯彻执行。

 **案例**

××县人民政府第六次常务会议纪要

时间：××××年×月×日上午八点半至十二点
地点：县政府常务会议室
主持：县长×××
出席：副县长×××、×××、×××、×××办公室主任×××　请假：×××（出差）
列席：×××、×××、×××　记录：×××

现将会议讨论及决定的主要事项纪要如下：

一、会议听取了副县长×××关于召开经济工作会议准备的情况汇报，讨论了扩大县属企业自主权的十条规定。会议同意县经济工作会准备情况汇报，并决定于×月×日召开全县经济工作会议。今年各项经济工作指标，要以市经委下达的为准，不再调整县原各公司的主要经济指标。在县经济工作会议上，由县经委与县原各公司签订经济责任书。

二、会议原则同意县民政局关于民政事业费管理使用办法的修订意见。

三、会议同意将县政府办公室提出的转交机关工作作风的规定意见（讨论方案）印发各部门，广泛征求意见，作进一步修改后，以县政府文件印发。

××县人民政府办公室
××××年×月×日印发

任务八　决定

 **案例**

关于对张伟同志通报表彰的决定

各科室、团队、项目组：

张伟同志是我公司研发部的一名资深工程师。自20××年加入公司以来，他一直表现出色，以高度的敬业精神和专业能力，为公司的发展做出了显著贡献。他对待工作认真负责，勤奋好学，乐于助人，赢得了公司同事的广泛尊重和上级的高度评价。

在20××年向市科技局提交的《研发项目进展报告》中，张伟同志负责的数据整理和报告编写工作，不仅数据准确无误，而且提交及时，为公司赢得了市局的表彰，并被授予"优秀项目管理者"称号。这不仅是张伟同志个人的荣誉，也是我们公司的骄傲。

鉴于张伟同志在平凡岗位上做出的卓越贡献，以及他默默无闻、勤勤恳恳的工作态度，为了弘扬这种精神，表彰先进典型，激励全体员工，经公司管理层研究决定，对张伟同志予以全公司通报表扬，并奖励现金2000元，以资鼓励。

希望全体员工以张伟同志为榜样，学习他敬业乐群、勤奋工作的精神，以及他爱岗敬业、乐于奉献的优秀品质，努力在各自岗位上做出成绩，为公司的发展贡献自己的智慧和力量。同时，公司将继续发掘和树立新的先进典型，号召全体员工积极参与"学习新技能、提升专业素质、争做行业先锋"的活动，营造争先创优、岗位成才的良好氛围，鼓励更多的团队和个人脱颖而出，为公司打造一流的工作环境，培养一流的团队，推动公司事业持续健康发展，为公司的长远发展做出新的更大贡献。

特此决定。

××科技有限公司
20××年2月16日

一、认识决定

决定是各级党政机关普遍使用的一种下行公文。它适用于对重要事项和重大行动做出安排。这里的重要事项，是指带有全局性或具有重大意义和影响的事项，重大行动是指对社会产生巨大影响的行动。当然，重要事项和重大行动是相对而言的，并不是事事都是党和国家的重大方针政策。各级党政机关、企事业单位经常使用决定，比如一些表彰、处分、机构编制、人事安排等事项都可用决定行文。

写决定

由于决定的内容是"对重要事项或重大行动做出安排"，所以决定具有如下特点：

一是制约性。因为决定比较集中地体现发文机关对重要事项或重大行动的指挥和处置意图，要求下级机关无条件执行，决定的制约性和强制性虽然没有命令那么严格，但比其他公文都要强，有些决定还有法规作用，在某些方面，决定往往是法规的延伸和补充，具有较大的强制性和行政约束力。如：

《国务院关于修改部分行政法规和国务院决定的决定》，就要求：根据党中央、国务院决策部署和中央金融工作会议精神，为保障行政法规体系的一致性、规范性和时效性，加快转变政府职能，国务院对因机构改革需要修改的金融领域行政法规进行了清理，决定对1部行政法规和2个国务院决定的部分条款予以修改：……

从内容到口气，都坚定确凿，不容置疑，体现了决定的权威性特点。

二是指挥性和指导性。因为决定是对重要事项或重大行动做出安排，这对下级机关就有指挥性和指导性。如：

《国务院关于修改〈全国年节及纪念日放假办法〉的决定》中对2025年公民假期做了如下安排：一是全体公民放假的假日增加2天，即农历除夕、5月2日，增加后春节放假4天（农历除夕、正月初一至初三），劳动节放假2天（5月1日、2日）。二是全体公民放假的假日，可合理安排统一放假调休，结合落实带薪年休假等制度，实际形成较长假期。除个别特殊情形外，法定节假日假期前后连续工作一般不超过6天。

决定通过原则、任务、措施、方案的确定和安排，指挥下属单位统一思想、统一行动，从而保证工作的顺利开展，并取得预期效果。

三是严肃性。决定的内容一般都是重要事项或重大行动，特别是指挥性决定，要求下级机关无条件地执行，内容客观，语气坚决、严肃。

二、决定的种类

1．处置性决定

它是处理、布置并告知具体内容的决定，其内容多为表彰先进、安排人事、设置机构等处理问题的措施。

2．部署性决定

它是就"重大行动"做出安排而使用的决定，如《中共中央国务院关于卫生改革与发展的决定》《国务院关于建立城镇职工基本医疗保险制度的决定》等。

3．公布性决定

公布性决定是一种直接公布某个议案的具体内容时使用的公文。

三、决定的写作方法

决定一般由标题、主送单位、正文、发文机关、发文日期等部分组成。

（一）标题

决定的标题要求写明发文机关、事由、文种，这三部分一般不能随意省略。标题下一行，有一题注，标明通过或发布时间。如：

中共中央 国务院关于表彰全国民族团结进步模范集体和模范个人的决定

（20××年9月27日）

由会议发出的决定，其标题应写"会议全称、事由和文种"三要素，并在题下注明"什么时间什么会议（全称）通过"。

（二）主送单位

决定是在一定范围内发送的，要写主送单位。如该决定属于普发性公文的，一般就不写主送单位。

（三）正文

决定的正文，一般由原因与事项两部分组成。

原因部分要简明扼要地写明做出这一决定的依据与理由。在内容上，一般包括理论依据和事实依据两部分。它既可以是有关的政策、法规，又可以是来自实际工作方面的情况。此项写完后,一般以"特作如下决定""现决定如下"等用于过渡到事项部分。

事项部分要直截了当地写明所决定的具体事项。如对某项工作确定的原则、提出的要求、作出的规定、提出的措施办法;或对某事某人表明态度、作出安排和处置;或对某一文件表示批准意见等。这一部分根据不同情况,可多可少,或长或短,可以采用一段到底、分条列项、小标题等表述方式。

由于决定的类型不同,其正文的内容侧重点就有不同,写法也有不同。

1. 处置性决定

它是处理、布置并告知具体内容的决定,其内容多为表彰先进、安排人事、设置机构等处理问题的措施。处置性决定的正文部分通常不长,开头用简短语句说明原因或根据,下面再写决定事项,表彰先进或处理问题的决定,一般还要在后面加上一些号召性的语言。机构、人事安排的决定用语要简练,表彰内容的决定要写清单位、人员名称、先进事迹、表彰形式,应避免空洞笼统。

2. 部署性决定

它是就"重大行动"做出安排而使用的决定,其内容主要是上级领导机关把某一时期、某一方面将要采取的重大行动的决策及其实施中涉及的方针政策从宏观上、原则上进行表述,以做安排。至于其贯彻执行,大多数是另作具体安排部署,一般则使用通知等文种。这类决定一般由引言—决定缘由,主体—决定事项,结尾—执行要求组成。

在重大行动性决定中,也有一些是领导机关对重要而具体的工作在进行决策的同时直接进行部署的决定,一般也由决定缘由、决定事项和执行要求组成,而决定事项则以具体任务、工作方法、进程步骤等为重点,其指挥性更为突出。

3. 公布性决定

公布性决定是一种直接公布某个议案的具体内容时使用的公文,如《国务院关于发布实施〈促进产业结构调整暂行规定〉的决定》。公布性决定的正文通常仅需把议案的主要内容或被批准的法规、条约的名称写明就行了,十分简短,用语精要。但是,个别时候,也需要对所公布的内容进行一些解释说明。

国务院关于表彰全国劳动模范和先进工作者的决定

国发〔20××〕××号

各省、自治区、直辖市人民政府,国务院各部委、各直属机构:

××××年全国劳动模范和先进工作者表彰大会以来,各行各业涌现出一大批在全面建设小康社会、加快推进社会主义现代化伟大实践中取得显著业绩的先进模范人物,他们是继续解放思想、锐意改革创新的时代先锋,推动科学发展、促进社会和谐的行动楷模。为表彰他们的突出贡献,弘扬他们的先进思想,进一步激励全国各族人民积极投身建设中国特色社会主义伟大事业，推动经济社会又好又快发展，国务院决定授予2115人全国劳动模范荣誉称号，授予870人全国先进工作者荣誉称号。

国务院希望获得全国劳动模范和先进工作者荣誉称号的同志，谦虚谨慎，再接再厉，继续发挥模范表率作用，不断做出新的更大贡献。国务院号召全国各族人民，以全国劳动模范和先进工作者为榜样，学习他们信念坚定、胸怀大局的崇高思想，同心同德、奋发图强，为谱写人民幸福美好生活的新篇章而不懈奋斗！

附件：全国劳动模范和先进工作者名册（共2985名）

国务院
20××年××月××日

关于给予××同志奖励的决定

公司各部门：

公司外贸部负责人×××同志，应韩国一客户的紧急要求，加班加点，细心认真，仅用了一天的时间，就出色地满足了客户要求，获得了公司领导的表扬。

为表彰×××同志用诚信对待客户的公司理念和为公司甘于奉献的精神，同时激励公司其他员工向×××同志学习，经公司领导研究决定，给予×××同志1000元奖励。望×××同志再接再厉，再创佳绩。望全体员工努力做好本职工作，争先创优，为公司的发展贡献自己的力量。

特此决定。

总经办
20××年8月24日

××化工厂关于给予×××行政开除处分的决定

×化〔20××〕×号

杨××，男，28岁，群众，20××年参加工作，现为厂配料车间工人。

20××年4月16日夜1时至4时，杨××在夜班劳动时违反工作纪律，因睡觉失职而造成K502大型搅拌机的损坏，直接造成经济损失5万元，因停产造成间接经济损失20万元。根据《企业职工奖惩条例》及我厂的有关规定，厂务会研究决定：

1. 给予杨××开除厂籍处分。
2. 根据《中华人民共和国劳动法》的有关规定，给国家集体财产造成重大损失的，应负法律责任，故将杨××一案移送司法部门依法处理。

×化工厂（章）
20××年4月27日

四、决定写作的注意事项

(一) 不能滥用决定行文

决定的内容要与"决定"文种相符,不能滥发决定。有些单位以为用决定才能引起注意,把该用"通知"行文的内容,用"决定"行文。这种滥用决定的情况应当尽量避免。

(二) 决定缘由要充分、准确、合理

决定的缘由是决定事项的依据、理由。要注意交代清楚,做到既简明扼要,又要有理有据,令人信服。

(三) 决定事项要具体、明确、清楚

决定事项是决定的主要内容,有关机关据此贯彻执行。因此,决定事项要求具体,明确,明明白白地讲清应当如何贯彻执行。内容比较复杂的决定,事项部分要分条列项表述,把主要的、重要的放在前面,次要的放在后面。结构要合理,层次要分明,内容要合乎逻辑。

(四) 标题要完整、时间标注要准确

决定的标题,一般应写明发文机关、事由、文种,而且要规范、准确,特别是事由要能准确概括决定的主要内容。决定的时间标注要注意两个问题:一是成文时间要以会议通过的日期或领导人签发日期为准。二是决定的时间一般要标注在标题下方,可用小括号括起来。

项目二 练习八

五、决定写作模板

纲领性决定的写作模板

	×××关于×××的决定 (×年×月×日××会议通过) (前言)
"前言"部分,要写明做出决定的原因或目的	
纲领性决定内容丰富,篇幅较长	为了×××,×××特做如下决定: (决定事项) …… ……
"结语"部分,要写明要求或号召,可省略	(结语)

表彰性决定的写作模板

表彰决定有时可演变为两种：一种是单纯地授予某种称号（标题写成《关于授予×××(姓名)×××称号的决定》）；另一种是单纯地号召向×××学习(标题写成《关于向×××学习的决定》	**×××关于表彰×××的决定** ×××： 　　（先进事迹及评价） 　为了×××，×××决定授予×××等×名同志×××称号，授予×××等×个单位×××称号。
先进事迹介绍及表彰决定的内容	
"希望"和"号召"可合成一段	×××希望， 　×××号召， 附件：×××名单
若受表彰者较少，则可在正文里一一写明而不用附件	××× 　　　　　×年×月×日

处分决定的写作模板

标题	**×××关于给予×××（姓名）×××处分的决定** ×××： 　　（受处分人简历） 　（主要错误事实） 　（错误根源。错误性质。认错态度） （处分决定） 　　　　　　　××× 　　　　　×年×月×日
"受处分人的简历"部分，要写明姓名、性别、年龄、民族、籍贯、家庭出身、本人成分、入党和参加工作时间、历任和现任职务、历史上受过何种奖励和处分	
"主要错误事实"部分，要写明什么时间、地点，在什么情况下犯了什么错误、责任及后果	
"处分决定"部分，要写明哪一级组织讨论决定给予什么处分	

法规性决定的写作模板（一）

标题	**×××关于修改《×××》的决定** （×年×月×日××会议通过） 　×××决定对×年×月×日公布的《×××》作如下修改： （法规的第几条修改或补充为什么） （执行说明） 附件：×××
决定的主体内容	
"执行说明"部分，要写明决定生效的日期（以决定事项最后一条的形式出现）	
有的法规性决定，带有附件	

法规性决定的写作模板（二）

标题	×××关于×××的决定 （×年×月×日××会议通过）
决定的主体内容	为了×××，特做如下决定 （决定事项）
"执行说明"部分，要写明决定生效的日期（以决定事项最后一条的形式出现）	（执行说明）

练一练

根据下面的材料，写一则决定。

20××年，××公司开展了以"卓越绩效、创新思维、健康生活"为主题的"优秀团队与个人"评选活动。活动旨在鼓励全体员工在专业技能、团队合作和个人发展等方面追求卓越，同时也为了表彰那些在工作中表现突出的团队和个人。一年来，公司上下积极响应，涌现出许多优秀的团队和个人。为了表彰先进，总结经验，激励全体员工继续努力，使公司的评选活动能够持续、深入地开展，引导员工全面发展，培养更多符合公司发展需求的优秀人才，经过各部门推荐、员工自荐和公司评审委员会的严格评选，决定对本年度表现突出的3个团队、50名"优秀员工"、30名"创新先锋"予以表彰。

知识拓展

决定与其他文种的区别

（一）决定与决议的区别

决定和决议都能反映重大的事件或重要的问题，都具有较强的法规性，但两者又有区别。

1. 形成的方式不同

决议必须是某一级领导机关或组织法定的正式会议表决通过，才能形成文件，并以会议名义发布。决定则不同，它既可以经某种会议讨论通过，以机关的名义下发，也可以由某一级领导机关直接制定并发布。

2. 行文用语不同

决议的行文中常用"会议认为""会议指出""会议号召"等惯用语领起下文。决定的缘由和事项两部分之间常用"为此，特作如下决定"之类的惯用语过渡。

（二）决定与通知、指示的区别

一般事关全局、政策性强、任务艰巨、执行时间长的重大工作，才适宜使用"决定"这一文种。它的使用范围较"通知"要窄一些。指示虽也是指导性的文件,但它是针对某一时期全面的、原则性问题,且偏重于步骤、方法和原则的指导。在使用时要加以区分。

(三)决定与表彰通报、表彰命令的区别

相同点:都是用来表彰先进个人或集体的。

不同点:

1. 表彰行文选用规格不同

最高级别表彰,授予荣誉称号用命令行文;有法规、规章条例为依据的奖励事项用决定;一般的有典型意义的事项用通报;对严重违章、违纪人员进行警告、降职、撤职、开除或其他处分用决定;对违章、违纪人员未采取组织、行政处分手段时用通报。

2. 行文目的和文种的性质不同

命令和决定都是指挥性公文,行文目的是告知事项、有很强约束力;通报是知照性公文,其行文目的不是贯彻执行,而是让人们了解情况,交流信息、提高认识,有宣传教育作用。

3. 写作要求、要领不同

表彰命令和决定,行文一般较简单,虽然分依据、事项、结尾三部分,但用语准确、不作展开,行文文字简洁;通报则常常兼用叙述、说明和议论,有较强的感情色彩,根据需要陈述事实,分析意义,作出评价,使人了解情况,受到教育。

任务九 批复

 案例

关于筹建生物工程实验室要求拨款的批复

××科委发〔××××〕×号

××研究所:

你所《关于筹建生物工程实验室拨款的请示》(××研发〔××××〕×号)已收悉,经研究,现批复如下:

同意你所请求，拨予100万元用于筹建生物工程实验室，按照你所提交的《生物工程实验室项目筹建财务预算》，我科委将根据筹建进程，通过农业银行分期分批划拨款项。请务必专款专用，在计划期内保质保量完成生物工程实验室的建设工作，尽快出成果。

特此批复。

一、认识批复

批复是用于答复下级机关请示事项的回复性公文，其制作和应用一般以下级的"请示"为条件。当下级机关的工作涉及方针、政策等方面的重大问题，报请上级机关审核批准时；当下级机关在工作中遇到新情况、新问题，无章可循，报请上级机关给予明确指示时；当下级机关遇到无法解决的具体困难，报请上级机关给予指导帮助时；当下级机关对现行方针政策、法规等有疑问，报请上级机关予以解答说明时；以及当下级机关因重大问题有意见分歧，报请上级机关裁决时，上级机关都应该用"批复"予以答复。除此之外，有时"批复"还被用来授权政府职能部门发布或修改行政法规和规章。

批复一般具有以下几个特点。

1. 针对性

批复的针对性反映在两个方面：一是批复必须针对请示机关行文，而对非请示机关不产生直接影响；二是批复的内容必须针对请示事项，不涉及请示事项以外的内容。

2. 回复性

批复的内容属于回复性的内容。因为批复的制作和应用是以下级机关的请示为条件，对上级机关来说是被动地发文，下级机关请示什么事项，上级机关就批复什么事项。并且，上级机关对请求事项无论同意与否，都必须有针对性地明确予以回答。

3. 权威性

批复是答复下级机关请求事项的回复性公文，它提出的处理意见和办法，代表上级机关对问题的决策意见，对下级机关具有行政约束力。特别是对一些重大事项的答复，体现了党和国家的有关方针、政策，具有权威性。所以批复一经下发，下级机关必须遵照执行。

二、批复的种类

根据内容、性质的不同，批复可分为两类：一类是审批性批复；另一类是指示性批复。审批性批复主要是针对下级机关请示的公务事宜，经审核后所作的指示性答复。比如关于机构设置、人事安排、项目设立、资金划拨等事项的审批。

指示性批复主要是针对方针、政策性问题进行答复。这一类批复，不

审批性批复

只是对请示机关提出请示事项的答复,而且批复的指示性内容,在其管辖范围内,具有普遍的指导和规范作用。另外,授权政府职能部门发布或修改行政法规和规章的批复,也属于指示性批复。

指示性批复

三、批复的结构、内容和写法

批复由首部、正文和尾部三部分组成,其各部分的格式、内容和写法要求如下。

1. 首部

包括标题和主送机关两个项目内容。

(1)标题。批复的标题有多种构成形式:一种是由发文机关名称、批复事项、行文对象和文种构成。一般为"××(机关)+关于+××(事项)+给××(机关)的批复",多用于上级机关批复下级机关请示批准其所属单位有关事项的请示,《国务院办公厅关于同意在沙坪坝区进行经济体制综合改革试点给重庆市人民政府的批复》。一种是由发文机关名称、事由和文种构成。一般为"××机关+关于+××(事项)的批复",多用于上级机关批复下级机关请示批准本机关有关事项的请示,如《重庆市关于重庆通信学院地管部增拨教育经费的批复》。第三种是由事由和文种构成;第四种是由发文机关名称加原件标题和文种构成。

批复的结构、内容和写法

(2)主送机关。批复的主送机关是指与批复相对应的请示发文机关,一般只有一个主送机关。授权性的批复,主送机关应当是被授权发布施行行政法规和规章的下级机关。

项目二 练习九

2. 正文

正文是批复的主体,其内容比较具体单一,层次构成相对固定。其中除授权性批复与一般批复的写法有所不同外,其他批复的结构一般由开头、主体和结语三部分组成。

(1)开头。通过引叙来文以说明批复缘由。首先点明批复的下级机关并写明来文日期、标题和文号,以交代批复的根据。

(2)主体。主要说明批复事项。应当根据国家的方针、政策、法令、法规和实际情况,针对"请示"的内容给予明确肯定(或否定)的答复或具体的指示,一般不进行议论。也有的批复,在批复事项后面概括提出希望和要求,进一步强调批复的主旨。

(3)结语。批复结语有三种写法,第一种是提行写"此复"或"特此批复";第二种是写希望和要求,给执行请求事项的答复指明方向;第三种是秃尾,就是请示事项答复完毕就告结束,此种结尾方法使用的频率越来越高。

3. 尾部

一般包括署名和成文时间两个项目内容。署名写上批复机关单位名称,并加盖公章;成文时间写明年、月、日。

四、批复写作的注意事项

（1）注意行文的针对性。下级机关请示什么事项，上级机关就批复什么事项。

（2）批复的观点要明确。无论审批性批复还是指示性批复，上级机关的态度要明朗，不能太笼统，更不能模棱两可，以免使下级机关无所遵循。

撰写批复的注意事项

（3）批复要及时。批复是因下级机关的请示而行文，凡下级机关能够向上级机关行文请示的，说明事关重要，时间紧迫，急需得到上级机关的指示和帮助，所以上级机关应当及时批复，否则就会贻误工作，甚至会造成重大损失。

（4）批复的行文要言简意赅。要做到言止意尽，庄重周严，以充分体现批复的权威性。

 授权指示性批复

国务院关于决定加入《专利合作条约》的批复

国函〔××××〕×号

中国专利局、外交部：

国务院决定：我国加入《专利合作条约》，具体手续由外交部办理。我国加入该条约后，关于《专利合作条约实施细则》的修订问题，由中国专利局同外交部决定，报国务院备案，可以不另行报批；中国专利局可以制定实施该条约的具体规定。

国务院（盖章）
××××年×月×日

 审批性批复

关于江苏省撤销××县设立××市的批复

民行批〔××××〕×号

江苏省人民政府：

你省××××年××月××日《关于撤销××县设立××市的请示》和××××年××月××日的补充请示收悉。经国务院批准，同意撤销××县，设立××市（县级），由省直辖，以原××县的行政区域为××市的行政区域，不增加机构和人员编制。

民政部（盖章）
××××年×月×日

五、批复写作模板

批复写作模板

标题	×××关于同意×××的批复
主送机关	××××：
批复引语	你×《关于×××××的请示》（发文字号）收悉。根据××××××××××××，经研究，同意×××××××。现就有关事项批复如下：
批复意见、要求等	×××。
批复结语	此复。
发文机关	××××（印章）
成文日期	××××年×月×日

练一练

修改下例批复。

××市税务局批复

××税字〔20××〕第×号

××县税务局：

你局《关于××县工具厂申请免税问题的请示》(××税字〔20××〕第×号)收悉。经研究，批复如下：

××县工具厂，因去年年底受台风袭击，厂房损坏严重，影响生产。现同意你局意见，对该厂给予免征工商税1年（20××年）的照顾。

此复。

20××年×月×日

> **知识拓展**
>
> 1. 在撰写批复前必须针对来文内容进行充分的调查研究，具体包括来文内容、背景、相关规定及指示、来文涉及有关单位（部门）职权范围等。
> 2. 批复要依据充分，符合实际，做出的意见要明确、具体、可行。

项目三

商务事务文书

学习目标

知识目标
1. 了解商务事务文书的定义、特点及分类。
2. 掌握计划、规划、方案、安排、设想、纲要、要点等计划性文体的写作方法和技巧。
3. 理解并掌握总结的种类、结构要素及写作技巧，包括汇报性总结、报告性总结和经验性总结。
4. 熟悉调查报告的撰写流程，包括调查目的、对象、内容、方法及报告的结构。
5. 掌握商务策划文案的种类，如企业发展战略策划、企业融（投）资策划、市场营销策划等，并了解各文案的写作要点。

能力目标
1. 能够根据商务活动的需要，选择合适的商务事务文书类型进行撰写。
2. 能够独立制订详细的计划，包括目标设定、任务分解、时间规划等，并有效监控计划的执行。
3. 能够撰写条理清晰、内容翔实的总结报告，准确反映工作成果和经验教训。
4. 能够独立进行调查研究，收集并分析数据，撰写出具有针对性和实用性的调查报告。
5. 能够根据企业需求，制定并实施商务策划方案，提升企业的市场竞争力和经济效益。

素养目标
1. 培养良好的商务文书写作习惯，注重文书的规范性、准确性和时效性。
2. 提升逻辑思维能力和分析判断能力，能够全面、客观地看待问题。
3. 增强团队协作精神和沟通能力，能够与团队成员有效沟通，共同完成任务。
4. 培养敏锐的市场洞察力和创新意识，能够根据市场变化及时调整商务策略。
5. 强化责任心和职业道德，确保商务事务文书的真实性和可信度，维护企业声誉和利益。

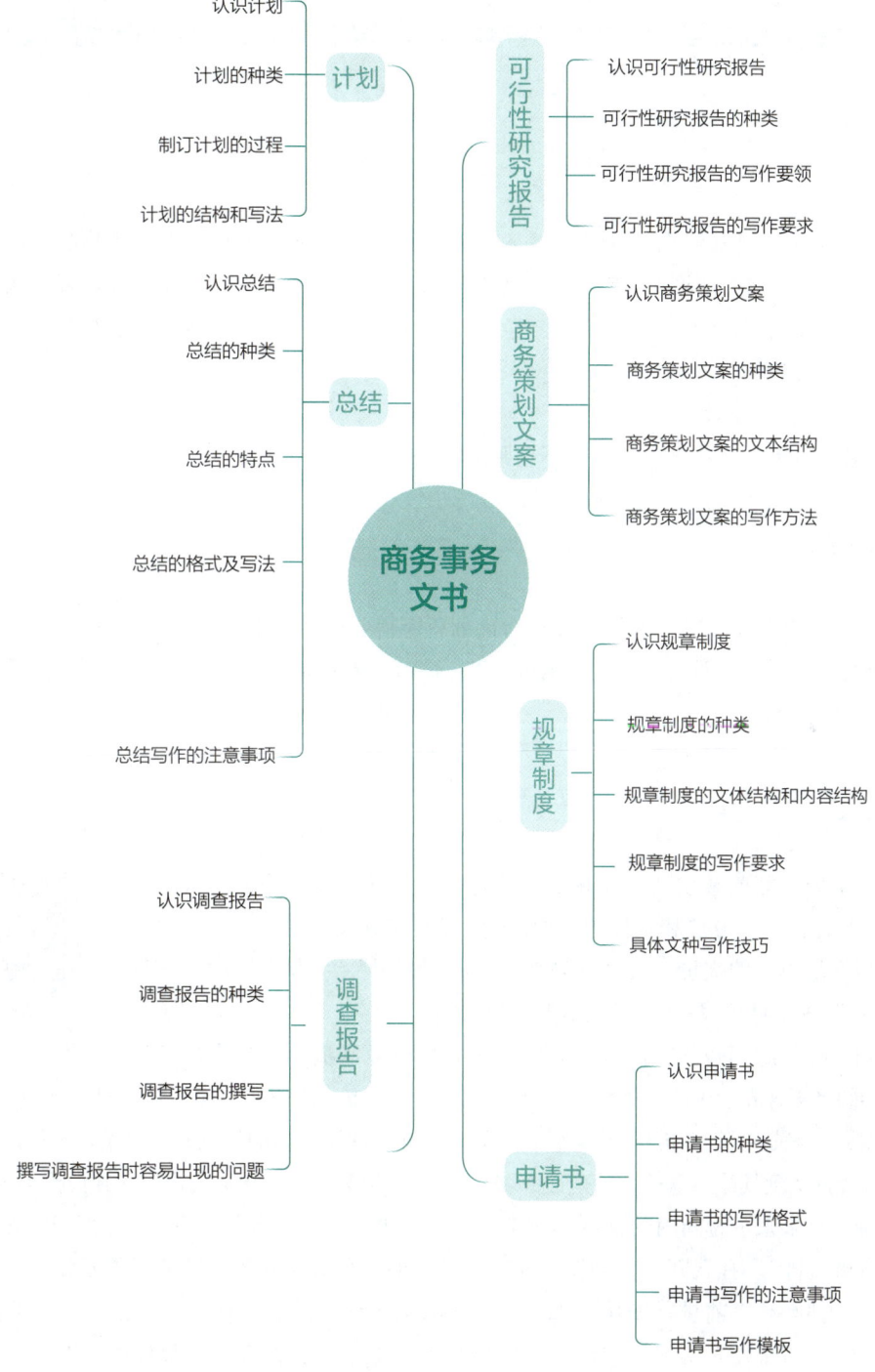

任务一
计划

案例

耶鲁大学对毕业生进行了一次有关人生目标的调查。当被问及是否有清楚明确的目标以及达成的书面计划时，结果只有3%的学生作了肯定的回答。20年后，有关人员又对这些毕业多年的学生进行跟踪调查，结果发现，那3%有达成目标书面计划的学生，取得的财富是其他97%的学生的总和。

《礼记·中庸》："凡事预则立，不预则废。"

预：预先，指事先作好计划或准备；

立：成就；

废：失败。

大意：不论做什么事，事先有准备有计划就能得到成功，不然就会失败。"谋事先则昌，事先谋则亡。""谋"，即指计划。俗语说："吃不穷，穿不穷，计划不到一世穷。"生活中的我们要学会制订"计划"。

一、认识计划

计划是为了完成某项任务，在工作和行动开始的前期，预先拟订的开展工作的具体内容、方法和步骤的一种用途广泛的应用文体。

计划不是单一的文种，由"计划""规划""方案""安排""设想""纲要""要点"等文种组成一个文体，叫作"计划性文体"。

写计划

规划：跨越时间较长，涉及面较广，内容比较原则概括，只指出长远设想或粗线条要求的计划。一般在5年以上。如《××市2025—2035年经济发展十年规划》。

方案：一般是单项工作的、专业性比较强的、比较周密具体的计划。它对某项工作，从目的要求、方式方法到具体步骤都做出全面部署与安排的计划。如，《××公司团队建设活动方案》。

安排：对未来短时间内的某项具体工作提出要求，规定任务的一种计划性文书。如，《国庆期间值班安排》。凡召开各种会议、开展各种活动、突击完成各项任务等需要分工负责的日程性工作，都必须事前进行安排。如学校里的教研工作，教务工作，文体活动，课外活动，党团活动，考试工作，实习工作，论文指导与答辩工作，寒暑假或节假日值班工作等，都要有专门具体的安排。

设想：初步的、粗线条的、不太成熟的、提供参考的计划。

打算：与安排类似。但安排是已确定的既定稿，而打算只是一种考虑，一种设想，甚至是一个念头，尚未深思熟虑，还可变通，有待进一步斟酌修改的未定稿。

计划类文种的区别

要点：内容比较概括的计划。一般只确定未来一段比较短的时间内工作的要点。有时它是以进一步制订详细计划的写作提纲出现的，有时它是以详细计划的摘要形式出现的。如《江海大学20××年第四季度工作要点》。

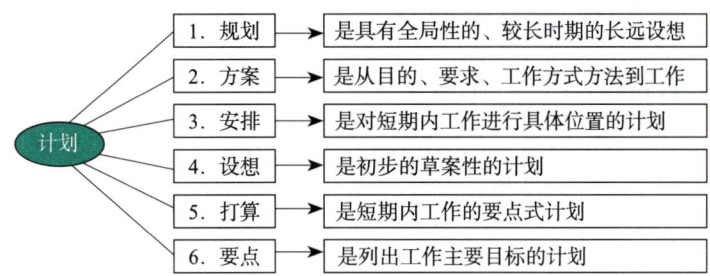

二、计划的种类

不同的计划种类，在实际使用中是重叠、交叉的。

分类的角度	计划的种类
按性质分	生产计划、工作计划、经济业务计划、学习计划、科研计划
按内容分	综合计划和专题计划
按时间分	长期计划、中期计划和短期计划
按效率分	指令性计划、指导性计划、一般性计划
按形式分	条文式计划、表格式计划和文表结合式计划

三、制订计划的过程

（一）准备阶段

（1）学习领会党和国家的有关方针、政策以及上级的有关文件精神，了解上级主管部门对编制计划提出的各项要求。

（2）深入调查研究，分析本单位、本部门的具体情况，收集整理有关资料。

（3）根据上级的指示精神和本部门、本单位的实际情况，确定计划的目标、任务、要求，再制定具体的措施、步骤、办法。另外，还要预见今后工作中可能发生的偏差、缺点，预见的障碍、困难，确定预防和克服的有效措施和办法。

（二）草拟、审议、讨论阶段

在做好充分准备工作的基础上，即开始拟写计划草案。计划草案一般要经过领导班子讨论、审议，或直接交给群众讨论、审议。有的必须经过有关会议讨论、审议。

（三）修改、定稿阶段

计划的起草人根据讨论审议的意见，对计划草稿进行修改、定稿，形成正式计划。有的要报送主管部门，经审批同意后即成为正式计划。

四、计划的结构和写法

计划的结构格式：标题＋正文＋落款＋成文日期。具体的写法如下。

（一）标题

计划制订者＋计划期限＋计划内容＋文种。

（1）单位名称＋时间期限＋内容范围＋文种。

如《××科技公司20××年度市场拓展计划》。

（2）时间期限＋内容范围＋文种。如《20××年度产品开发计划》。

（3）单位名称＋内容范围＋文种。

如《××科技公司人力资源管理计划》。

（4）单位名称＋时间期限＋文种。

如《××科技公司20××年度财务规划》。

（5）内容范围＋文种。 如《客户服务提升计划》。

如果计划尚未定稿，应在标题之后加括号写上"草稿""征求意见稿""草案""初稿"或"讨论稿"等。

（二）正文

计划正文一般由前言、主体和结语构成。

前言。一般简明扼要写以下四方面的内容：说明制订计划的依据；概述本单位的基本情况，分析完成计划的主、客观条件；提出总的任务和要求，或完成计划指标的意义；指出制订计划的目的。以上四方面的内容可根据实际做出适当选择。前言以"为此，特制订计划如下"类语为过渡语，引出主体部分。

主体。一般必须写清以下三方面的内容。

目标任务——"做什么"：即某一时段内要完成的工作任务。要求具体、明确，有数量或质量的要求，能用具体数字表达的必须用数字，不能用数字表达的应有质量（程度）的要求，忌讳空洞、笼统，否则计划就会流于形式，成为一纸空文。

措施——"怎么做"：写清楚采取何种办法，利用什么条件，由何单位何人具体负责，如何协调配合完成任务。

步骤程序——"何时完成"：即写明实现计划分几个步骤或几个阶段。

目标、措施、步骤程序，可分开写，也可措施和步骤程序放在一起写。根据计划的内容和表述需要，选择写条文式、图表式，或条文图表结合式。在正文不便表述的内容，另作"附件"。计划的结语可以说明计划的执行要求；也可以提出希望或号召。也有的计划不专门写结语。

写计划的注意事项

（三）落款

单位名称和日期，若标题已写明单位名称，则结尾可省去单位名称。上报或下达时要加盖公章。

案例

父亲对儿子小华说："明天就是大年初一了，我们家人团圆了，可我们不要忘记老人的养育之恩。按例你妈妈应该去看看外公外婆，但明天家里有客人来，所以你明天先送一箱水果、烟酒去你外婆家，记住要把这些礼品送到你外公或外婆手上，不然会被你小舅'黑'了，因为小舅嘴巴馋，你外公外婆一点也吃不到。你明天早上八点动身去，从日照乘中巴车到莒县，再从莒县沭河大桥坐三轮车去你外婆家。"

项目三 练习一

其实，上述案例是一份计划，只是口头上的，没有写在纸上。我们的父母确实是生活计划的高手。

目标、任务——"做什么"：父亲让小华送礼品；

要求——"做到什么程度"：送到外公或外婆的手上；

方法措施——"怎样做"：早上八点动身，乘中巴车到莒县，转坐三轮车去外婆家；

前言——"为什么要制订计划"：新春佳节，应给老人拜拜年，我们做子孙的不要忘记老人的养育之恩。

案例

××公司新职工培训指导计划

第一章　教育目的与内容

1. 教育目的

对本企业新录用的职工介绍企业的经营方针，传授本企业职工所必备的基本知识和业务技能，提高其基本素质，使之在较短时间内成为符合要求的职工。

2. 教育内容

……

第二章　教育实施要领

1. 教育指导者

……

2. 培训时间

一般为3个月，根据实际情况可适当延长或缩短。

3. 编班

为便于组织培训，根据学员学历，可分成不同的班组，并指定一名班组长。外出参观或实习时，可根据实际需要，重新编班。

4. 时间安排

集中培训的时间安排为"上午：×时×分到×时×分；下午：×时×分到×时×分"。实习时间同企业工作时间一致。参观时间视情况而定。

5. 教育方法

……

第三章　模拟安置

1. 目的

在新职工教育培训期间，根据企业的组织设置，将学员模拟安排到不同部门，以考察其能力和适应的部门，为正式安排提供依据；同时也使新职工尽快地了解企业情况。

2. 时间

模拟安置时间从培训正式开始起，到正式安排止。以15天为一周期，全体学员轮流更换工作。

第四章　教育培训实施要领

1. 基础理论教育（略）

2. 实习教育（略）

3. 注意事项

……

不应把新职工的教育培训任务仅局限于企业领导，要使全体企业职工参与教育培训工作。

×××× 年 × 月 × 日

练一练

修改下列计划。

××县经委今后八个月工作计划

为了完成县委、县政府下达3.1亿工业总产值（力争3.5亿）的任务以及各项经济指标，我们计划在今后八个月主要抓好几方面工作：

（一）进一步深化企业改革。我们在全面推行厂长（经理）任期目标责任制的基础上，从实际出发，有针对性地分别实行租赁、承包、百元工资税利制和工资总额与企业经济效益包干等经营方式，把权、责、利全面落实到企业及其经营者身上，使企业真正成为相对独立的经济实体，成为自主经营、自负盈亏的社会主义商品生产者和经营者，较好地调动企业厂长职工的积极性，增强企业活力，促进生产发展，并使这一改革能够健康发展，深入持久地坚持下去，采取有效措施加以保证。

（二）加快新项目和技术改造项目的建设速度，确保这些项目预期投产，发挥效益。主要抓好苎麻纺织、印染工程等项目，并实行目标责任制管理，使这些项目预期投产，早日发挥效益。

（三）进一步加强企业管理，提高企业经济效益。我们坚持以改革为动力，促进企业的发展，加强管理，提高企业经济效益，把增产节约、增收节支的工作作为提高企业经济效益的重要工作来抓，要求企业产品总成本、企管费及车间经费都要下降。具体措施：(1)调整企业产品结构，大力增产适销对路产品，实现多产快销。(2)加强企业管理，挖掘企业潜力，调整定额，向管理要效益。

（四）加强企业职工思想教育、技术培训，努力提高企业职工队伍思想、技术素质。为企业上等级和企业现代化管理打基础。(1)全面进行思想、纪律、法律教育和坚持四项基本原则，反对资产阶级自由化的教育，全面提高工人思想觉悟。(2)搞好技术培训和职工文化、技术学习，努力提高职工队伍技术素质。

任务二 总结

 案例

看下面的材料，若你是这个博士，有记者采访你，问你求职的经验，你会怎样处理？

有一位留美的计算机博士，毕业后在美国找工作，结果好多家公司都不录用他。想来想去，他决定收起所有的学历证明，以一种"最低身份"再去求职。

不久他就被一家公司录用为程序输入员。这对他来说简直是"高射炮打蚊子"，他仍干得一丝不苟。不久，老板发现他能看出程序中的错误，非一般的程序员可比。这时他才亮出学士证，老板给他换了个大学毕业生对口的专业。

过了一段时间，老板发现他时常能提出许多独到的有价值的建议，远比一般的大学生要高明。这时，他又亮出了硕士证，老板见后又提升了他。

再过一段时间，老板觉得他还是与别人不一样，就对他"质询"，此时他才拿出了博士证。老板对他的水平已有了全面的认识，于是毫不犹豫地重用了他。

以上讲的就是总结。

一、认识总结

总结是对本人、本单位或本地区某一时期的工作实践经验进行分析、整理、概括，从中找出规律，用以推动工作的一种应用文体。总结所要解决和回答的，是在某一时期的工作中已经做了什么，如何做的，做到了什么程度，有什么经验教训的问题。它要求把零星的、肤浅的、表面的、感性的认识，上升到全面的、系统的、本质的、理性的认识。

也就是说总结指的是对过去一段时间里，对自身实践活动所作的回顾和评价。理解这个概念时，应注意以下三点问题。

- 总结一般有时间上的限制；不能随意超过这个范畴谈论过多。
- 对象上有明显的自身性；不能随意超过这个范畴谈论过多其他人或单位的事。
- 内容上主要侧重回顾和评价。内容上也有限制。学习工作中最大的问题就是把总结和计划组合起来。

总结的作用是多方面的。人们通过总结，可以全面、系统地了解工作的情况，从成功中获得经验，从错误或失败中吸取教训，从而改进工作，把工作推进到一个新的更高的阶段。由于总结是对实际工作由感性到理性的再认识过程，因而通过总结还可以使人们提高认识，增长才干。有些总结，既要上报，又要下发，有的还在一定场合宣讲，因此总结又能起到互通情报、共同提高的作用。一句话，总结的总体作用就是，回顾过去，评估得失，指导将来。

二、总结的种类

总结的种类很多，按不同的划分标准可以分为以下几类。

按功能分，总结一般分为三种：

汇报性总结：主要是下级向上级主管机关所作的某一时期或某项工作的情况汇报。主要目的是让上级了解情况，侧重回顾所做的工作——"做了什么"。

报告性总结：主要是领导在大会上所作的某阶段工作的总结性发言。侧重对所作工作的评价——"做得如何"。

经验性总结：介绍本单位工作中某些先进的有成效的做法与体会。侧重工作的做法介绍——"怎样做的"。

除此之外，按性质划分，可分为综合性总结和专题性总结；按内容划分，可分为工作总结、生产总结、学习总结、会议总结、活动总结等；按范围划分，可分为个人总结、班组总结、单位（部门）总结、地区性总结、全国性总结等；按时间划分，可分为月度总结、季度总结、年度总结等。

分类的角度	总结的种类
按性质分	综合性总结和专题性总结
按内容分	工作、思想、生产、学习、会议、活动总结
按范围分	地区、部门、班组、个人总结
按时间分	月度、季度、年度总结
按功能分	汇报性、经验性、报告性总结

三、总结的特点

（一）目的的指导性

无论是法人组织或个人写总结，要达到什么目的，写作前应有考虑，写作时必须明白，写作后要作鉴定。一般意义上讲，总结的目的，就是为了更好地认识世界、解释世界、寻找规律，从而能动地去改造世界。在社会中的每一个社会法人主体或个人，从自身的实践中得去找到正面的经验或反面的教训，最直接最主要的目的就是指导今后的实践活动，而不是其他。

（二）事实的准确性

总结是从事实出发，并对客观事实进行结论式的认识，是一个从感性认识上升到理性认识的过程。事实确凿，总结出来的经验教训才能体现出客观过程的本质，才有指导意义；否则，就会把人们的认识引入歧途，用以指导实践，将给工作造成损失。事实的准确性，不仅指事实的客观存在，还指总结所依据的事实必须典型，具有普遍意义，体现出事物的本质和主流。

（三）概括的正确性

总结的效用不单只提出事实，告诉读者做什么，做得如何；更重要的是要揭示出为什么这样做，这样做的普遍意义何在。这就必须在事实的基础上进行理论的概括。对于同一类事实，可以从不同角度概括，也可以就表象或本质进行概括。要保证概括的正确性，首先，要从指导实践的效用角度去概括。有些总结依据的事实是真实的，沿用的方法也对，但角度不对，脱离了总结经验和教训旨在发挥指导工作的效用，概括出的观点和实际工作牵强附会，让人不知所云。例如：关于产品市场营销情况的总结，把概括的重点放在证明资金使用效率先进性上；写教学工作总结，把概括的重点放在知识分子是我国经济建设的重要力量上。这样的总结空泛无力，毫无实际效用。其次，要从揭示事物的内在联系的角度去概括。也有些总结，角度正确，但没有抓住问题的实质，流于罗列事实的表面现象，导致概括观点欠深、欠全、欠佳。例如：总结企业提高经济效益的工作，概括出要加强企业全体职工勤劳吃苦思想的教育的经验，这虽然重要，但从全局出发，提高企业的经济效益关键点并不在此，而在于建立一个奖勤罚懒、充分调动职工积极性的竞争机制、激励机制和分配机制。

由此可见，从指导工作效用入手，揭示事物的本质，才能保证总结结论概括的正确性，是撰写成功的总结必须具备的重要特点。

（四）内容的条理性

总结往往反映一个阶段的工作，时间跨度大，牵涉的工作内容繁多。所以，总结在表达内容时应层次分明、清楚明了，特别强调分门别类的条理性。它不同于记叙文讲究时间、空间协调，也不同于议论文，追求概念、判断、推理的逻辑统一，而只强调事实和结论的协调统一。有些总结，虽未明确地说出条目，但各层次汇集事实、概括观点的条理性仍然是非常清楚的。

四、总结的格式及写法

（一）总结的结构样式

总结在长期的写作实践中，已基本形成了人们惯用的一些结构样式，最典型的结构样式主要有以下几种。

1．板块式结构

这是总结的基本体式，也是一种传统格式，按情况、成绩、经验、问题、建议的顺序分部分叙述。这种结构把全篇按照内容的不同分成若干块，简明清晰，整体性强，它通常采用下面的程式顺序安排板块。

总结的结构

一是基本情况部分。这一部分是总结的开头。主要概括介绍总结的对象、范围、目的、背景、工作进程、工作任务等。

二是成绩和经验部分。这部分是总结的主要内容，应写明具体成绩、典型事例、统计数字，并应相应地进行理论化、抽象化，概括出规律性的东西，是总结写作的难点、重点所在。

三是问题和教训部分。主要写工作中还存在哪些不足，或尚待解决的问题以及工作中的主要教训。

四是打算和建议。这部分主要写今后工作的努力方向和打算，并提出相应的合理性建议。

上面四块内容，还被称为工作总结的四要素，这种结构形式常常运用于综合性总结。

2．条文式结构

把从大量材料中概括出的观点，按递进或并列形式列成若干条文，每一个条文就是一个观点。所统领的材料，必须与观点密切关联。条文之间依总结的内容性质和主次轻重进行排列。如毛泽东同志的《三个月总结》就是采用的条文式写法。全文共十九条，详细地总结了自1946年7月全国规模的内战爆发以来，三个月战争的一系列情况和经验。把过去、现在、将来、成绩、经验、教训、形势、任务、意义几方面综合，穿插在一起，有事例、有分析、有结论。条文式总结行文简要，独具一格，别开生面，打破了条块结合的传统程式。但是条文式手法难度较大，弄得不好，造成条文之间分离，一盘散沙，故以少用为宜。

3．小标题式结构

这种结构形式以若干小标题分别起领全篇的每一个组成部分。这种结构形式多样，写法灵活。小标题往往是经验成功的原因，或者是工作的阶段性标志。小标题式结构比较适合于专题性总结。

4．阶段式结构

分阶段总结，即把人们工作或经历的整个过程分成几个阶段，分别说明每个阶段的成绩、经验和教训，并注意怎样从较低阶段推进到较高阶段，让读者对整个工作进程有一个全方位、整体性的了解，从而把握住某项工作的特点及规律。通过工作进程的顺序、事物内在联系来安排材料的特点非常明显，是典型的阶段式结构。

5．比较式结构

这种写法又有两种格式：

一是先立标准，后对照、比较，发现不足，提出改进意见。这种写法多用于工作检查性总结。

二是纵横比较，即历史性比较和先进性比较。通过纵向的历史性先后比较，看总结主体具体业务工作的进展性情况，水平是提高还是降低，业绩是前进还是落后；通过横向的先进性比较，看总结主体业务工作发展性情况，水平是领先还是落后，速度是快还是慢，规模是大还是小。

6．贯通式结构

全文紧紧围绕主旨，总结事态发展的全过程，文字前后贯通，按"主旨—做法—效果—体会"一气呵成。

（二）总结的结构内容

总结一般由标题、正文和落款三部分组成。

1．标题

总结的标题不求生动形象，而求科学地概括和简明准确，大致有四种写法：

一是公文式标题。它类似于行政公文的标题，主要由单位名称、时间期限、内容范围、总结种类四部分构成。这种标题通常用于工作总结、综合性总结。如《×××公司关于××××年度的工作总结》《××省20××年外贸工作情况》等。

二是主旨式标题，又叫经验性标题。这种标题多用于经验总结，标题直接点明总结的主旨，告诉读者具体的经验。如《优化流程 提升效率》《客户至上：卓越服务的秘诀》《数据驱动决策：如何利用数据分析提高业务绩效》。

三是提问式标题。采取提问的形式，引起读者注意某一块范围的具体事务和工作。如《如何通过社交媒体提升品牌影响力》《如何优化供应链管理以降低成本》《如何利用大数据驱动业务增长》《我们是如何成功实施项目管理的》。

四是主副式标题。这类标题写法上分主、副两行标题。主题概括总结的内容或概括经验体会，副题表明文体特点，标明单位、时限、事由和文种等。如《优化流程，提升效率——××科技公司生产流程改进报告》《数字化转型，未来已来——××集团数字化转型战略规划》《精益生产，精益求精——××制造企业精益生产实践案例》等。

2. 正文

总结的正文，一般包括前言、主体、结尾三个部分。

前言。前言即基本情况的概述，一般包括背景、条件、时间、任务、成绩和进程六个方面。

背景是指工作进程中所处的政治、政策、经济环境；条件是指工作进程所面临的内、外部条件；时间是指工作进程所经历的时间跨度；任务，是指工作进程所担负的工作、要求以及要达到的目标；成绩，是指完成任务的各种数据或具体表现；进程是指实践中形成的主要步骤和基本环节。介绍情况时用概述，目的是使读者有一个总体的印象。所以，应根据总结内容的需要，有所侧重，并紧扣总结的中心，画龙点睛，以简约之笔给人明确而深刻的印象。

主体。主体部分是总结的核心，是对前言部分的具体展开。主要包括成绩、经验、体会、问题、教训等内容。无论是综合性工作总结还是专题性工作总结，主体部分都要做到主旨鲜明，重点突出，突出个性、反映特色。这样的总结才有价值，才有借鉴指导意义。那么，在写作中如何做到这一点呢？

一是从做法上突出重点、反映特色。具体讲就是要认真回顾本单位的实际情况，做了什么工作，是怎样做的，遇到了什么矛盾，是如何解决的，特别是与其他单位比较，找出在做法上的创新和独创之处。把这些有特色的东西总结出来，就可以提升总结的价值。

二是从效果上突出重点，反映特色。总结不能停留在反映做了什么、怎么做的，而是要归纳出某项任务完成后取得了什么巨大成绩，对社会、对单位自身产生了一些什么具体效应。否则就很容易就事论事，只停留在工作事务写作的表面，毫无个性而言。这种总结因无个性特点，放到任何一个同类的单位都无关大碍，张冠可以李戴，这是典型的总结写作中的形式主义表现。

三是从认识上突出重点，反映特点。写总结是对过去一段工作的回叙，分析，寻找到规律，形成有规律性和指导意义的认识。做了同样的工作，做法与效果基本相似，但如果各种条件不同，则对事物的认识水平，总结的深度和广度就不一样了。实践出真知，但正确的认识又可以指导实践。

因此，写总结一定要反映实践主体的认识发展过程，并归纳出典型认识的脉络，这就可以使总结有重点、有特色，从而真正实现总结的认识世界、改造世界的作用。

结尾。结尾部分主要是写今后的打算或努力方向。打算要切合实际，方向要具体明确，切忌空洞无物、讲大话、讲原则话、讲大道理。

3. 落款

总结的落款包括署名和日期。单位总结的署名，可以放在文后右下方，也可置于标题之下。个人总结的署名，一般都写在正文的右下方。总结的日期，有的写明年、月、日，有的只写明年、月。

错误案例

个人工作总结

站在世纪边缘，透视过去一年，工作的风风雨雨时时在眼前浮现，回眸望去，过去的一幕幕在不知不觉中打湿眼睑。似乎年初的记忆依然就在心头展现！

自跨世纪的丧钟敲响的那一瞬起，我就已深深地感觉到新一年的工作重担已向我无情地压来，企业的不断扩建与化验室规模不变的冲突已无形中为化验人员上紧了一根弦！本已绷紧的神经再一次被重重地牵动了！为能保质保量地完成工作任务，我只能在过去的基础上对化验的相关知识进行重新学习，加深认识。使之更加系统化，从而融会贯通，使化验专业水准提到了一个新的起跑线。

有了新起点，下一步就是怎样在实践中具体发挥作用，在岗位人员严重吃紧，工作量与日俱增的前提下，要想不被压垮，唯一的解决办法只有两个：一是加强岗位练兵，增加自己对实验各个环节的熟练程度，从而提高工作效率；二是加强内部各人员间的团结合作，互相紧密配合，充分挖掘集体的潜力。

在此基础上，我顾不上去管夜黑楼高，也没时间去看月暗天阴，风狂雨急，不顾一切，只管一人独自前行，取样化验，日夜不停。虽不见工作有什么硕果呈现眼前，却只觉汗水一次次湿透衣服，眼角的皱纹多了一层又一层，辛酸的眼泪咽下一回又一回！

曾几何时，我从梦里一回回惊醒，却以为自己仍在工作中，也许像我们这样的人真应该叫作工作狂才对，但我们却必须面对现实，不仅仅要能够埋下头去忘我地工作，还要能在回过头的时候，对工作的每一个细节进行检查核对，对工作的经验进行总结分析，从怎样节约时间，如何提高效率，尽量使工作程序化、系统化、条理化、流水化！从而百尺竿头，更进一步，达到新层次，进入新境界，开创新篇章！

经过这样紧张有序的锻炼，我感觉自己工作技能上了一个新台阶，做每一项工作都有了明确的计划和步骤，行动有了方向，工作有了目标，心中真正有了底！基本做到了忙而不乱，紧而不散，条理清楚，事事分明，从根本上摆脱了过去只顾埋头苦干，不知总结经验的现象。

就这样，我从无限繁忙中走进这一年，又从无比轻松中走出这一年，当××年来到我面前，我只想说，来吧，我已从工作中长大！

评析这篇"个人工作总结"从语体到格式再到内容，都不符合"总结"文体的写作要求。通篇采用的是抒情的文艺语体，感慨多于事实，汗水多于成绩，内容空洞，言之无物，而且思维比较混乱，没有逻辑性和条理性，可以说是一篇不合格的"总结"。

首先，文章错用了语体。语体是什么？语体是适应题旨和语境的需要为实现交际功能而形成的语言运用的特征体系和方式。语体的种类有很多，根据不同的标准可以分出不同的类别。一般情况下，根据交际方式和功能，人们把语体先分为口头语体和书面语体两大类。口头语体又可分为对话语体（谈话语体）和独白语体（演讲语体）；书面语体又可分为文艺语体、政论语体、科技语体和事务语体四种。一种语体形成之后，往往有它典型的表达手段和方式，以保持它的稳固性和独立性。虽然语体之间具有渗透性，但某一语体对其他语体的典型的表达手段和方式具有排斥性。比方说，事务语体就排斥文艺语体的典型的形象化的表达手段和方式。如果我们在一则通知中运用了比喻，那就会使人觉得不伦不类；如果我们在一份合同中运用了夸张，那只能造成交际的失败。比喻、夸张本身是非常有效的修辞手段，但如果不切合语体，就不能取得好的交际效果。

总结属于事务语体，事务语体讲究语言的准确、庄重、简洁、朴实，不需要文艺体的比喻、夸张、形容之类。可是这篇"总结"的开头就是"文艺"的笔法："站在世纪边缘，透视过去一年，工作的风风雨雨时时在眼前浮现，回眸望去，过去的一幕幕在不知不觉中打湿眼睑。似乎年初的记忆依然就在心头展现！"这种描写的方法，不符合总结的文体要求。这就叫不合语体，即不得体。文章通篇都有这个毛病。

其次，内容不符合"总结"的要求。总结的正文部分，一般包括四大内容：情况概述；成绩和经验；存在的问题；今后努力的方向。总结的总体思路是：做了什么—怎么做的—做得怎样—今后怎么做。从内容和写作思路的角度看，这篇"总结"逻辑比较混乱，没有条理，没有突出重点，看不出在过去的一年中取得了哪些成绩，还存在哪些问题，今后应该怎么做，不符合"总结"的写作要求。

再次，格式不符合要求。总结的标题一般包括四个要素：机关、期限、内容、文种。如《××汽车公司20××年财务工作总结》。在标题中，机关可以省略，但期限一般不能省略。正文中也要说明总结的期限，不然，就不知道是哪一年的总结。像这篇"总结"，文中只有"过去一年""这一年"等比较模糊的说法，究竟是哪一年，并不明确；结尾处既没有落款，也没有时间，使读者不知道是谁写的总结，也不知道总结的时间。这些都不符合"总结"的写作要求。

从写作模型的角度来看，这篇"总结"的总体结构应该如下构思：

20××年个人工作总结

开头：概述基本情况。哪一年毕业，什么时候进的什么公司，从事什么工作等。

成绩和经验；做法和体会。

存在的问题；缺点和不足之处。

结尾：今后努力的方向。

××公司策划部　×××
20××年2月×日

建议按照这个写作模型来构思文章，并且用平易朴实的事务语体来写作，相信一定会写出合格的总结来。注意：改写的时候，模型中的序号"一、二、三、四"不必标出，"开头""结尾"字样也不能出现。只需遵照这个模型把内容写出来就可以了。

五、总结写作的注意事项

（一）联系实际，实事求是

联系实际，实事求是是写好总结的基本原则。总结要符合实际情况，它的第一读者应是自己单位的人，它的第一目的是指导实践主体今后的实践。所以，一是要用一分为二的观点来分析实践活动，既要充分肯定成绩，又要看到存在的不足，既看到现象，又看到本质。二是要恰如其分地评价成绩，既不夸大，也不缩小，符合客观实际。切忌把总结变成邀功请赏的材料，过分地顺应领导的脾胃，看风向、赶浪头，上有所好，下有所为，这很容易导致总结写作中违背客观事实，报喜不报忧，任意缩小、拔高，弄虚作假的形式主义的写作行为。

（二）抓住实质，突出重点

抓住实质，突出重点是体现总结水平的标志。写总结不能事无巨细，和盘托出，应有尽有，而要经过分析综合筛选提炼，反映工作的主流和矛盾。写总结也不能只反映工作过程，停留在工作的表象，面面俱到，浮光掠影，记流水账。而应根据本身工作的特点，在做法、效果、认识上选择好突破口，抓住要害，突出重点。

（三）精于剪裁，反映特色

精于剪裁，反映特色是提升总结价值的有效方法。单位一年度的汇报性工作总结，由于是例行公事不能不写，于是很容易出现老生常谈，应付差事，使总结写作类型化、概念化、模式化、雷同化。单位总结年年相似，代代相传；不同单位总结也千人一面，大同小异，毫无个性。要改变这一现象，要实而不虚，在实字上下功夫，善于在不同时期、不同单位的具体做法、具体效果、具体认识上找到差异，抓到人无我有、人有我优的东西才会有新意，才会有特色，才会有价值。

（四）熟悉业务，掌握情况

熟悉业务，掌握情况是写好总结的前提条件。写总结者一定要熟悉该总结单位的具体业务，掌握单位的具体情况和各工作细节。如作者不谙实情，就一定要调查研究，咨询知情者，查阅相关资料。否则，对情况一知半解，那是无米之炊，笔头功夫再好，也只能写成概念化、论文化的文章。

（五）叙议结合，语言合体

叙议结合，是总结写作的主要方法。叙：摆情况，谈成绩，讲做法。议：分析原因，谈经验，记体会。不论怎样叙、议，都必须做到用观点统帅材料，用材料说明观点，使观点与材料统一。

总结的语言要准确、简明、朴实。准确：文如其事，恰如其分，有分寸感，不允许模棱两可，含糊其词。简洁：简明扼要，不能拖泥带水，重复啰唆。朴实：朴素平实，不追求华丽，过分修饰。要适当运用生动活泼的群众语言及形象化的口语。

> 练一练

指出下列总结中存在的问题，并予以修改。

20××年我的个人总结

在这个银装素裹的季节，当寒风轻轻拂过脸庞，带走了一年的疲惫与尘埃，我坐在温暖的办公室里，回望着过去一年的点点滴滴。岁月如梭，转眼间，20××年已经悄然离去，留下的是成长的足迹和满满的回忆。

在这一年中，我像一名勇敢的探险家，穿梭在产品的丛林中，寻找着创新的灵感。我参与了以下几个项目。1.新产品开发：在这片未知的领域里，我勇敢地迈出了第一步，虽然路途坎坷，但也收获了宝贵的经验。2.市场调研：我像一名侦探，深入市场，搜集线索，试图解开消费者需求的谜团。3.竞品分析：我如同一名战略家，分析竞争对手的每一步棋，为我们的产品策略提供支持。4.用户反馈整理：我耐心地聆听每一位用户的声音，将这些宝贵的反馈转化为产品改进的动力。虽然新产品的市场表现未达预期，但我在市场趋势的把握和竞品信息的分析上取得了一定的成绩。我给自己的新产品开发打70分，市场调研80分，竞品分析85分，用户反馈整理75分。展望未来，我计划深化市场研究，拓宽用户调研，并加强团队协作，以期在新的一年里实现更大的突破。在这个冬日，我将过去的温暖记忆和未来的憧憬化作前进的动力，相信通过不懈努力，我们的产品策划工作定能更上一层楼。

产品策划部 王××
20××年12月30日

> 练一练

根据下列内容，为××省文化和旅游厅拟写20××年的工作总结。

（1）全省风景名胜区有36家，国家级景区9家，省级景区9家，市级景区18家，总面积6950平方千米，占全省面积的5%左右，省级以上景区门票总收入20000万元左右。

（2）医巫闾山、青山沟风景名胜区于今年5月晋升为国家级景区；锦州北普陀山景区已通过省政府常务会讨论，晋升为省级风景名胜区。

（3）7月评议审批了本溪水洞风景名胜区详细规划方案。10月，召开了桓仁万乐岛规划审批会议。

（4）6月份制定并下发了风景名胜区行业创建"三优"活动方案，11月初开始，对全省36家风景名胜区开展"创三优"活动检查评比。

（5）兴城海滨取消门票的问题，青山沟景区仍存在个人侵占风景区的问题，擅自开发、建设的问题，宣传力度不足、开发力度不够的问题等需要解决。

（6）进一步理顺景区的管理体制，实现经营权和管理权相分离，增强景区的发展后劲。做好世界自然遗产工作的申报事宜。加强省级以上风景名胜区的详细规划的编制工作。这些是明年的工作。

任务三 调查报告

一、认识调查报告

调查报告是针对某一现象、某一事件或某一问题进行深入细致的调查，对获得材料进行认真分析研究，发现本质特征和基本规律之后写成的书面报告。

调查报告是一种在新闻领域和机关应用文领域中都可采用的常用文体，也就是说，它是新闻和应用文的两栖文体。不过，有些在机关之间流通的调查报告，可以没有新闻性。而在报刊广播上发表的调查报告，必须有新闻性。调查报告在报刊上发表的时候，也可以叫作"新闻调查"。调查报告必须经过调查、拟写研究报告两个主要阶段。没有调查，就没有研究；没有调查研究，就写不出报告。

撰写调查报告具有以下重要意义。

（一）调查分析报告是调查工作的最终成果

调查活动是一个有始有终的活动，它从制定调查方案、搜集资料、加工整理和分析研究，到撰写并提交调查报告，是一个完整的工作程序，所以调查报告是调查成果的集中体现。

（二）调查报告是感性认识到理性认识飞跃的反映

调查报告比起调查资料来，更便于阅读和理解，它能把死数字变成活情况，起到透过现象看本质的作用，使感性认识上升为理性认识，更好地指导实践活动。

要撰写好调查报告，必须了解调查报告的特点，掌握调查报告撰写的步骤，撰写报告的方法，使调查报告在实际工作和理论研究中发挥应有的作用。

调查报告具有以下特点：选题的针对性。必须有针对性地选题，才能产生应有的作用；内容的真实性。内容要求符合客观事实，不能拼凑或虚构内容；表现手法的叙议结合。写法上，常常先叙述事实、然后表达个人对此的分析和看法。

调查报告的写作安排如下。

◆ 调查前——明确调查目的—掌握相关知识—确定范围，选好对象—制订计划—拟出调查提纲—设计问卷。

◆ 开始调查——开调查会—个别调查—实地考察—统计调查—问卷调查。

◆ 结束调查——整理材料（资料的核对、分类、汇总）。

◆ 写报告。

二、调查报告的种类

（一）情况调查报告

情况调查报告是比较系统地反映本地区、本单位基本情况的一种调查报告。这种调查报告是为了弄清情况，供决策者使用。

调查报告的种类

（二）典型经验调查报告

典型经验调查报告是通过分析典型事例，总结工作中出现的新经验，从而指导和推动某方面工作的一种调查报告。

（三）问题调查报告

问题调查报告是针对某一方面的问题，进行专项调查，澄清事实真相，判明问题的原因和性质，确定造成的危害，并提出解决问题的途径和建议，为问题的最后处理提供依据，也为其他有关方面提供参考和借鉴的一种调查报告。

三、调查报告的撰写

调查报告一般由标题、概要、正文、结尾、附件组成。

（一）标题

标题的要求。标题就是调查报告的题目，由报告内容来决定，标题是画龙点睛之笔。它必须准确揭示调查报告的主题思想，做到题文相符。高度概括，具有较强的吸引力。

标题的写法。标题的写法灵活多样，一般有两种：单标题与双标题。

写调查报告的标题

单标题就是调查报告只有一行的标题，一般是通过标题把被调查单位和调查内容明确而具体地表现出来。

双标题就是调查报告有两行标题，采用正、副标题形式，一般正标题表达调查主题，副标题用于补充说明调查对象和主要内容。由于这种标题形式优点很多，正标题突出主题，副标题交代形势、背景，有时还可以烘托气氛，二者互相补充，因此成为调查分析报告中最常用的形式之一。如《城市交通拥堵的解决之道——××市交通状况调查分析》《绿色能源的发展前景——对××省风能发电项目的研究》《老龄化社会的健康保障——××省老年人医疗服务需求调查》《四川民工留守家属生存状态调查——以仁寿县为例》。

标题的形式。一是"直叙式"的标题，即反映调查意向或调查项目，或是地点的标题。这种标题简明、客观，一般调查报告多采用这种标题。如《上海市中心城区交通拥堵问题调研》《湖南省长沙税费改革调研报告》《陕西省农村医疗卫生状况调查报告》《甘肃省榆中县社会抚养费调查报告》《广州市外来务工人员生活状况调查报告》《北京市社区老年群团现状调查报告》。二是"表明观点式"的标题，直接阐明作者的观点、看法，或对事物进行判断，评价。如《企业传统营销策略的转型必要性》《远程工作模式的兴起与挑战》。三是"提出问题式",即以设问、反问等形式,突出问题的焦点和尖锐性,吸引读者,促使读者思考。如《职场高压力环境下员工心理健康问题揭示了什么》《年轻一代为何更倾向于租房而非购房》《大学生就业难现象背后的原因探析》等。

(二)概要

概要即调查报告的内容摘要,主要包括以下三方面内容。

第一,简要说明调查目的,即简要说明调查的原因。

第二,简要介绍调查的对象和调查内容。包括调查时间、地点、对象、范围、调查要点及所要解答的问题。

第三,简要介绍调查研究的方法。介绍调查研究的方法,有助于保证调查结果的可靠性,并说明选用该方法的原因。

写调查报告的概要

 案例

关于农村居民对社会热点问题关注程度的调查

一、调查背景

在我国政府对农村建设日渐关注的大背景下,根据"中国地质大学(北京)团校关于寒假安排的通知"中"根据自身情况开展社会实践活动"的要求,我结合自己的实际情况展开此项调查。

二、调查目的

为了了解农村居民对国家新政策、社会新热点的关注程度,了解农民对各种政策的执行满意度,增加自己对农村的了解,对一些农村问题进行量化和理性的分析并从中思考一些解决办法,同时调查过程也会对自己的实践能力的提高有很大的好处。

三、调查方法

1. 调查问卷

因经济和农民知识程度等原因,问卷直接由口问代替。问卷如下:

…………

2. 口头调查

本次调查采用随机交谈的方式。

…………

四、调查过程

介于经济和时间问题,调查范围基于本人较熟悉的生产队;调查方法主要为口头问答(按照问卷设计进行)。

…………

五、调查结果及分析（略）

六、结论及建议（略）

（三）正文

这是调查报告的主体。所调查问题的现状、实质、产生问题的原因、发展趋势，用数据、材料、事例说明观点，提出新发现、新见解，叙述应一目了然，条理清晰，调查结果与意图矛盾时应分析原因，做出解释。

1. 引言

引言即调查报告的开头，一是简要说明调查背景、目的和意义。二是概述调研对象及核心内容，涵盖调研的具体时间、地点、目标群体、覆盖范围、调研重点以及待解答的关键问题。三是概述所采用的研究方法，清晰说明这些方法的选择依据，以增强调研结果的可信度。

写调查报告的正文

引言的写作形式。开头的形式有这样几种：

在撰写引言时，应把握以下原则：无论采用何种写作形式，都应紧密围绕调研的动因、方法以及初步结论这三个核心要素展开。

一是开门见山，揭示主题。开篇即明确调研的初衷或动机，直接揭示调研的核心议题。例如，20××年3月，我们对公司内部员工满意度进行了调研，旨在深入了解员工需求，优化工作环境，提升整体满意度，进而促进公司的持续健康发展。

二是结论先行，逐步论证。先呈现调研的主要结论，再逐一论证。例如，20××年第一季度，我们针对公司市场部150名员工的工作满意度与效率进行了调研，结果显示，员工对于激励机制和职业发展路径的不满较为突出，具体表现在……

三是交代情况，逐层分析。先介绍调研的背景信息，再逐步分析，最终得出结论。也可先说明调研的时间、地点、对象及范围，再进行深入分析。这样的写法有助于读者建立初步认识，再深入理解调研结果。例如，《探索未来之路——基于500名企业高管对公司数字化转型看法的调研》的开头，"本季度，我们与知名咨询公司合作，在北京、上海、深圳等一线城市进行了大规模的抽样调研，旨在深入了解我国企业数字化转型的现状与未来趋势。调研不仅涉及了企业数字化转型的具体实践，还围绕行业发展趋势设计了一系列问题，调研对象涵盖了各行业领军企业的高管……"

引言部分写作应把握的原则。开头部分的写作方式很多，可根据情况适当选择，但不管怎样，开头部分应围绕这样几个问题：为什么进行调查；怎样进行调查；调查的结论如何。

 案例

农村义务教育现状的调查与分析

引言

目前，我国农业在总体上实现了温饱、进入小康的前两步目标，已经开始向基本实现农

业现代化的战略目标迈进。然而，中国农村的现状却令人担忧。目前，我国农民整体素质较低，难以适应现代化农业需要的状况，这将成为阻碍我国农业进一步发展的最大障碍。这样，如何培养大批安心在农村的专业人才和具有较高素质的农村劳动者，适应农村经济改革和社会发展的需要，就成为农村教育改革和发展的重要任务。而农村教育改革和发展的重要内容就是普及农村义务教育。

…………

2．论述

论述部分是调查报告的核心部分，它决定着整个调查报告质量的高低和作用的大小。论述部分的重点：一是通过调查了解到的事实，分析说明被调查对象的发生、发展和变化过程；二是调查的结果及存在的问题；三是提出具体的意见和建议。

论述部分的写法。由于论述一般涉及的内容很多，文字较长，有时也可以用概括性或提示性的小标题，突出文章的中心思想。

论述部分的主要内容。不管你用多少个标题，论述部分大致可分为基本情况部分和分析部分两部分内容。一是基本情况部分要真实地反映客观事实，对调查资料的背景资料作客观的介绍说明；或者是提出问题，其目的是要分析问题。二是分析部分。这是调查报告的主要部分，在这一阶段，要对资料进行质和量的分析，通过分析，了解情况，说明问题和解决问题。分析一般有三类情况：第一类成因分析；第二类利弊分析；第三类发展规律或趋势分析。

（四）结尾

调查报告的结尾，可要可不要。一般说来，凡写有引言的市场调查报告，一般都应照应开头，写个结尾，起归纳、收束的作用；或重申论点，加深认识。但有的调查报告，比较简短，且言尽意止，就不必画蛇添足了。

（五）附件

附件是指调查报告正文包含不了或没有提及，但与正文有关，必须附加说明的部分。它是对正文报告的补充或更详尽说明，包括数据汇总表及原始资料背景材料和必要的工作技术报告。例如，为调查选定样本的有关细节资料及调查期间所使用的文件副本等；调查问卷、调查表格、心理测量表等；访谈原始记录资料；数据汇总表；计算某些指标或数据的数学公式介绍；某些统计和测量指标的计算方法介绍。

写调查报告的结尾与附件

四、撰写调查报告时容易出现的问题

1．篇幅不代表质量

报告越长，不代表质量越高。报告长短根据内容确定。确定调研报告的长短，要根据调研目的和调查报告的内容而定。对调研报告的篇幅，做到宜长则长，宜短则短，尽量做到长中求短，力求写得短小精悍。

2．解释不充分

简单重复图表中的数字，而不进行解释工作。

3．偏离目标与脱离现实

堆满与调研目标无关的资料，不现实的建议。切忌将分析工作简单化，即资料数据罗列堆砌，只停留在表面文章上，根据资料就事论事。简单介绍式的分析多，深入细致的分析及观点少，无结论和建议，整个调研报告的系统性很差，使分析报告的价值不大。只有重点突出，才能使人看后留下深刻的印象。

撰写调查报告的步骤

4．过度使用定量技术

使用过多的统计技术，因子分析、聚类分析、结构方程等。

5．虚假的准确性

如"有68.47%的被调查者偏好我们的产品"。

项目三　练习三

6．资料解释不准确

7．虚张声势的图表

一图抵千言，但糟糕的图也许绚丽多彩，但会产生误导。

8．忽视结论的适用范围

9．因利益问题而修改数据、结论

任务四　可行性研究报告

📚 案例

国家级火炬计划项目可行性研究报告写作提纲

一、概述

简述项目提出的背景、技术开发状况、现有产业规模；项目产品的主要用途、性能；投资的必要性和预期经济效益；本企业实施该项目的优势。

二、技术可行性分析

1. 项目的技术路线、工艺的合理性和成熟性，关键技术的先进性和效果论述。
2. 产品技术性能水平与国内外同类产品的比较。
3. 项目承担单位在实施本项目中的优势。

三、项目成熟程度
1. 成果的技术鉴定文件或产品性能检测报告、产品鉴定证书。
2. 产品质量的稳定性，以及在价格、性能等方面被用户认可的情况等。
3. 核心技术的知识产权情况。对引进技术的消化、吸收、创新和后续开发能力。

四、市场需求情况和风险分析
…………

五、投资估算及资金筹措
…………

六、经济和社会效益分析
…………

七、综合实力和产业基础
…………

八、项目实施进度计划

九、其他
…………

特殊行业许可证（如食品、医药、农药、化肥产品生产许可证及批文）；通信产品入网许可证；公共安全产品生产许可证；压力容器生产许可证等。

可提供项目立项证明、高新技术企业证书、产品质量认证、环保证明；产品订货意向、合同等补充材料。

十、结论

一、认识可行性研究报告

可行性研究报告是从事一种经济活动（投资）之前，双方要从经济、技术、生产、供销到社会各种环境、法律等各种因素进行具体调查、研究、分析，确定有利和不利的因素、项目是否可行，估计成功率大小、经济效益和社会效果程度，为决策者和主管机关审批的上报文件。

可行性研究报告的作用，一是为领导提供项目决策的重要依据；二是为保证资金来源提供条件。

可行性研究报告的特点，一是高度的科学性；二是严密的论证性；三是学科的多样性。可行性研究报告它不同于一般的工作汇报、施工计划或购物清单那样，只是陈述、罗列报告者所想做的事情，而应着重论述证明报告中所提任务、目标的必要性和合理性。以筹建某个企业为例，在提出任务、确立意向以后，必须对所要兴办以及为什么有可能或有把握办好这一企业的理由、条件，在经过详细调查研究和规划设计的基础上作出有根有据的分析论证，作为上级主管部门审批时的依据或参考，也是今后具体开展工作的蓝本。这就是可行性研究报告的任务。

可行性研究报告的作用

二、可行性研究报告的种类

按内容分，可分为政策性可行性研究报告，项目建设可行性研究报告，开拓新市场、开发新产品的可行性研究报告。

按范围大小分，可分为一般可行性研究报告、大中型项目可行性研究报告。

按研究的性质分，可分为肯定可行性研究报告、否定可行性研究报告、选择性可行性研究报告。

三、可行性研究报告的写作要领

可行性研究报告的写作要领

可行性研究报告一般由标题、正文、附件几个部分组成。

1．标题

标题一般有两种形式：第一种形式，标题包括建设单位名称、项目名称及文种三项内容。第二种形式，标题包括项目名称和文种两项内容。如《××工程方案的可行性研究报告》《浙江省××项目可行性研究分析报告》等。

2．正文

正文包括前言、主体、结论三个部分。

前言。可行性研究报告前言的写法无固定模式，常见的写法是概括介绍拟建项目提出的背景、依据、目的及其经济效益，说明可行性研究报告的范围、要求。

主体。主体部分对项目可行性分析论证，是可行性研究报告的核心部分。由于论证对象不同，所以这一部分的写法也不尽相同。从总体上看，大多数可行性研究报告都包含以下几个部分内容：第一，市场调查。第二，对规模和方案的分析。第三，技术力量和水平的说明与分析。第四，资金来源分析。第五，经济效益分析。

以上是可行性研究报告的主要内容，主要不是宣布计划或开列清单，而在于论证这样做的必要性和可能性。由于拟建项目的性质不同，所分析的内容各有不同，在写作时应按实际情况灵活掌握和处理。

结论。结论是对正篇研究报告的总结、概括。应就项目实施的可行性提出明确的结论性意见，也可对主体部分中一些较为重要的内容，如实施该项目可带来的社会效益、经济效益，实施中须注意的关键性问题等加以强调。

概括地说，可行性研究报告的正文都包括三方面内容：概括说明情况—从不同的角度展开论证—阐明结论。由于可行性研究报告是一种论证性、专业性较强的文种，而且篇幅较长，所以多采用"总—分—总"式，也有采用"总—分"式结构模式，把情况概述和结论都放在开头部分。

3．附件

可行性研究报告的正文之后都有一些附件，附统计图表、设计图纸、试验数据及文字性论证材料。这些资料具有很强的说服力和参考价值，但又不宜放在正文中。把它们作为附件放在正文后，既可以保证正文内容的简洁、顺畅，又可以保证资料的齐全。

例如，有一份关于筹建××漂染有限公司的可行性研究报告，正文部分的条目是：一、总的说明；二、市场分析；三、原料与水、电供应；四、厂址及交通运输条件；五、技术和设备问题；六、资金来源；七、经济效益分析；八、"三废"处理；九、项目实施计划与进度要求。后面又有三个附件；一是厂区平面规划图；二是计划进口的设备清单；三是一系列的财务测算报告（固定资产投资概算和财务收支效益测算依据）。

这样安排，前后两大部分内容各有侧重而又互相配合，整个报告就显得眉目清楚，紧凑完整。

四、可行性研究报告的写作要求

要实事求是，作好调查研究；要虚心学习，掌握有关专业知识；要认真研究，进行科学的分析，注重经济评价。

 案例

创业中心孵化项目可行性研究报告写作提纲

一、概述

简述项目提出的背景、技术开发状况、现有产业规模；项目产品的主要用途、性能；投资的必要性和预期经济效益；本企业实施该项目的优势。

二、技术可行性分析
……………

三、项目成熟程度
……………

四、市场需求情况和风险分析
……………

五、投资估算及资金筹措
……………

六、经济和社会效益分析
……………

七、综合实力和产业基础
……………

八、项目实施进度计划

九、其他
……………

可行性研究报告的写作注意事项

3. 证明材料

（1）特殊行业许可证（如食品、医药、农药、化肥产品生产许可证及批文）；通信产品入网许可证；公共安全产品生产许可证；压力容器生产许可证。

（2）可提供的专利证书、高新技术企业证书、产品质量认证、环保证明等补充材料。

十、结论

练一练

请根据以下材料拟写可行性研究报告。

××学校"工商企业管理"专业为代表学校参加全市的大学生运动会，打算为每个学生购置一套时尚运动服，但有些同学提出费用太高，有些则提出使用率不高，班委也因此有些举棋不定。请结合你所了解的同学情况，拟写这份可行性研究报告。

要求如下。

1．格式正确，内容完整，逻辑性强。

2．先了解并把握同学具体的想法，对购买该服装的利弊形成有比较清晰的认识，然后应尽可能分析得细致、周到。

3．尤其应关注购衣指导思想、经济利益等要素。如果对项目持肯定态度，则须对同学的疑虑给出说法。

项目三 练习四

任务五

商务策划文案

一、认识商务策划文案

策划文案即对某个未来的活动或者事件进行策划，并展现给读者的文本。撰写策划文案就是用现有的知识开发想象力，在可以得到的资源的现实中最可能最快地达到目标。

策划是一个古老的职业，无论东方还是西方的历史中，都有谋士活跃的影子。古代谋士就是典型的专业策划师，他们的业务素质、社会地位和职业形象与现代策划师没有什么本质区别，唯一不同的是，古代谋士为了一个政治理想而奔走呼号，当代策划师为了一个商业价值而殚精竭虑。商鞅、伍子胥、管仲、孙膑、范蠡、苏秦、张仪等都是策划管理专家，他们很多人后来从策划行业转入实业，直接成为军事家或政治家。

二、商务策划文案的种类

根据策划对象、目的不同，商务策划文案主要有以下几种。

1. 企业发展战略策划文案

主要表述企业战略发展方向、经营管理模式、经营规模；产品的市场定位、营销模式、营销策略等内容。

2. 企业融（投）资策划文案

主要是对融资、投资活动的规划、安排进行完整、清晰的表述。

3. 企业组织管理策划文案

主要表述企业的组织机构设置、职责划分、员工聘用、培训的实施计划。

4. 市场营销策划文案

是企业根据产品的营销目标，对目标市场、消费群体、竞争对手等因素进行全面、系统的谋划。

5. 产品广告策划文案

主要表述产品的广告宣传策略、实施方法和步骤。

6. 大型商务会议策划文案

主要表述大型商务会议的举办形式和举行程序。

三、商务策划文案的文本结构

1. 封面

主要包括策划书的名称；策划机构或策划人的名称；策划完成日期及本策划适用时间段；保密等级等。

2. 目录

按次序排列策划文案中所有文本篇目、章节及其所在页码。

3. 项目说明

项目说明是对策划项目的主题、核心内容、实施目标和步骤的概括说明。内容包括项目名称、组织机构、核心内容、投资规模、发展前景等。

4. 项目的市场调查报告或可行性研究报告

5. 项目的实施方案

项目的实施方案是对策划项目实施过程中各环节重要工作的具体安排。

四、商务策划文案的写作方法

1. 产品上市推广策划文案

一、上市的目的（前言）

二、市场背景分析

    1. 品类市场的总体趋势分析

    2. 消费者分析

    3. 竞争及该品类市场的区格市场占比分析

  4. 得出结论

    （1）新品定位的市场整体趋势

    （2）产品选项迎合了某些市场机会

三、企业现有产品SWOT分析

四、新品描述及核心利益分析

  1. 新品的口味、包装、规格、箱容、价格、目标消费群等要素详细描述

  2. 各要素相对竞品的优势

  3. 新品相对竞品的诸多好处之中有什么特别优势

  4. 最后得出结论：我们有充足的理由（优势）会赢

五、新品上市进度规划

六、铺货进度计划

七、通路&消费者促销

  怎样的促销活动？具体的时间、地点、方式等细节的落实。

八、宣传活动

  企业投入的广告具体播放时间、频率、各种广宣品、助陈物的样品和投放区域、方式及投放数字。

九、其他

  新品销量预估、营销费用预算、产品损益评估等。

2. 品牌策划文案

一、前言

二、行业市场环境分析

三、目标市场分析

四、竞争者分析

五、消费者分析

六、品牌分析

七、战略设计

  1. 品牌战略目标

  2. 近期、中期、远期发展方向

  3. 近期、中期、远期发展模式

八、品牌规划

  1. 品牌核心价值、文化、形象、消费群体、主要竞争对手定位

  2. 品牌发展策略

  3. 市场目标

  4. 产品策略

  5. 定价策略

  6. 竞争策略

  7. 市场策略

九、品牌建设
  1. 形象建设
  2. 渠道建设
  3. 终端建设
  4. 品牌传播
  5. 销售整合

十、品牌维护

3. 营业推广策划文案

一、前言

二、市场及产品分析

  整个产品市场规模；各竞争品牌的销售量的比较分析；竞争品牌的通路分析；竞争品牌市场占有率的比较分析；消费者年龄、性别、职业、学历、收入、家庭结构分析；各竞争品牌产品的优缺点的比较分析；各竞争品牌市场细分与产品定位的比较分析；各竞争品牌广告费用与广告表现的比较分析；各竞争品牌的促销活动的比较分析；各竞争品牌公关活动的比较分析；各竞争品牌的价格策略比较分析；本企业自身的产品与品牌分析；本企业产品品牌近五年的销售利润分析等。

三、活动传播对象（目标人群）

四、活动目的

五、活动的时间

六、活动主题

七、活动的策略或框架内容

八、活动信息传播计划

九、具体活动（工具）安排与开展

十、活动费用预算

十一、活动效果评估

4. 公关策划方案文案

一、背景

二、公关的目标

  根据公关调查的结果确定公关实际工作的目标。

三、公关的目标群

  消费大众、公司员工、经销商、供应商、传播媒体等。主要影响者，次要影响者，再次要影响者。

四、公关的策略

五、公关的沟通媒介

  1. 大众传播媒介
  2. 公司传播媒介
  3. 其他传播媒介

六、公关的活动方式

1. 针对消费大众的活动方式

2. 针对某一地区（或城市）大众的活动方式

3. 针对公司员工的活动方式

4. 针对经销商的活动方式

七、预算与评估

1. 公关的预算

2. 公关的成效评估

5. 整体广告策划文案

一、前言

前言应详细说明广告计划的任务和目标，必要时还应说明广告主的营销战略。

二、市场分析

1. 企业经营情况分析

企业的历史与经营项目；企业在行业中的地位；企业给公众的印象；企业的特性与竞争的优缺点；产品在企业中的地位。

2. 产品分析

产品的生命周期；产品的品质与功能；价格；包装；产品销售的淡季与旺季；产品的替代性。

3. 市场分析

目前市场的规模；目前的市场占有率；市场未来的潜力；通路状况（铺货到达率、产品陈列占有率、产品回转率）；各竞争品牌情况。

4. 消费者研究

决策者、影响决策者、购买者、使用者；消费者特征（性别、年龄、职业、教育程度、收入状况、家庭状况、社会阶层）；重度消费者与轻度消费者的购买量与频度；消费者购买时间；消费者购买地点；消费者购买动机；消费者购买产品的信息来源；消费者品牌转换情况；消费者指名购买率；消费者品牌忠实度；消费者使用产品状况。

三、广告战略

1. 广告的目标

2. 广告的对象

3. 广告地区

4. 广告主题创意及表现策略

5. 广告的媒介策略

根据广告战略中所列的重点，详细说明广告实施的具体细节：

1. 报纸媒介

2. 网络媒介

3. 电视

4. 户外电台

5. 其他媒介

四、媒介计划

五、广告预算及分配

六、广告效果预测

七、附件

6. 促销组合策略策划文案

一、前言

　　开展促销的背景、原因、目的或必要性。

二、市场状况分析

　　1. 市场状况

　　2. 竞争分析

　　3. 消费者分析

　　4. 产品分析

　　5. 产品定位分析

　　6. 定价策略分析

三、销售目标

四、促销的策略或计划

　　（一）促销的目标

　　（二）策略

　　1. 广告表现策略

　　2. 媒体运用策略

　　3. 促销活动策略

　　4. 公关活动策略

　　5. 人员推广

五、行动方案或具体活动安排

六、促销预算

项目三　练习五

任务六　规章制度

 案例

　　如果十字路口没有红绿灯，……

如果十几亿人每人朝地上吐一口痰，……
如果患了某种传染病的病人到处活动，……
如果马路上下水道盖板被人盗走，……
…………

一、认识规章制度

规章制度是国家机关、社会团体、企事业单位，为了维护正常的工作、劳动、学习、生活的秩序，保证国家各项政策的顺利执行和各项工作的正常开展，依照法律、法令、政策而制定的具有法规性或指导性与约束力的应用文，是各种行政法规、章程、制度、公约的总称。

规章制度的使用范围极其广泛，大至国家机关、社会团体、各行业、各系统，小至单位、部门、班组。它是国家法律、法令、政策的具体化，是人们行动的准则和依据，因此，规章制度对社会经济、科学技术、文化教育事业的发展，对社会公共秩序的维护，有着十分重要的作用。

规章制度有如下特点。

约束性。规章制度明确规定了应该做什么，不应该做什么。它是人们的行为准则，一经生效，有关单位或个人就必须严格遵守或遵照执行。如果违反有关条款，就要受到相应的处罚。

权威性。规章制度的权威性来源于机关单位的权威性。规章制度的作者是法定的，即依法能以自己的名义行使权利与承担义务的组织。规章制度是这些法定作者根据自己的职责和权限制定，是本级机关权力意志的反映。

稳定性。规章制度既然是人们的行为准则，就不宜经常变动和修改，应具有相对稳定性。因此，不能将脱离实际的条文，属于临时性的、个别性的问题，暂还没有条件实行的问题引入规章制度。但并不是说规章制度是一成不变的，在条件成熟的时候或环境发生了变化，我们应及时修改并完善它。

二、规章制度的种类

规章制度包括行政法规、章程、制度、公约四大类。不同的类别，反映不同的需要，适用于不同的范围，起着不同的作用。

（一）行政法规类

1. 条例

条例是具有法律性质的文件，是对有关法律、法令作辅助性、阐释性的说明和规定；是对国家或某一地区政治、经济、科技等领域的某些重大事项的管理和处置作出比较全面、系统的规定；是对某机关、组织的机构设置、组织办法、人员配备、任务职权、工作原则、工作秩序和法律责任作出规定或对某类专门人员的任免、职责、义务权利、奖惩作出系统的规定。它的制发者是国家最高权力机关、最高行政机关（国务院各部委和地方人民政府制度的规章不得称"条例"）。如《失业保险条例》《中华人民共和国人民币管理条例》。

2. 规定

规定是为实施贯彻有关法律、法令和条例，根据其规定和授权，对有关工作或事项作出局部的具体的规定；是法律、政策、方针的具体化形式，是处理问题的法则。主要用于明确提出对国家或某一地区的政治经济和社会发展的某一方面或某些重大事故的管理或限制。规定重在强制约束性。它的制发者是国务院各部委、各级人民政府及所属机构。如《关于制止低价倾销工业品的不正当价格行为的规定》《关于出版物上数字用法的试行规定》。

3. 办法

办法是对有关法令、条例、规章提出具体可行的实施措施；是对国家或某一地区政治、经济和社会发展的有关工作、有关事项的具体办理、实施提出切实可行的措施。办法重在可操作性。它的制发者是国务院各部委、各级人民政府及所属机关。如《南方工业学校班主任工作考核办法》《广东省普及九年制义务教育实施办法》。

4. 细则

细则是为实施"条例""规定""办法"作详细、具体或补充的规定，对贯彻方针、政策起具体说明和指导的作用。它的制发者是国务院各部委、各级人民政府及所属机关。如《〈对外汉语教师资格审定办法〉实施细则》《审批个人外汇申请施行细则》。

写细则

（二）章程类

章程是政府或社会团体用以说明该组织的宗旨、性质、组织原则、机构设置、职责范围等的纲领性文件，具有准则性与约束性的作用。它的制发者是政党或社会团体。如《中国共产党章程》《中国写作学会章程》。

写章程

（三）制度类

1. 制度

制度是有关单位和部门制定的要求所属人员共同遵守的准则，是机关单位对某项具体工作、具体事项制定的必须遵守的行为规范。它的制发者是机关团体、企事业单位及其部门。如《安全生产制度》《××地区环保局廉政制度》。

写制度

2. 规则

规则是机关单位为维护劳动纪律和公共利益而制定的要求大家遵守的关于工作原则、方法和手续等的条规。它的制发者是机关团体、企事业单位及其部门。如《全国安全生产委员会专家组工作规则》《南方工业学校图书馆借书规则》。

3. 规程

规程是生产单位或科研机构，为了保证质量，使工作、试验、生产按程序进行而制定的一些具体规定。它的制发者是机关团体、企事业单位及其部门。如《车间操作规程》《计算机操作规程》。

4．守则

　　守则是机关团体、企事业单位要求其成员遵守的行为准则，它倡导有关人员遵守一定的行为、品德规范。它的制发者是机关团体、企事业单位及其部门。如《全国职工守则》《汽车驾驶员守则》《高等学校学生守则》。

5．须知

　　须知是有关单位、部门为了维护正常秩序，搞好某项具体活动，完成某项工作而制定的具有指导性、规定性的守则。它的制发者是有关单位、部门。如《观众须知》《参加演讲赛须知》。

（四）公约类

　　公约是人民群众或社会团体经协商决议而制定出的共同遵守的准则；是人们为了维护公共秩序，经集体讨论，把约定要做到的事情或不应做的事情，应该宣传的事情或必须反对的事情明确写成条文，作为共同遵守的事项。它的制发者是人民群众、社会团体。如《居民文明公约》《北京市各界人民拥军优属公约》。

三、规章制度的文体结构和内容结构

1．标题

　　规章制度的标题一般由单位名称、内容、文种组成，如《日照市房地产市场管理细则》等。单位名称，或是规章制度适用的单位或范围，或是制定、颁布单位的名称。

2．正文

　　规章制度的正文结构一般有两种形式：

　　分章列条式（章条式）。即将规章制度的内容分成若干章，每章又分若干条。第一章是总则，中间各章叫分则，最后一章叫附则。总则一般写原则性、普遍性、共同性的内容，包括的主要内容有：制度依据、制定目的（宗旨）和任务、适用范围、有关定义、主管部门（该项有时也可视具体情况置于分则或附则中）。分则指接在总则之后的具体内容，通常按事物间的逻辑顺序，或按各部分内容的联系，或按工作活动程序以及惯例分条列项，集中编排。表述奖惩办法的条文也可单独构成罚则或奖罚则，作为分则的最后条文。

　　附则包括的主要内容有：施行程序与方式，有关说明（该文书与其他文书之间的关系，规定附件的效用、数量以及不同文字文本的效用等），施行日期。

　　条款式。这种规章制度只分条目不分章节，适用于内容比较简单的规章制度。一般开头说明缘由、目的、要求等，主体部分分条列出规章制度的具体内容，其第一条相对于分章列条式写法的总则，最后一条相对于附则的写法。

四、规章制度的写作要求

　　（1）体式的规范性。规章制度在一定范围具有法定效力，因此在体式上较其他事务文书要具有规范性。

（2）规章制度用语简洁、平易、严密。在格式上，不论是章条式，还是条款式，本质上都是采用逐章条的写法，条款层次由大到小依次可分为七级：编、章、节、条、款、目、项。最为常见的以章、条、款三层组成。

（3）严密性。规章制度需要人们遵守其特定范围的事项，因此其内容必须有预见性、科学性，就其整体，必须通盘考虑使其内容具有严密性，否则无法遵守或执行。

（4）有些规章制度加上"基本"一词，如"基本规程""基本制度"等，表示这是带有普遍性、原则性的规定。

（5）有些规章制度加上"试行""暂行""草案"等词，表示这些规章制度颁发后又发现了一些情况，但全面修改的条件还不成熟，只能加上一些内容作为原定规章制度的补充部分。

五、具体文种写作技巧

（一）条例

写条例

条例一般由标题、通过的时间与会议（一般由人大机关使用）、正文、发布的时间四部分组成。其中，正文由总则、分则、附则三部分组成。发布的时间分别在发布条例的"通知""公告""令"之中。党的中央组织制定的条例，用"通知"印发；人大机关制定的条例，由本级人民代表大会主席团或人大常委会用"公告"发布；行政机关制定的条例，由本级人民政府用政府令（国务院用国务院令）发布。

标题。一般由条例的主题和"条例"组成。这样撰写，是为了突出条例的主题，增强它的鲜明性。也可由发文机关名称、条例的主题和"条例"组成。应区别情况，灵活处理。

通过的时间与会议。人大机关依法讨论通过的条例，其通过的时间与会议在标题之下加圆括号居中标注。其格式是："（×年×月×日××市第×届人民代表大会常务委员会第×次会议通过）"。在党的中央组织与行政机关制定的条例，既可召开会议讨论通过，也可用审签方式批准。但是，经会议讨论过的条例，仍然要用签发的方式最后审定签发。所以，党政机关制定的条例不标注通过的时间与会议。

正文。条例的正文均采用分项（条）式。内容较多的，采用章断条连式，第一章为总则，第二章至倒数第二章为分则，最后一章为附则。条数，从总则的第一条起，全文依次排序，直至最后一条。内容较少的，采用条连到底式，即全文不分章，开头为第一条，接着是第二条，直到最后。但总则、分则、附则三个组成部分的内容不能少，按其顺序，依次排列。

条例的第一条要写明行文的目的、依据，强调它是依据党中央的某个决定、指示或国家生活某个方面的法律、准则制定的，以突出全文的主题、权威和法定的约束力，还要说明条例的适用范围，为下文的具体规定奠定基础，也为条例的专指对象确定明确的外延。

条例的主体部分比较复杂，要依据条例的具体内容确定撰写方式。但其共同点是：有条也有例。"条"，是指从正面规定，写明应该怎么做，不准怎么做；"例"，是指从反面规定，即做不到或违反了怎么处理。"条"与"例"的排序，一般是"条"前"例"后，以条为主，相辅相成。"条"中应该做的与不准做的，可以放在一起写，也可以分开写，"例"必须在分则的后面单独做一条或几条或一章突出写明。

正文的结尾，即附则部分，单独作一章或几条撰写，说明实施的要求、生效日期、解释与修改权限，与原来有关公文的关系，以及其他未尽事宜的处理办法。

发布的时间。因为"条例"这一文种不能独立行文，因此，需要用另外一种形式、另一个文种发布，所以条例发布的时间，分别在党的中央组织印发的"通知"或人大机关的"公告"或政府"令"中。如：

中华人民共和国国务院令

第 790 号

《网络数据安全管理条例》已经2024年8月30日国务院第40次常务会议通过，现予公布，自2025年1月1日起施行。

总理 李强

2024年9月24日

需注意的是，"条例"使用权限的有关文件规定。

《行政法规制定程序条例》："国务院各部门和地方人民政府制定的规章不得称'条例'"。

《中华人民共和国立法法》："民族自治地方的人民代表大会有权依照当地民族的政治、经济和文化的特点，制定自治条例和单行条例"。

由上述文件可知，能制定"条例"的机关仅限于：党的中央机关、国务院、全国人大机关、省级人大机关。但目前，超越权限滥用条例的现象严重，呈现"法出多门"的混乱状况，有损国家法制的统一。如《××××大学社团管理条例》《××××大学校园管理条例》《××××大学全校性选修课管理条例》等。

（二）规定

规定大致可以分为政策性规定、管理性规定、实施性规定和补充性规定四种。

1. 标题

规定标题一般有两种形式。一种是由地区、事由和文种组成，一种是由事由加文种组成。

2. 正文

正文一般由总则、分则和附则三部分组成。总则说明制作本规定的目的、根据和适用范围；分则对特定的工作或问题制定出明确的要求和规范；附则说明制定具体办法的授权单位、施行时间和与原来有关法律的关系等。

写规定

正文的结构形式一般有两种：章条式和条项式。在章条式中，第一章是总则，最后一章是附则，中间各章是分则，每章有若干条项。条项式不分章，各条项内容相当于章条式各条，但项目略少。一般来说，工作或问题比较复杂的采用章条式，内容较少的采用条项式。

 **案例**

××食堂管理规定

第一条　把不需用的货品搬走，以免阻塞防火通道，影响火警逃生；
第二条　清洁用具应有合适位置摆放；
第三条　严禁将煮食器具堆叠过高，以避免塌下的危险；
第四条　地上积水要及时清理，以降低滑倒危险；
第五条　食物残渣应尽快清除，以免影响环境卫生；
第六条　应有标识明确指示出口位置，以确保员工在火警时能安全迅速撤离；
第七条　厨房应有妥善的抽风系统，保持工作环境舒适；
第八条　炉柜门应经常保持关闭，以免引致碰倒或灼伤意外；
第九条　煮食时要集中精神及注意炉火，避免火警发生；
第十条　刀具应经常保持向下，交谈时切勿拿起刀具，易生危险；
第十一条　使用刀具时必须专心，以免分心而引致割伤；
第十二条　搬运碟子时切勿堆叠过高，以免阻碍视线增加碰撞及绊倒危险。

练一练

请修改下列规定。

××市人民政府关于加强自行车交通管理的规定

为进一步贯彻《××市道路交通管理暂行规则》和《××市道路交通管理暂行处罚规则》，加强自行车交通管理，将重申并补充以下规定：

一、凡骑自行车者，必须遵守以下规定：

1. 沿路靠右行驶，禁止逆行。在划有车辆分道线的道路上行驶，不准在机动车或便道上骑行。

2. 转弯要提前减速，照顾前后左右情况，并伸手示意。在划有上下四条以上机动车道的路上左转弯时，必须推车从人行横道内通过。不准突然猛拐，争道抢行。

3. 在三环路以内，郊区城镇或公路上，不准骑车带人，不准与骑车同行者扶身并行；不准双手离把、持物或攀附其他车辆；不准骑车拖带车辆；不准追逐竞驶或曲折竞驶。

自行车在道路上停车、载物、停放等均应按《××市道路交通管理暂行规则》的规定执行。

二、对违反规定的，要批评教育，处罚款××元至××元。

三、因骑车人违反规定，造成交通事故由骑车人承担全部责任。

四、本规定由市公安局负责实施。

写办法

（三）办法

办法一般用"命令"或"通知"的方式发布，在行政管理领域运用得非常普遍。办法的写法如下。

1. 标题和制发时间、依据

标题。办法的标题一般由主要内容和文种构成。主要内容包括基本事项、适用范围或阐释依据，如《储蓄存款利息所得个人所得税征收管理办法》《统计上岗资格证书颁发实施办法》《〈国务院关于职工工作时间的规定〉的实施办法》。如果是试行或暂行，在标题中要写明，如《外商投资企业采购国产设备退税管理试行办法》。

制发时间、依据。加括号标于标题之下正中，有多种写法：制发时间和通过的会议；通过的会议及通过的时间；发布机关和发布时间；发布机关和首次发布时间及修订时间。随命令和通知发布的办法，自身不显示制发时间和依据，但以后单独使用时，应将原命令和通知的发布时间标注于标题之下。

2. 正文

总则、分则、附则写法。内容复杂的办法，可采用总则、分则、附则式写法。

总则写明制定办法的目的、依据、意义、适用范围、实施部门等。

分则列出具体的方法、步骤、措施、要求等，可分若干章展开。

附则用来写特殊规定、补充规定和生效时间。

直接分条式写法。内容简单的办法，直接分条即可。前若干条写目的、依据、宗旨等，中间较多的条款写方法、步骤、措施等，最后一两条写补充规定和实施要求。

（四）规则

规则由首部和正文二部分组成。

1. 首部

一般仅有标题项目。如果制发机关级别规格较高，还需要写明制发的时间和依据等项内容。

标题。由事由和文种构成，如《城市公共交通车船乘坐规则》《计算机房安全管理规则》等。有的则由制发机关、事由和文种构成，如《××市工人运动会参赛规则》等。

制发的时间、依据。写在标题之下，有的用括号注明规则通过的年、月、日期与会议名称；有的注明批准、公布的年、月、日期和机关；有的写明公布的年、月、日期和机关。

写规则

2. 正文

规则的正文内容由总则、分则、附则组成。总则是关于制定规则的指导思想、缘由、依据等项内容。分则是规范项目，它是规则的实质性内容，要求执行的依据。

规则正文的结构形式主要有两种：一种是条款式，全文按序列条；另一种是章条式，全文分若干章，第一章为总则，最后一章为附则，中间为公则。

 **案例**

公司内部阅览室使用规则

一、阅览资格与座位管理

凡需进入公司内部阅览室进行阅读的员工，必须凭本人工作证领取座位号，并按号入座。离开阅览室时，请务必交回座位号。若座位号遗失，需赔偿人民币伍元整。

二、报刊资料管理

……

三、报刊更新与下架处理

……

四、报刊借阅限制

……

五、报刊保护要求

请全体员工爱护阅览室内的报刊资料，……

六、阅览室环境与秩序

为维护公司内部阅览室的良好环境与秩序，请全体员工遵守以下规定：

……

七、附则

本规则由公司行政部负责制定和解释，自发布之日起生效。全体员工应严格遵守本规则，共同维护公司内部阅览室的良好秩序与环境。

××公司
××××年×月×日

（五）守则

守则一般由首部和正文两部分组成。

1. 首部

一般由适用对象和文种构成，如《国家机关工作人员守则》《中学生守则》等。

2. 正文

由总则、分则、附则组成。总则是关于制定守则的指导思想、目的、意义等项内容；分则是规范项目，要求条目清晰，逻辑严密，表述准确、精练；附则是关于执行要求的说明。有的守则内容比较单一，全文由分则内容组成，没有总则和附则部分。

写守则

职工守则

为规范全厂员工行为，干好本职工作，确保安全生产，加强精神文明与物质文明建设，丰富企业文化，为企业创造最大经济效益，树立良好社会形象，特制定本守则。

1. 热爱祖国，热爱共产党，拥护党的领导，遵守国家法律法规和企业的各项规章制度。把我国建设成为繁荣富强的社会主义现代化强国。为把公司发展壮大成一流的企业而奋斗。

2. 热爱企业，爱厂如家，勤俭节约，爱护公物，敬业向上，创新务实，与时俱进，开拓进取。

3. 恪守职业道德，热爱本职工作，高标准，严要求，学先进，争上游，创一流业绩，争一流水平，增产降耗，提高劳动生产率，圆满完成各项任务。

4. 努力学习文化知识、安全知识、技术知识、业务知识，提高政治思想觉悟及业务操作技术水平。

5. 遵章守纪，勤政廉洁，维护良好的生产、工作环境及社会秩序。

6. 团结同志，尊师爱徒，互帮互学，文明礼貌，尊重知识，讲究公德，弘扬正气，抵制歪风，卫生清洁，环境优美，敢于同不良风气做斗争，做一名优秀员工。

（六）公约

约定性是公约的突出特点之一。公约虽有约束性，但它不是有关管理部门制定的强制性的法规，而是订约单位或订约人自愿协商缔结公共约法。它一般不产生于行政管理部门，而是产生于社会团体或民众之间，有一定的民间特色。它不是正式的法律和法规，对参与者只有道德约束力，没有法律效应。公约所涉及的内容一般都具有长期的稳定性，因而公约也具有长期适用性，不会在短时间之内就因为时过境迁而成为废文。公约一经公众认定，就是订约人的行为和道德规范，每个人都有履行公约的义务，不得违反。同时，它也是人们互相监督的依据，每个人也都有以公约为准则监督别人的义务。一旦发现有违背公约的行为，大家都有权进行批评和谴责。公约的内容在多数情况下都是一些基本道德准则和精神文明建设的原则要求，一般不涉及具体的行动方法和实施措施，不像细则那样详尽具体，因而公约大多短小精悍。

公约的类型主要有：

部门公约。这里所说的部门不是行政管理部门，而是群众社团、民间组织，如消费者协会制定的消费公约，爱国卫生委员会制定的卫生公约等。

行业公约。一个行业，为了加强本行业的职业道德，保护公平竞争，以行业协会出面主持制定的公约，就是行业公约。

民间公约。由居委会、村委会或村民小组出面主持制定的公约，也就是俗称"村规民约"的就是民间公约。

 **案例**

居民文明公约

为了……，特制定本公约。

一、热爱祖国，热爱党，认真执行党的路线、方针、政策，做遵纪守法的模范。

二、尊老爱幼，和睦相处，邻里团结，互相帮助。

三、遵守公共秩序，做文明乘客、文明顾客、文明观众。

四、讲文明、讲礼貌。

五、积极参加巡逻，维护好社会治安。

六、教育子女，关心儿童。

七、不打架斗殴，不偷盗，不赌博，不制作和携带凶器，敢于同坏人坏事作斗争。

八、绿化环境，美化庭院，不散放家禽家畜，搞好卫生。

××市××街居委会
20××年×月×日

公约的具体写法如下。

1. **标题**

公约的标题有三种写法。一是适用人加文种，如《教师公约》。二是适用范围加文种，如《花园小区公约》。三是涉及事项加文种，如《护林公约》。

2. **正文**

公约的正文由引言、主体和结尾组成。

引言。引言主要用来写明制定公约的目的、意义，常套用"为了……特制定本公约"的固定格式。

主体。条文式写法，将具体内容一一列出。这部分最重要，一定要做到系统完整，层次清楚，言简意明，朴实通畅。

结尾。用来写执行要求、生效日期等。如无必要，可免除这一部分。

3. **署名与日期**

对于有些公约而言，署名是很重要的一项，因为署名就意味着承诺，表明遵守公约的意向，表明愿意为违背公约承担责任。特别是行业公约，这一点显得更为突出。

（七）制度

制度可分为岗位性制度和法规性制度两种类型。岗位性制度适用于某一岗位上的长期性工作，所以有时制度也叫"岗位责任制"，如《办公室人员考勤制度》《机关值班制度》。法规性制度是对某方面工作制定的带有法令性质的规定，如《职工休假制度》《差旅费报销制度》。制度一经制定颁布，就对某一岗位上的或从事某一项工作的人员有约束作用，是他们行动的准则和依据。制度的发布方式比较多样，除作为文件存在之外，还可以张贴和悬挂在某一岗位和某项工作的现场，以便随时提醒人们遵守，同时便于大家互相监督。

制度的写法如下。

1. 标题

制度的标题主要有两种构成形式：一种是以适用对象和文种构成，如《保密制度》《档案管理制度》；另一种是以单位名称、适用对象、文种构成，如《××大学校产管理制度》《××市工业局廉政制度》。

2. 正文

制度的正文有多种写法，主要可以概括为三种情况：引言、条文、结语式；通篇条文式；多层条文式。

引言、条文、结语式。先写一段引言，主要用来阐述制定制度的根据、目的、意义、适用范围等，然后将有关规定一一分条列出，最后再写一段结语，强调执行中的注意事项。

通篇条文式。将全部内容都列入条文，包括开头部分的根据、目的、意义，主体部分的种种规定，结尾部分的执行要求等，逐条表达，形式整齐。

多层条文式。这种写法适用于内容复杂、篇幅较长的制度，特点是将全文分为多层序码，篇下分项、项下分条、条下分款。如某省制定的《档案管理制度》，用"一、二、三……"来表示大项，用"（一）、（二）、（三）……"来表示大项下的条，用"1.2.3.……"来表示条下的款。

3. 制发单位和日期

如有必要，可在标题下方正中加括号注明制发单位名称和日期，其位置也可以在正文之下，相当于公文落款的地方。

案例

××公司薪酬管理制度

第一部分　总则

第一章　总则

第一条　目的和依据

（一）目的

使薪酬体系与市场接轨，激发员工活力；

把员工个人业绩和团队业绩有效结合起来，共同分享公司发展所带来的收益；

促进员工价值观念的归合，形成留住人才和吸引人才的机制；

最终推进公司总体发展战略实现。

（二）依据

依据中华人民共和国有关法律、法规和上级主管单位的有关规定，制定本管理制度。

第二条　适用范围

本管理制度适用于公司全体员工，其他下属公司和单位可参考执行。

第三条　薪酬分配的依据

薪酬分配的依据是岗位价值、技能和业绩。

第四条　薪酬设计的性质

薪酬设计的性质在于：薪酬改革重在结构调整，结合适当的总量调整，打破既有工资体系，重新设计，对原工资实行封存式管理。

第五条　薪酬分配的基本原则

薪酬作为价值分配形式之一，应遵循竞争性、激励性、公平性和经济性的原则。

…………

第二十一条　国家法律规定的其他福利，如四险一金。

薪酬分配

第二十二条　公司的薪酬分配采取两种方式：一级分配及二级分配，分别适用以下部门或单位：

一级分配：公司职能/业务部门。

二级分配：分厂，包括一、二、三、四分厂及动力分厂，检验计量部检验工人的薪酬也采取二级分配的方式。

…………

第四部分　其他薪酬体系

第十六章　非正式员工工资制

第八十二条　适用范围

适用于与公司订立非正式员工劳动合同的临时工、离退休返聘人员。

第八十三条　非正式员工工资制的确定与发放

通过对非正式员工的工作业绩、经营成果、出勤、各种假期、加班值班情况汇总，确定在其标准工资基础上的实发工资总额。

第五部分　附件

…………

（八）章程

章程反映了一个组织全体成员共同的理想、愿望、意志，体现了全体成员的共同利益，必须在全体成员达成共识的基础上才能建立起来。因此，章程的制定和修改必须经过充分的讨论，并且要在代表大会上表决通过。没有达成共识、多数人抱有质疑态度的内容，不能写进章程中去。章程一经规定，就具有长期的稳定性，不能朝令夕改。一个成熟的章程，应该实行数年、十数年，甚至数十年而不过时。当然，随着时代的发展，对章程作一些补充和修改也是必要的，但这些修改必须经充分讨论和表决通过，而且只作局部调整，不作大面积改动。章程具有约束力，是这个组织所有成员的思想准则和行动规范，每个成员都应该遵章办事。

写章程

章程的写法如下。

1. 标题和日期

标题。章程的标题，由组织名称和文种构成，如《中国共产党章程》《中国写作学会章程》。如果尚未得到通过和批准，可在标题后加括号注明"草案"，如《中国写作学会青年写作理论家协会章程（草案）》。

日期。在标题下方正中加括号标明日期和通过依据。有三种写法。

一是由会议名称、通过日期组成，如"中国科协第二十八次全国代表大会20××年3月22日通过"。

二是由通过日期、会议名称组成，如"20××年1月7日中国写作学会第十三届理事会修订通过"。

三是只写明通过日期，如"20××年1月17日通过"。

2. 正文

分章式写法。内容丰富的章程采用分章式写法。这种写法是篇下分章、章下分条、条下分款。通常第一章是总纲（或总则），以下各章是分则，最后一章是附则。如《中国科学技术协会章程》，第一章为"总则"，共三条，分述了组织的名称、性质和任务。第二章、第三章、第四章、第五章为分则，共十一条，分述了会员的条件、权利和义务、组织结构、经费来源等内容。第六章为附则，共两条，是一些补充说明。

分条式写法。内容简单的章程直接分条撰写，撰写章程要注意符合政策规定，内容系统周密，条理明确清晰，语言精当质朴。

××有限公司章程

第一章 总则

第一条 依据《中华人民共和国公司法》（以下简称《公司法》）及有关法律、法规的规定，由……人共同出资，设立……有限公司（以下简称公司），特制定本章程。

第二条 本章程中的各项条款如与法律、法规的规定相抵触，以法律、法规的规定为准。

第二章 公司名称和住所

第三条 公司名称：……有限公司。

第四条 公司住所：

第三章 公司经营范围

第五条 公司经营业务范围：（公司改变经营范围，应当修改公司章程，并向登记机关办理变更登记。）

公司的经营范围中属于需经行政许可的项目，应依法向许可监管部门提出申请，经许可批准后方可开展相关活动。

第四章 公司注册资本

第六条 公司注册资本：10万元人民币，为在公司登记机关登记的全体股东认缴的出资额。公司股东以其认缴的出资额为限对公司承担责任。

第七条 公司变更注册资本及其他登记事项，应依法向登记机关申请变更登记手续。未经变更登记，公司不得擅自变更登记事项。

第五章 股东的姓名、出资额、出资方式和出资时间

第八条 股东的信息如下：……

第九条 股东的出资数额、出资方式和出资时间如下：……

…………

第十一章 附则

第三十九条 公司向其他企业投资或者为他人提供担保，由执行董事作出决议。

公司为公司股东或者实际控制人提供担保的，必须由股东会作出决议。前款规定的股东或者受前款规定的实际控制人支配的股东，不得参加前款规定事项的表决。该项表决由出席会议的其他股东所持表决权的过半数通过。

第四十条 公司登记事项以公司登记机关核定的为准。

第四十一条 本章程未规定的其他事项，适用《公司法》的有关规定。

第四十二条 本章程经全体股东共同订立，自公司成立之日起生效（变更的于股东会通过之日起生效，国家法律法规另有规定的从其规定）。

第四十三条 本章程一式7份，股东各留存一份，公司留存一份，并报公司登记机关一份。

全体股东签字 盖章：

20××年12月20日

（九）细则

细则不是一种独立存在的法规性文书，它必须以某一法律、法规为前提，是某一法律、法规的派生物。细则作为法律、法规的派生物，只能是对原文的补充、阐释和细节化，使相关法律和法规更详尽、周密和具体，而不能超出原法律、法规的内容范围，更不能自行其是，另立法规。细则要对原法律、法规的重要词语、规定事项给予阐释，使其含义更明确、具体，更具有可行性。

细则的写法如下。

1. 标题和日期

标题。细则的标题由原法规名称加"实施细则"或"施行细则"组成，如《中华人民共和国安全法实施细则》《国家行政机关人员贪污贿赂行政处分暂行规定实施细则》。

日期和制发机关。在标题之下正中，加括号标注发布日期和制发机关名称，或者批准、修订日期和机关名称。随命令、通知等颁布的细则，可不列此项。

2. 正文

正文是细则的主体部分，要对某一法律、法规的实施作具体、周密的阐释、补充和规定，但不得超出原法律、法规的基本内容。细则的正文有两种写法：一种是章条式写法，另一种是条款式写法。

项目三 练习六

章条式写法。这种写法适用于内容较多的细则。全文分为三大部分，分别是总则、分则、附则。总则是开头部分，主要用来说明制定细则的根据、目的、指导思想、基本原则、实施机关等。总则一般排为第一章，分若干条。分则是细则的主体部分，分若干章，每章再分若干条。分则用来对原法律、法规进行解释、补充，做出细致周密、切实可行的规定。附则是细则的结尾部分，主要用来提出执行要求。

条款式写法。这种写法不分章，直接列条，适用于内容较简单、篇幅较短的细则。根据、目的、基本原则、指导思想等内容，写入前几条；解释、补充和规定，写在中间，条款最多；执行要求写在最后。

任务七 申请书

案例

入团申请书

敬爱的团支部：

在五四青年节到来之际，我郑重地向团组织提出申请，要求加入中国共产主义青年团。

共青团是党的忠实助手，是一所马克思主义的大学校。在这座共产主义的大熔炉里，培养了一批又一批先进青年、伟大祖国的建设者、捍卫者，铸造了一代又一代共产主义战士——黄继光、雷锋式的人物。加入共青团是我多年的愿望。以前，我一直想加入共青团，但我将自己同那些优秀共青团员比较时，就感到自己缺点很多，相差甚远，因而没有勇气提出请求。近年来由于团支部的热情帮助，我逐渐认识到自己身上存在着缺乏坚韧不拔的毅力、经不起批评、受不得委屈等缺点，并开始有所改正。我衷心感谢团组织对我的关怀和帮助。我决心在加入团组织前，以共青团员的标准严格要求自己，以优秀共青团员为榜样，刻苦学习，不断提高自己的思想水平与认识水平，争取做一个完全合格的共青团员。

最后，我再一次请求团组织接受我的入团申请，我决不辜负团组织的期望。

此致

敬礼

申请人：李兰

20××年4月17日

一、认识申请书

申请书是个人或集体向组织、机关、企事业单位或社会团体表达愿望、提出请求时使用的一种文书。申请书的使用范围广泛，申请书也是一种专用书信，它同一般书信一样，也是表情达意的工具。

申请书具有请求性。请求上级或有关单位答应、批准某事，所以文风要质朴、诚恳。

还具有单一性。一份申请只能提出一个请求。一事一议，内容要单纯。切忌一书数事。切忌东拉西扯。不同的对象有不同的申请书，常见的有入团申请书、入党申请书等。

二、申请书的种类

根据申请人划分，分为个人申请书和集体申请书。

根据适用范围划分，分为社会组织方面的申请、工作学习方面的申请、日常生活方面的申请。

根据写作格式划分，分为书信式和表格式。

三、申请书的写作格式

1. 标题

应简明扼要地表达出申请的内容。一般来说，标题应当具备简洁明了、准确精练的特点，以吸引读者的注意力。同时，标题还应与申请的内容相一致，凸显出申请的重要性。一般有两种写法，一种是直接写"申请书"，另一种是在"申请书"前加上内容，如"入党申请书""调换工作申请书"等，一般采用第二种。

2. 称谓

顶格写明接受申请书的单位、组织或有关领导。即申请人对组织的称呼，一般写"敬爱的××单位/组织/领导"。顶格书写在标题的下一行，后面加冒号。如"尊敬的校领导："。

3. 正文

正文部分是申请书的主体，首先提出要求，其次说明理由。理由要写得客观、充分，事项要写得清楚、简洁。最后是要写清申请的态度。一般都要表明自己的申请被批准后的态度和决心，内容可以简约一些。

4. 结尾

写明惯用语"特此申请""恳请领导帮助解决""希望领导研究批准"等，也可用"此致""敬礼"礼貌用语。

5. 署名、日期

个人申请要写清申请者姓名，单位申请写明单位名称并加盖公章，注明日期。

> 练一练

请分析下面这封申请书存在哪些不足。

申请书

普陀山派出所：

  我是泽厚园11号楼居民，叫马丽，45岁，在汽修厂工作。我爱人李波，46岁，是超市的营业员。因身体患病，婚后一直没有生育。家中只有我们夫妇两人，经济收入宽裕，但精神上很感寂寞。经商量，我们准备把堂弟的三女儿李丽，接到我家，给我们做女儿。此事已经双方同意，并于今年10月12日办理了有关领养的公证手续。现特向派出所申请，同意并准予将李丽的户口迁入为盼。

  另外，因本人上月上旬，在回家途中不慎将居民身份证遗失，期间虽经多方查找，但仍苦无下落。现在急需使用身份证，为此特向贵所申请，望替我补办居民身份证，请速给我解决。要不，耽误大事你们派出所可负不起这个责任。

  此致

敬礼

马丽

20××年10月28日

案例分析：

①申请书应该一事一书。该文共申请了两件事情，不符合申请书的要求。

②申请的态度要诚恳朴实，要用表示祈请的用语，不能用命令和威胁的口吻来申请。"请速给我解决。要不，耽误大事你们派出所可负不起这个责任"，这种语气不诚恳。

四、申请书写作的注意事项

（1）申请的事项要写清楚、具体，涉及的数据要准确无误。

（2）理由要充分、合理，实事求是，不能虚夸和杜撰，否则难以得到上级领导的批准。

（3）语言要准确、简洁，态度要诚恳、朴实。

（4）内容结构要合理布局。申请书的各个部分应遵循合理的布局，内容之间要有明确的逻辑关系。避免重复和冗长的内容，使申请书整体结构紧凑和有条理。

（5）格式和排版要规范。申请书应采用正式的格式和排版，注意字体、字号、行距等规范要求。同时，应确保申请书的版式整齐，文字排列工整，不出现错别字和语法错误。

五、申请书写作模板

申请书写作模板

标题	**申请书**
称谓	尊敬的××：
申请事项	我××××××××××××。××××××××××××。×××××××××××××××××。
申请理由	×××××，×××××××××××××××××。
申请态度和决心	再次请求××××。
结尾（恳请批准，此致敬礼）	此致 敬礼
署名、日期	××× ××××年×月×日

知识拓展

请示与申请的区别

1. 申请是因业务或事务需要，按规定完成法律程序向上级或职能部门、管理机构、组织、社团说明理由，提出请求，希望得到批准的一种事务文书，也叫申请书或申请表。请示和申请都有请求缘由、请求事项，但请示是法定公文，申请为专用书信，属于不同文种。

2. 请示用于下级机关向上级提出请求，下级只能在上级机关的职权范围内报请需要批准的事项。申请不仅可用于下级向上级请求，而且可用于不相隶属的但按规定、法律程序必须向其请求的机关、单位、部门等。如专门办理有关业务的机构部门（银行、保险、公安、海关等）。

3. 请示的行文对象固定，而申请的行文对象不定，请示的内容限于本系统、本部门的行政公务或政策问题，写法规范。申请的内容不以系统、部门为限，写法不强求一律，且常以填写有关部门印制的各种表格代替。

4. 请示的作者是法定的机关、团体，而申请的作者可以是机关、团体，也可以是个人。机关、团体或个人向有关方面递交申请，有时必须按有关规定出具或提交有关证明、证件、文件等，而请示则没有这方面的规定。

5. 请示可以带附件，附件是请示的重要组成部分，作为对正文的补充说明或参考。

项目四

商务信息文书

学习目标

知识目标

1. 掌握企业简介、产品介绍、启事、声明、新媒体文案、经济消息的结构写法及条理性。
2. 熟悉写作企业简介、产品介绍、启事、声明、新媒体文案的注意事项。
3. 掌握不同产品介绍的写作侧重点与结构。
4. 了解新媒体文案写作的基本知识、相关的法律常识、相关的消费心理学和美学知识;理解新媒体文案的特点及类型,掌握新媒体文案开头写作思维和策略。
5. 掌握经济消息的结构和写法。

能力目标

1. 能根据企业特点,用精练简短的文字介绍企业的基本情况。
2. 能够突出企业生产经营的重点和特色。
3. 能清楚规范地写出总体的和具体的产品介绍。
4. 能运用不同手段写出产品的名称、特点和作用。
5. 能运用并借助各种表现方法达到商务广告文案的写作目的。
6. 能根据媒介不同写出不同的新媒体文案。

素养目标

1. 培养提高政策水平和熟悉业务的意识。
2. 培养实事求是的工作作风与认真严谨的工作态度。
3. 培养较高的思维能力和表达能力。
4. 培养平衡洞察实务与驾驭语言的能力。

项目四　商务信息文书

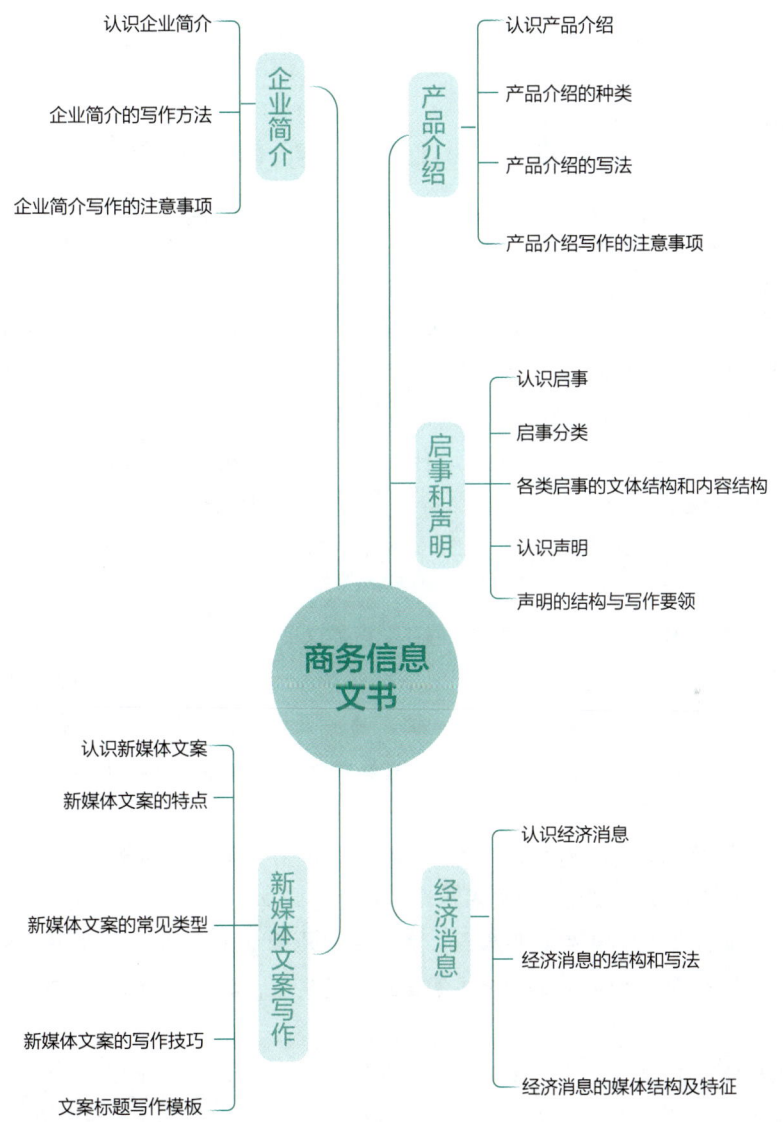

153

任务一

企业简介

 案例

亚太森博（山东）浆纸有限公司简介

亚太森博（山东）浆纸有限公司是新加坡金鹰集团旗下企业。新加坡金鹰集团管理多家世界领先的以可再生资源开发为基础的制造企业和清洁能源企业。

公司是世界领先的浆纸纤垂直一体化企业、山东省投资规模名列前茅的侨资企业、外资企业、商品木浆生产供应企业，也是浆纸行业产业升级、技术进步、绿色发展的标杆企业。企业目前总投资超过200亿元，主要产品为化学木浆、白卡纸板、生活用纸、莱赛尔纤维等高档产品，具备年产木浆220万吨、白卡纸板60万吨、生活用纸15万吨、文化纸50万吨、莱赛尔纤维2.5万吨的能力。公司木浆品牌"森博"、白卡纸板品牌"博旺"是高端木浆、纸板品牌的代表。我们为客户生产定制化的产品，实现稳定的供应、稳定的质量、稳定的技术服务。

公司视安全环保为生命，强化安全环保意识管理、体系管理、过程管理和前置管理，坚持走在政策的前面，建设绿色工厂。公司以精益六西格玛为基础的管理改善、流程再造、技术提升和安环保障成为行业典范，是国家有关浆、纸产品标准和有关行业标准的制修订单位，引领高质量发展。公司已通过ISO 9001质量、ISO 14001环保、ISO 45001职业健康安全及ISO 50001能源管理认证体系。

公司累计投入50多亿元用于环保，主要环保指标达到行业领先水平。公司充分利用浆纸生产过程中产生的生物质废弃物提供能源，每年可减少300多万吨的碳排放。

公司与日照共建、共生、共赢、共享。公司能带动纸产品、印刷、包装、纺织、新材料等相关产业的发展，带动山东省400多家企业共同发展，其中带动日照市200多家企业发展和上万人就业。

我们坚信，付出越多，收获越多。公司把社会责任融入基因里，已累计投入1.3亿元用于文教卫生、扶贫救灾、环保宣教等社会公益慈善事业。教育扶持系列活动实现了从幼儿园、中小学到大学的全覆盖，"慧育希望"儿童早期发展项目，为贫困学子解决免费上大学、安排就业的"圆梦行动""我是小小造纸家"志愿服务、全市少年儿童环保绘画大赛等都已成为知名公益活动，参与捐建的日照江和图书馆已累计接待读者1800多万人次。我们的社会责任行动得到了国务院侨办、生态环境部、中央统战部、中央文明办、中国侨联等的表彰。

公司被评为国家绿色工厂、中国造纸工业环境友好企业、中国优秀企业公民、中国社会责任典范企业、全国优秀外商投资企业、高新技术企业、山东省节能先进企业、山东省循环

经济示范企业、日照市功勋企业。公司坚持开放参观，是研学基地、环境教育基地、科普教育基地、社会实践基地和工业旅游示范点。

我们坚持"开发永续资源，创造美好生活"的宗旨，致力于成为规模最大、管理最佳、效益最好、以可持续的资源开发为基础的集团之一，保护环境，为客户创造价值，实现利民、利国、利业。

一、认识企业简介

对于企业的潜在客户来说，第一次认识该企业就是通过其企业简介，企业简介就像一张名片，快速提供客户所需的信息。因此，企业简介就是指通过文字和图片资料向社会公众介绍企业基本情况和经营战略的文案，主要目的就是向他人提供公司的相关情况。

写企业简介

在企业简介中，往往会提到公司成立的时间、所在地、规模、经营范围、法定代表人以及有何特点等。

二、企业简介的写作方法

1. 标题

一般由企业名称和文种组成，如"日照帅格商贸有限责任公司简介"。

2. 正文

正文是公司简介的主体部分，多为短文式。一般以精练简短的文字介绍企业的基本情况，常从以下几个方面进行介绍：

一是简要介绍企业的基本信息。包括企业名称、注册时间、注册资本、企业性质、技术力量、规模、员工人数，有时也会介绍公司如何成立，规模和实力如何。

二是介绍企业的主要产品。突出介绍产品的性能和特色等，以及在同行业中的技术优势，市场地位等。

三是介绍企业的销售业绩和销售网络。如年度实现的经营利润，已经获得的荣誉称号等，同时，还介绍企业的经营战略、经营理念等。

四是具体准确地介绍企业的联系方式。如办公地址、邮编、传真、电话、网址、电子邮箱等。

三、企业简介写作的注意事项

企业简介是一种对外宣传资料，注重信息的传递和促销的效果，具有信息性、表达性、交际性和诱导性等功能特点。在写作时要注意以下几点。

一是介绍要全面。要突出企业生产经营的重点和特色。

二是要客观真实。介绍中涉及的信息，如企业的法律性质、主营产

项目四 练习一

品、技术水平等必须与事实相符，切忌夸大其词。

三是条理清晰。一般都采用叙述的手法，对引用的材料进行适当的分类，按照主次顺序，逐一进行介绍。

任务二 产品介绍

案例 亚太森博（山东）浆产品介绍

亚太森博（山东）浆纸有限公司浆产品

亚太森博（山东）浆纸有限公司每年可提供超过200万吨的漂白硫酸盐阔叶木浆。

使用具有世界先进水平的连续蒸煮生产线，采用硫酸盐法制浆，ECF（无元素氯）漂白技术，以进口的相思木片和桉木片为原料，生产出的纸浆产品具有高强度，高白度，质量稳定的优点，被广泛用于高档文化纸、高档包装纸及纸板、生活用纸、各种特种纸等的生产。

生活纸系列浆（BPT）

产品特性：白度高，尘埃度佳，抽提物低，纤维粗度低，纤维数量多，纤维间结合好，初始游离度低，初始强度高。

成纸优势：白度和尘埃度佳，皱纹细腻，在满足拉力和厚度情况下，成纸手感更柔软，细腻和平滑，匀度和不透明度佳。

特种纸系列浆（BPSP）

产品特性：纤维细致，纤维粗度低，纤维长度分布窄，纤维卷曲和扭结指数小。拥有优异的洁净度，适合高端特种纸要求，同时具有优良的光学性能、表面性能、物理强度性能和尺寸稳定性能。

成纸优势：成纸洁净度高，白度好，成纸匀度好、纸面孔隙分布均匀、成纸强度优良、湿伸缩率低，赋予纸张优异的后加工性能和成纸印刷适性。

文化纸系列浆（BPW）

产品特性：纤维纤细，纤维粗度低，纤维数量多；纤维长度分布范围窄。产品拥有优异的光散射性能和表面性能，白度高、尘埃度低，打浆转数低，成纸强度优良。

成纸优势：成纸白度高、洁净度高；在达到相同的成纸强度/松厚度指标时，拥有更优秀的成纸匀度、宏观平滑度/微观粗糙度、不透明度和尺寸稳定性等特性，赋予纸张优异的印刷性能和适应性。

一、认识产品介绍

新产品一问世,生产单位或经销企业通常就要作产品介绍,以使人们从中了解产品的性能、特点、工艺、用途等有关情况,从而引起人们对它的兴趣和关注,并决定是否选购它。产品介绍是产品生产企业或经销企业向消费者全面介绍产品的名称、类型、型号、规格、性能、主要技术参数、使用方法、使用范围、维护保养方法、外观特征、材质、产地、价格、市场优势等知识的文案。

产品介绍是沟通产品和顾客、用户之间的桥梁。它的作用主要是向社会公众说明产品各方面的知识,增进人们对它的认识,同时也兼有推销产品的作用。

二、产品介绍的种类

1. 总体的产品介绍

这种产品介绍,往往以生产厂家为单位,从生产历史、技术力量、制造工艺、检测手段等方面说明该厂产品总体质量特点,并一一列举产品名称(写得比较简明概括)。有些大厂还以产品目录形式,向社会传递产品信息,介绍产品的种类、质量、规格等,使人了解该厂产品的总体状况,或若干最新产品的情形。

产品介绍的种类

 案例 樱花卫厨产品介绍

樱花,领航卫厨新里程

行销全球28年的知名品牌,以创造性理念诠释卫厨生活的真谛,以始终不渝的诚信构造传奇。不仅引领全新的卫厨生活,更是引领一种对生活的态度,科技且人文,时尚而朴实,精致,严谨,从容,执着……

樱花,作为业界专业权威的卫厨领航者,不断实现着中国人自己的卫厨生活梦想,在全国已经设立了40多家直属分公司,更密植700多家樱花专业服务中心,并建立SIS服务体系,以"创新、品质、服务"的企业理念,为消费者不断打造出功能领先、性能卓著、高科技含量的吸油烟机、热水器、燃气灶、消毒柜、龙头、水槽等全系列现代卫厨精品。

樱花更是提出"服务价值化"的理念,为每一件售出的产品提供永续的品质关怀、人性支持和技术保障,更为每一位樱花用户提供及时、完善、全面的售后服务,让您安心、称心、放心。

该介绍属于总体的产品介绍,作者从樱花卫厨产品的生产历史、完善的企业体系、全新的企业理念以及放心的售后服务等方面来完整地传递产品的信息,让消费者从整体来了解樱花卫厨的优良品质。该产品介绍精致简短,写作时,紧扣人性字眼"……更是引领一种对生活的态度,科技且人文,时尚而朴实,精致,严谨,从容,执着……""……品质关怀、人性支持……",语言的提炼与修饰凸显了樱花产品的特点,使当下追求时尚又不乏传统理念的消费者对产品产生信任。

2．具体的产品介绍

这是对某一种产品所作的介绍,旨在使人们清楚地了解某一产品的特点和功用,对该产品形成明晰的印象,从而考虑它的价值和对它的使用。

案例 如沛营养胶囊产品介绍

如沛营养胶囊

产品特色:
1. 独特的复合型比例分析配方:……
2. 充分平衡人体所必需的维生素与矿物质:……
3. 多样化的抗氧化剂:含植物类、维生素类、矿物质类等多种抗氧化剂……
4. 氨基酸螯合矿物质:……
5. 维生素A、维生素C、维生素E与硒组成最好的天然强抗氧化物,是自由基的克星。
6. 天然的维生素,可以容纳其他化学物质。而合成的维生素在合成使用时虽含有相同成分,但可能产生反作用,引起副作用。
7. 使用脂溶性维生素,可以贮藏,在身体需要时释放出来。
8. 用胶囊装的粉末状维生素没有结合剂,功效高,有过敏体质的人亦可安心使用。
9. 胡萝卜素是由海藻中提炼出来的,为最浓缩最高品质的一种。荣获三大机构认证:…………

超过1000项的临床研究证明:如沛营养素所含成分对身体的益处。

可以通过光子扫描仪检测来证明对如沛补充营养素的有效吸收。

产品功效:
1. 提升身体的抗氧化能力,保护DNA,防止细胞变异,促进正常细胞及基因的再生,减缓被氧化及自由基的破坏,加强身体防御能力。
2. 维持心血管健康。
3. 维持免疫功能。
4. 防治骨质疏松。
5. 维持正常血糖代谢及胰岛素功能。

适宜人群:12周岁以上服用。三餐不正常、消化营养不良、体质虚弱、贫血、低血压、手足发冷麻痹、大鱼大肉,不爱吃蔬菜、注意力不集中、失眠、消化系统疾病、便秘、肥胖等。

食用方法:随餐食用,开始1包/天,七天后2包/天,早餐、晚餐各1包,以240mL水送服。

相比"樱花卫厨产品介绍"而言,该产品介绍内容详尽,说明有序,目录式的说明方式更让读者清晰明了地认识该产品。为了让如沛营养胶囊在时下众多营养产品中打开市场,该产品介绍插入了"三大机构认证"的说明,这种抓产品独特性的介绍方法不但提升了产品的身价,也抓住了消费者的眼睛。该产品介绍的写法特别适合于民用商品、药物产品等,介绍全面有序,语言表达准确翔实,使用有章可循。

三、产品介绍的写法

产品介绍的结构大体包括五个方面。

1. 产品的名称

产品的名称可直接作为产品介绍的标题。它是要向人们介绍的产品对象,要写得醒目。此外,对于人们比较陌生或不易理解的品名,应在介绍的开头就作出必要的解释,可以用下定义的方法,也可以用描述特征的方法。如下例《昌化鸡血石介绍》的开头写道:昌化鸡血石是中国特有的珍贵宝石,具有鸡血般的鲜红色彩和美玉般的天生丽质,历来与珠宝翡翠同样受人珍视,以"国宝"之誉驰名中外。它产于浙江省临安区昌化西北的"浙西旅游大峡谷"源头的玉岩山。这样,使人看了不仅立即明白了它是怎样的物品,而且有了一个鲜明的、具体的印象。

产品介绍的写法

昌化鸡血石介绍

昌化鸡血石是中国特有的珍贵宝石,具有鸡血般的鲜红色彩和美玉般的天生丽质,历来与珠宝翡翠同样受人珍视,以"国宝"之誉驰名中外。它产于浙江省临安区昌化西北的"浙西旅游大峡谷"源头的玉岩山。

昌化鸡血石形成于7500万年前的火山活动,发现与开采有1000多年历史,广泛利用兴于明清。明代,昌化鸡血石工艺品已成为皇宫和英国博物馆的珍藏品,清代,康熙、雍正、乾隆、嘉庆、咸丰、同治、宣统等历代皇帝与后妃选昌化鸡血石作为玉玺。现代,毛泽东主席曾使用和珍藏两方大号昌化鸡血石印章,周恩来总理曾选昌化鸡血石作为国礼,馈赠曾任日本首相的田中。郭沫若、吴昌硕、齐白石、徐悲鸿、潘天寿、钱君陶、叶浅予等众多文化名流,与昌化鸡血石结下了不解之缘。当今,一个以采集、收藏、研究、展销为主的昌化鸡血石热,正风靡中华大地。昌化鸡血石文化及五大洲,尤其在日本、韩国和新加坡等东南亚国家及世界华人界更享盛誉。

昌化鸡血石的工艺用途主要是制作印章、雕刻工艺品和原石欣赏等。在众多印石中,昌化鸡血石是中国"印石三宝"之一,并以撩人的美姿,赢得"印石皇后"之誉,为中国印文化的发展做出了独特的贡献;同时又为我国的玉雕工艺创造了"鸡血"巧雕的独特流派,其作品以"瑰丽、高雅、精巧、多"著称。

昌化鸡血石在1999年以来的历次中国国石评选中,均为首选国石之一。宝玉石专家称昌化鸡血石为"中华瑰宝"。

"昌化鸡血石介绍"综合了总体的产品介绍和具体的产品介绍的写法,先从名称入手,再介绍产品概况——产品质地、产地、产品的发现和开采历史以及产品的用途等有关知识,使人们对产品的来龙去脉和现状有充分的认识。这种产品介绍经常放于产品包装首页,以便消费者充分了解该产品,也可起到文字装饰的作用。

2．产品的概况

产品的概况包括产品型号、规格、材料、制作、产地和产品史等内容。如,要介绍有色冶金工业的产品"镍",就可以写镍的世界著名蕴藏地、我国的镍工业基地、镍的发现和用途,以及镍的冶炼史等有关知识,使人们对产品的现状和来龙去脉有所认识。

3．产品的特点

把握产品特点,介绍它的性质、成分、构造等方面的内容,常用的方法是同其他同类产品作比较。在案例《如沛营养胶囊》中,将自身产品同合成维生素进行比较:"合成的维生素在合成使用时虽含有相同成分,但可能产生反作用,引起副作用"来突出本产品"天然性"的特点。有的产品介绍虽在文字上未直接与其他同类产品相比,但在着力介绍产品自身特点的同时,实际上也是显示了该产品与众不同的地方。运用比较的方法,常常能够有力地说明产品的特点。

4．产品的功用

介绍产品的功用,可以使人们更好地认识该产品的功能特点和使用范围。说明功用,要分清主次。一般是主要功用先说、详说,次要的后说、略说。

5．使用时的注意事项

根据产品的性质、构造等方面的情形,有的产品还需要介绍使用时的注意事项,让人们对该产品有全面的了解,以便在使用时有所遵循。

四、产品介绍写作的注意事项

1．确定中心,言之有序

产品介绍要说明的内容很多,要把需要介绍的内容说清楚,就应把先说什么后说什么、什么是说明的中心、哪些是说明的重点等,都安排妥当,做到言之有序。

项目四　练习二

2．图文结合,借图说话

产品介绍有些内容涉及色彩图案,有些涉及形状面貌,有些涉及技术线路,这样,就必须借助图片来说明问题。文字的表达毕竟是有限的,有了图片,介绍性文字就可精练许多。

3．表述严谨,用语朴素

在语言表达上,首先,要求严谨确切,恰如其分地反映产品的客观实际,表达有分寸,才能产生好的效果;其次,要求用语通俗,多用群众晓畅明白的语言,把专门的产品知识说得有趣味,让人都看得懂,都喜欢看。

> **练一练**

下面这则产品介绍写得比较好,请分析其优点。

百旺彩激纸
专为彩色数码印刷、彩色激光和喷墨打印而设计

百旺®彩激纸是国内第一个使用CFCC-PEFC森林监管链联合认证标识的办公用纸品牌。

纸张表面非凡的平滑度和业内一流的白度,辅之以百旺®品牌独具特色的HDPrint®高清影印技术,确保为用户传递出色的彩色激光和彩色喷墨打印效果。适用于高速数码印刷机、彩色激光和喷墨打印及复印设备。

百旺®彩激纸是跨国公司管理提案、公关和广告交流文档及重要招投标文件的理想用纸。

任务三 启事和声明

> **案例**

寻人启事

　　王一芳,女,二十一岁,身高一米五八,微胖,梳两根小辫,临行时穿蓝涤卡衫,下着深灰色裤子,能讲普通话和客家方言,于三月四日因精神病发作外出未归。请各地公安部门和群众帮助寻找。

　　联系地点:××市××街××巷××号

　　联系人:王和清　　电话:24516××

20××年3月10日

一、认识启事

　　启事中的"启"含有"陈述"之意,"事"即"事情"。启事,就是公开陈述事情。单位或个人通过一定的传播途径,将需要向公众说明或请求予以支持并协助办理的事情简要写出,这样的实用文书就是启事。启事可以张贴在允许张贴的公共场所,也可刊登在报纸杂志上,或由电台、电视台播出。

启事陈述的事情无论大小轻重，告白的对象无论是个人、团体还是社会公众，只要采用公开陈述告白的形式，便可称作发表启事。

启事的公开告白作用体现在两个方面：一是在告白对象无法确定具体人，或已确定具体人但不知此人在什么地方的情况下，可以通过公开陈述告白的形式使告白对象闻讯自己出现；二是有些事情的陈述告白虽有具体对象，但也有意面向社会公众。

二、启事的分类

启事可分为三大类：一是征招类启事，如招生、招聘、招工、招领、征文、征婚、换房启事等；二是知照性（声明类）启事，如迁移、更名、开业、停业、竞赛、讲座、解聘等启事；三是祈请性（寻找类）启事，如寻人、寻物启事等。

三、各类启事的文体结构和内容结构

（一）征招类启事

1. 征稿启事

项目四　练习三

征稿启事的特性。公开性。征稿启事无论登在自己办的刊物上或是登在别的刊物上，均是广而告之的，具有公开性，希望更多的人看到并参与；自愿性。征稿启事不具有强制性和约束力，是否参与征稿活动由作者本人自愿选择；时效性。除报纸、杂志社日常的征稿启事外，一般的征稿活动都说明征稿的截止日期，它具有一定的时间限制，所以时效性也是征稿启事的一个特性。

征稿启事的文体结构和内容结构。征稿启事的内容一般由标题、正文、落款三部分组成。

标题。征稿启事的标题可以有几种构成方式。其一，由事由直接构成。如"征文""征稿"。其二，由文种名称和事由共同构成。如"征文启事"。其三，由具体内容、事由、文种名构成。如《"爱我中华绿化城市"征文启事》。其四，由征文单位、内容、事由、文种名共同构成。如《某某杂志社爱情散文作品征文启事》。

正文。征稿启事的正文一般要求写明以下几项内容：

一是写明征文的缘由、目的、征文单位，征文要把征文的意图交代清楚，这样可以使作者对这次活动的意义有充分的认识而积极投入参与，同时写明举办征文的单位，这样可以增强征文活动的可信性，增加作者的信任感。

二是征文的具体要求，征文的具体要求视征文的情况而定，通常可以包括以下一些内容：作者的条件、征文的内容范围、体裁、字数、征文的时间等。

三是征文的评选、评奖办法，要在该部分说明评选稿件的具体方法，如评选的时间，评委的组成，评选的各种奖项情况等。

四是对投递稿件的具体要求及方法。

落款。注明征文举办单位的名称，发文日期。若标题或正文中已显示主办单位，此处可以省略。在报纸上发表的征文，也可不必再写年、月、日。

征稿启事的适用范围。征稿启事是杂志社、报刊编辑部及单位征求文稿的启事类文体，其大体适合于以下一些情况。为了纪念重大节日发布征文启事。如"庆公司成立50周年征文""六一征文"。为了纪念重要活动而发出征文启事。如"改革开放45年征文""环保征文"。繁荣文艺事业方面的征文活动。如报纸杂志的各种征稿活动。思想教育方面的征文活动。如"我最喜爱的一本书（一句格言）"征文活动等。

 案例

第十届"新诗创作奖"征诗启事

为了弘扬中华文化，促进校园文学活动，培育诗坛新人，《日照职业技术学院学报》在举办第九届"新诗创作奖"征诗活动的基础上，继续举办第十届征诗活动。

一、征诗对象：限日照职业技术学院在校学生。

二、征诗内容：限申报分行的新诗，单篇须在16行以上，组诗以超过60行为限。每人限申报一至二首（篇）。

三、征诗时间：自公布启事之日起，至20××年4月15日截稿。

四、奖励办法：此次评奖活动，共设一等奖三名，奖金各300元；二等奖五名，奖金各200元；三等奖十名，奖金各100元。获一、二等奖诗作在《日照职业技术学院学报》上刊载。

欢迎广大诗歌爱好者踊跃参加。诗稿请送本报编辑部，信封上注明"征诗"字样。

日照职业技术学院学报
20××年2月11日

练一练

今年的女生节已经结束了，请代校团委以女生节为主题，写一篇200字左右的征稿启事。

2. 招生启事

招生启事是各类学校招收新生向社会公布有关招生、报考事宜的具有广告宣传作用的广告类应用文，有的也称作招生广告。招生启事大都张贴在公共场所，或在报纸、电台、电视台上刊登或播出。招生启事的特点如下：宣传性。这里所说的招生启事是有商业目的的招生启事，所以其广告的宣传作用是十分明显的。同其他广告一样，它在公共场合张贴或在报纸、电台上刊登、播出，目的在于扩大宣传的力度，以求得更多的学生或学员报名学习。招生启事的商业色彩。今天招生启事大部分具有商业性色彩，我们见得比较多的招生启事，大都是一些收费较高的各种培训班、实习班。而国家统一招生，正规的大中专院校近些年来随着各项改革的深入，个别学科或专业也具有了较明显的商业色彩。

（1）招生启事的适用范围。招生广告大体可以适用于下列情况：面对学生的各种补习班、提高班、自学考试辅导班、考研辅导班的招生广告；面对社会的各种培训班广告。如电脑培训班、烹饪班、家电维修班、汽车修理班、剪裁班等的招生广告；业余文艺团体或一些私立学校的招生广告；国家正规院校各种统一招生的招生广告。

（2）招生启事的文体结构和内容结构。招生启事由标题、正文、落款三部分组成。

标题。招生启事的标题写法多种多样，常见的有下列几种：一是直接以文种名作为标题。如"招生启事"。二是由招生单位和文种名共同构成。如"×××农业学校招生启事"。三是由招生类别和文种名共同组成。如"招考演员启事"。四是由招生单位、招生类别和文种名共同构成。如"××大学自学考试招生启事"。五是由招生单位、招生类别、招收专业和文种名组成。如"××大学自学考试文秘专业招生启事"。六是其他构成方式。加招生年度的或省略文种名的，如"××电影学院20××年本科招生启事""中国××学院研究生院招收20××年攻读博士学位研究生"。

正文。招生广告的正文一般要写明以下一些内容：一是招生的目的和宗旨。二是招生的具体情况。其中包括招生的专业、招生的对象、录取的办法、学习的时间、授课方式、收费的标准、联系报名的方法、毕业待遇等。这是招生启事的重要内容。

落款。落款要署上发文的单位名称和时间，这一项内容根据招生广告的情况，有时可省略。

 案例

网络营销与直播电商专业招生启事

网络营销与直播电商专业隶属于日照职业技术学院商学院，学院师资力量雄厚……本专业采用"高标准、宽口径、厚基础、重应用"的培养模式，……面向商业服务业、制造业等行业，以直播电商和网络营销为核心技能，培养能够从事新媒体推广、直播电商运营、直播电商主播、直播内容创作等岗位，德智体美劳全面发展高素质技术技能人才。

网络营销与直播电商专业为了拓展生源，扩大专业的规模和影响力，现面向全国高中毕业生进行招生，具体事项如下：

一、招生对象

20××年普通高中毕业生，高考分数过我校投档线即可报考。

二、招生人数

视各省情况而定，总人数在40人左右。

三、学制、学位

本专业采用三年专科制，学业测评和期末考试相结合的方式，学生在修满规定的学分并完成答辩后，颁发国家统一的毕业证书。

四、收费标准

学费：4500元/学年；住宿费：1000元/学年（6人寝），1200元/学年（4人寝）。

五、招生方式及时间

于20××年7月20日—7月25日通过网上填报志愿,报考本专业。

六、咨询方式

联系电话:0633-7987115　邮箱:student@dufe.edu.cn

网址:https://gotorzu.rzpt.cn/

我们衷心期盼广大学子积极踊跃报考我专业,网络营销与直播电商专业期待着您的加入。

日照职业技术学院商学院
20××年3月14日

3. 招聘启事

招聘启事是各类机关单位、企业集团或个体经营者招聘人员加盟工作时使用的一种应用文体。社会主义市场经济的发展和国家各种改革措施的出台,使各行业的用人制度有了巨大的改变,招聘制成为一种基本的用工制度,招聘启事人们随处可见。

招聘启事从征招的人员来看可分为两类,一是招贤类,二是招工类。招贤类指用人单位需要招的人员要求素质高,能力强,具有别人无法替代的经营、管理、组织领导等能力,这类招聘启事又称"招贤启事"。招工类启事则只是需要一般的工作人员,一般不需具有什么特殊的才能或技能,用工的条件一般要求也不严,这类启事可称为"招工启事"。

招聘启事的文体结构和内容结构。招聘启事由标题、正文、落款三部分组成。

<u>标题</u>。招聘启事可以简单地由事由和文种名称构成。如"招聘启事"或"招工启事",有的写作"招贤榜"。较为复杂的招工启事还可以加上招聘的具体内容。如"招聘抄字员""招聘科技人员启事",还有的招聘启事在标题中写明招聘的单位名称。如"××服装厂招聘启事"。

<u>正文</u>。招聘启事的正文较为具体,一般而言,需着重交代下列一些事项。一是招聘方的情况,包括招聘方的业务、工作范围及地理位置等。二是对招聘对象的具体要求,包括招募人员的工作性质、业务类型,以及招募人员的年龄、性别、文化程度、工作经历、技术特长、科技成果等。三是招募人员受聘后的待遇,该项内容一般要写明月薪或年薪数额,写明执行标准工休情况,是否解决住房,是否安排家属等。四是其他情况,应聘人员须交验的证件,应办理的手续,应聘的手续以及应聘的具体时间、联系的地点、联系人、电话号码等。

<u>落款</u>。落款要求在正文右下角署上发表启事的单位名称和启事的发文时间。题目或正文中已有单位名称的可不再重复。

<h2 style="text-align:center">招聘启事</h2>

我餐厅因工作需要,向社会招聘服务人员数名,男女不限,高中以上文化程度,年龄为25~46岁,有相关专业学习或工作经验者优先。一旦聘用,试用期半年,月工资1900元。试用期满合格者签订聘任合同,月工资4500元(不含奖金),提供三金(养老保险、住房公积金、

医疗保险）。应聘者来时请带上本人身份证和学历证书。

联系地址：××市××区××街××号××公司人事部，联系电话130××××××××，请找王先生。

本启事长期有效，招满为止。未尽事宜面谈。

××餐厅（章）
20××年1月20日

（二）知照性（声明类）启事

1. 更名启事

更名启事，是指经国务院批准更改地、市、县名，或经各级人民政府批准更改村镇、街道名，以及企事业单位、学校、团体等需要更名，在履行更名手续后，由更名单位公开向社会声明时所使用的应用文。

更名启事由标题、正文和落款三部分组成。

标题。可以直接写为《更名启事》，也可以只写启事的事由，《××××更名为××××》。

正文。主要写明以下内容：首先介绍单位简况，然后说明经什么机关批准，自何时起将××××（单位原名称）改为××××（更改后名称），更名后隶属关系有无变动，以及新印章的启用时间等。

落款。包括署名和时间两项内容。署名写明更名启事的原单位名称。时间写上启事的年、月、日期。

2. 迁移启事

迁移启事是机关、企事业单位、社团组织等在搬迁新址时，向社会及有关方面告知的一种启事。这种启事除在报刊上刊登，在电视、电台播放，还可以张贴在原址大门或醒目的地方，以便于有关人员办理事项和保持业务联系。

迁移启事由标题、正文和落款三部分组成。

标题。常见有两种形式：一种是直接写上《迁移启事》；另一种是由迁移单位的名称加事由、文种构成，如《××公司迁移启事》。

正文。即告知的内容，要写明迁移的时间，迁移的新址（××街，××号），电话号码等。还可以标明乘车路线或附上简单线图。

落款。写上迁移单位名称和年、月、日期，必要时还要盖章。

迁移启事

各位新老客户：

  本邮政局从20××年11月15日起，将搬至××街××号新址营业，恭请各位新老客户光顾。谢谢！

××邮政局
20××年11月10日

（三）祈请性（寻找类）启事

寻找类启事是各单位或个人公开向社会声明寻找丢失物品，或查询有关人员所使用的启事。

1. 寻人启事

寻人启事是个人或单位为寻找因某种原因下落不明的亲友或同志时所使用的一种应用文。寻人启事可以张贴在大街小巷、交通要道或人口聚集处，也可在报纸电台上刊登或播发。

寻人启事的分类比较简单，从发文者的方面看可以有以当事人的亲属名义发出的寻人启事和以公安机关或当事人所在的单位名义发出的寻人启事两种。从出走人的情况来看，寻人启事又可分为故意走失和无意走失两种。由于家庭不和或由于同他人的矛盾没有得到解决而愤然出走的称为故意走失。无意走失则指由于精神不正常、患有阿尔茨海默病或者年幼无知等原因引起的下落不明的情况。

写作寻人启事时注意以下几个方面：一是寻人启事务必准确地描述走失人的体貌特征、衣着装束，一般有照片的要附上照片。二是寻人启事要将联系的方式具体详细地列出来。三是寻人启事要做到语言精练，篇幅短小精悍。

<h2>寻人启事</h2>

×××，男，8岁，身高128cm，圆脸，平头，上穿橘黄色运动背心，下穿白色运动短裤，篮球鞋。12日外出，在××路一带玩耍，至今未归。有知其下落者，请速与××市××街道×××和××电视台广告部联系，必有重谢。联系电话：138××××××××

陈××
20××年×月×日

2. 寻物启事

寻物启事依据丢失东西物主的身份来看可分为两种：一种是个人由于不慎或遗忘将东西遗失而写的寻物启事，另一种是单位由于遗失了东西而发布的寻物启事。

寻物启事的特性主要有以下几条：寻物启事的公开性。寻物启事无论是个人寻找丢失物或是单位寻找丢失物均是公开张贴或散发的。它是要在较大的范围内尽可能地发布有关信息，以期能最终找回所丢失的东西。寻物启事的目的明确性。寻物启事是针对具体丢失的物件而使用的一种应用文，其发文目的是明确的，它不涉及与寻找物体无关的东西。

寻物启事的文体结构和内容结构如下：

标题。寻物启事的标题可以有两种构成格式：一是由文种名和缘由构成。如"寻物启事"。二是由文种名和具体丢失物名构成。如"寻书启事""寻自行车启事"。

正文。寻物启事的正文一般由以下几项内容构成：

其一，写明丢失物的名称、外观、规格、数量、品牌等，同时要写明丢失的原因、时间和具体地点。其二，交代清楚拾物者送还的具体方式，或注明发文者的详细地址、联络方式等。其三，寻物启事是求人协助寻找的，故除文中写些表谢意的话外，还可以写明给予拾到者必要的酬金之类的话。

落款。落款要署上发文的单位或个人的名称或姓名，并署上发文的日期。

寻物启事

本人不慎于3月18日乘18路公共汽车时，将内装身份证、驾驶证和单位业务发票数张的一黑色公文包遗失。有拾到者请与××公路局201办公室联系，必有重谢。电话：138×××××××

启事人：×××
20××年×月×日

寻物启事

各位同学你好：

我是学校食堂采购员，于5月15日骑车经过海润楼附近时，不小心丢失皮包一只。有拾到者请交给本人，我愿意附出重金表示感谢。此致

敬礼
日照职业技术学院全体师生5月16日

1. 找出它在格式上的两个毛病。
2. 找出它在内容上存在的两个问题。
3. 找出文中的错别字并改正。

请你以失主的身份写一则"寻物启事"。

11月8日下午，刘经理在去格兰仕的路上不慎将装有3万元现金、支票本和重要合同的黑色皮包遗忘在的士车上。

> **知识拓展**
>
> ### 启事与启示的区别
>
> 表现形态不同、用法不同、意义不同、意思不同。
>
> 表现形态:"启事"是为了说明某事而在公众中传播信息的一种公告性应用文体,一般采用登报或张贴的方式,其形态是显性的。"启示"则是启发提示,作用于人的内心世界,启迪思想或激活思维,其形态是隐性的。
>
> 用法:"启事"是名词,不能加宾语;"启示"既是名词,又是动词,可以加宾语。
>
> 意义:"事""示"有别,同一个"启"字,说的也不是一回事。"启事"用的是"启"的陈述义,即开口说话,它和"启禀""启奏"的"启"同出一辙;而"启示"用的是"启"的开导义,即"启蒙运动"的"启"。前者是向人诉说,是单向的;后者既可启示他人,也可自己受到启发,是双向的。
>
> 意思:"启事"是被说明的事情,而"启示"则开导思考,使人有所领悟。

四、认识声明

 案例

声明

本公司职工××已于20××年8月20日离开本公司,他在离职后签订的一切与本公司有关的合同及所作承诺,一律无效。

特此声明

广州红星美凯龙家居建材有限公司

20××年8月30日

声明本用于国家、政党、政府或团体公开说明真相,或向公众表明自己的立场、态度和主张,局限于政治、外交等领域。后来,声明的适用范围扩大到工作和日常生活领域,一般单位和个人也可以使用声明来说明与本单位或本人直接相关的问题或事实真相,向公众表明自己的立场、态度和观点。

声明具有如下特点。

一是对相关事项或问题进行事实披露或澄清。

二是表明自己的态度和立场。

三是警告、警示他人,保护自己的合法权益。

作为一种日用文书，在各种媒体上，我们看到的声明大都来自个人或企事业单位，比如"遗失声明"，发表声明的目的主要是防止丢失的重要证件、现金支票等被他人冒用、冒领。

五、声明的结构与写作要领

声明一般由标题、正文、落款三部分组成。正文一般为三分式结构，开头说明发表声明的缘由或依据，主体部分一般分条列项写出具体的声明事项，最后以"特此声明"作结。如果开头与主体之间已有"特作如下声明"或"特声明如下"之类的字样，即不写"特此声明"的结语。声明事项单一不涉及繁杂问题的，主体部分也不必分条列项。

遗失声明

某人遗失第二代居民身份证，证号：36232××××××××××××，自本声明发布日起所有与本身份证有关事情概与本人无关。

特此声明

×××

20××年×月×日

1. 假如你是某单位的财务会计，不慎遗失了单位的一张支票，请你拟写一个适合在报纸上刊登的声明。

2. 假如你不小心遗失了自己的身份证，请写一个刊登在××报上的声明。

任务四　新媒体文案写作

 案例

回村三天，二舅治好了我的"精神内耗"

二舅上小学是全校第一，上了初中还是全校第一，全市统考从农村一共收上去三份试卷，其中一份就是二舅的。

有一天，二舅发高烧请假回家，隔壁村的医生一天在他屁股上打了四针，二舅就成了残疾。十几岁的二舅躺在床上，再也不想回到学校。老师们三次登门相劝，二舅闭着眼睛，躺在床上，一言不发，像一位断了腿的卧龙先生。

第一年二舅拒绝下床，他不知道从哪找到了一本《"赤脚医生"手册》，疯狂地看了一年。但二舅的腿不是伤了，而是废了，所以久病并不能成医。于是第二年，二舅扔掉了手册，从床上爬了下来，呆坐在天井里观天，像一只大号的青蛙。第三年，二舅不看天了，看家里来的一个木匠干活。木匠干了三天，走了。二舅跟姥爷说：他看会了。求姥爷去铁匠铺给自己打做木工的工具。

三年来，二舅第一次走出了院门，去生产队给人做板凳。一天做两个，一个一毛钱，可以养活自己了，如是几年。有一天，二舅照常拄着拐来到生产队，队长告诉二舅，以后不用来了。生产队没了。二舅问为什么，队长说：改革开放了。

于是二舅游走在镇上的各个村子，给人做木工。有天在路上遇到了当年的那个医生，他对二舅说"说要是在今天，我早被告倒了，得承包你一辈子。"二舅笑着骂他一句，一瘸一拐地又给人干活去了。

后来不知道什么手续上的原因，二舅的残疾证怎么都办不下来。他很失望，居然拄着拐，辗转去了北京……

很快二舅的兜里就没剩几个钱了，他的一个堂弟在北京当兵，二舅作为军人家属住进了部队，没想到居然混得风生水起。因为二舅不爱搭讪交际，只爱干活。他不知道从哪借到了木工工具，在那个部队条件还很艰苦的年代，给士兵们做了很多的柜子和桌子。

有一天，二舅的堂弟去澡堂，看见一个老头和二舅正坐在一块儿泡澡。二舅的堂弟吓得一句话都说不出来，因为那个老头是他只见过几次的一位首长。此刻正蹲在池子里给二舅搓背。后来二舅回到村里，大家都问北京怎么样，二舅说"北京人搓背搓得很好"。

到了两个妹妹出嫁的年纪，二舅心里很不舍。二舅有自己的表达，大姨和我妈结婚时的所有家具，每一张图纸，每一块木板，每一块玻璃，每一根装饰条，每一个螺丝，每一遍漆，都是二舅一个人完成的。姥姥家这么穷，妹妹出嫁有这么一套家具，婆家也会高看一眼，也许就会更好地待自己的妹妹。你可能说我在吹牛，因为这是"上海牌"的家具。但你忘了，这是我的二舅。二舅总有办法，什么牌子他都能给你贴上。你还要什么牌子？他还有"天津牌""北京牌""香港牌"，超豪华。

再后来，年轻的二舅领养了刚出生的宁宁。二舅拼命地在周边做工赚钱，大部分时间都把宁宁寄养在了大姨家里，很少陪伴她。

十年前，宁宁和男朋友结婚了。二十万出头的县城房子，二舅出了十几万，真不敢想象他是怎么攒下来的。二舅掏光了半辈子积蓄给宁宁买了房子，却开心得要命。

二舅在三十岁出头的时候迎来了说媒的高峰期。但二舅跟我说，他一直觉得他这辈子只能顾得住自己，顾不住别人了，所以从来没有动过这方面的心思。其实二舅说谎了……

…………

就这样又过去了30年，转眼姥姥已经88岁了，现在农村的人工成本也越来越高，二舅正是挣钱的好时候，他很想为自己多挣一点养老钱，将来就不用拖累宁宁。

但是姥姥现在的生活已经不能自理，也不是很想活了。有一次，甚至已经把绳子挂到了门框上。中国人老说"生老病死"，"生死"之间，何苦还要再隔上个"老病"呢？这可不是上天的不仁，而是怜悯。不然我们每个人都在七八十岁，却还康健力壮之年去世，那对这个世界该有多么的留恋？那不是更加的痛苦吗？从这个意义上来讲，"老病"是"生死"之间的必要演习。

所以在几年前二舅出门的时候，就开始把姥姥放到车上。去别人家做木工活的时候，就把姥姥放到身边的小板凳上。66岁老汉随身"携带"88岁老母，这个"6688"组合简直是酷极了。

这几年，二舅木工活也不做了，全职照顾姥姥。早上给姥姥洗脸，晚上给姥姥洗脚，下午陪姥姥锻炼。姥姥每走二十步，就得坐下歇十秒，二舅每走二十步，就会落后姥姥三米，赶上这三米正好需要十秒，接着走。这么默契的走位配合，我上一次见到还是在乔丹和皮蓬身上。乔丹喜欢给皮蓬送超跑，二舅喜欢给姥姥拽面条，再浇上点西红柿炒鸡蛋，嗯，好吃的。

二舅从小对宁宁没有什么教育可言，今天的宁宁却成为村里最孝顺的孩子。可见，让小孩将来孝顺自己的最好方法，就是默默地孝顺自己的父母。小孩是小，不是瞎。

其实很难把二舅定义为一个木匠。我在家这三天的时间里，他给村里人修好了一个插线板，一个燃气灶，一盏床头灯，一辆玩具车，一个锄头，一个洗衣机，一个水龙头。回来的路上，被另一个婶子拦住，修好了她家的门锁。还没进家门，又被另一个老头叫到家里，说电磁炉坏了，二舅到他家，发现是他家插线板的电源忘了打开。可怜的老头。回到家又修好了一个奶奶的老人机和收音机。

…………

1977年恢复高考的时候，二舅正是十八九岁，如果不是当年发烧后的四针，二舅可能已经考上大学，成为一名工程师。单位分的房子，国家发的退休金，优游自适，颐养天年。隔壁村一个老头就是这样，当年学习还没二舅好。

…………

遗憾谁没有呢？人往往都是快死的时候才发现，人生最大的遗憾就是一直在遗憾过去的遗憾。遗憾在电影里是主角崛起的前戏，在生活里是让人沉沦的毒药。我北漂九年，也曾有幸相识过几位人中龙凤，反倒是从二舅这里，让我看到了我们这个民族身上所有的平凡、美好与强悍。都说人生最重要的不是和一把好牌，而是打好一把烂牌，二舅这把烂牌，打得是真好。

他在挣扎与困顿中表现出来的庄敬自强，令我心生敬意。我四肢健全，上过大学，又生在一个充满机遇的时代，我理应度过一个比二舅更为饱满的人生。

今天，二舅还在走着自己的人生路，这条长长的路最终会通往何处？二舅的床下有一个几十年前的笔记本，笔记本的第一页是他摘抄的一句话：下定决心，不怕牺牲。排除万难，去争取胜利。

阅读上面的例文，请同学们思考这篇文案的创意点在哪里？

一、认识新媒体文案

新媒体文案及其载体

新媒体文案是以现有的新兴媒体（多为移动互联网媒体）为传播平台，利用其网络媒体、社交平台的交互性，进行有创意的广告内容输出，用于辅助商家或企业实现某种营销目标的一种文案。

新媒体文案的常见载体主要有以下几种。

微信：微信的快速发展使其成为热门的网络营销和推广平台之一，也是新媒体文案的热门载体，很多企业会建立自己的公众账号进行专门的营销与推广，这样积累的受众忠诚度和文案转换率都比较高。微信的一大特点是微信中的朋友圈大部分是你的好友，因此文章一旦在朋友圈得到转发，很快就能吸引到更多的朋友，而且文案越有趣、越能满足受众的需求，也就越容易被转发。

电商平台：新媒体文案通常也会发布在电子商务交易平台上，如手机淘宝的"微淘""淘宝头条""必买清单"版块、京东商城的"发现""京东快报"版块及小红书等，这些平台上的文案是平台内网店及品牌商家产品推广的一个大的汇总，多是为网店商家服务的，主要以产品信息的介绍为主。

微博：使用人数众多，注重信息的时效性和随意性，能够在任何时间发表所见、所感、所闻和所想，这也是新媒体文案的一个重要载体。微博有短微博与长微博之分，短微博是指140字左右的小短文，它要求文章或犀利、或有趣、或经典等，对受众充满吸引力；长微博无字数限制，它要求主题明确、条理清晰。不管采用哪种方式写作文案，要想进行文案的传播，就要紧紧抓住网友的心理特征和需求，或结合时事热点，写出具有关注度的文章。

头条号：相较于微信，它更类似于微博，是一个开放性的新媒体平台，却比微博更容易获得较高的流量。它会根据用户的订阅内容和阅读习惯为他们推荐相关内容。因为这里受众的阅读专注度不高，在写作时，文案人员要保持轻松、娱乐化的心态，避免过于专业的选题，增加配图，减少文字。如果文案需要插入视频，尽可能上传本地视频，这样不仅能带来额外的视频播放量和广告收益，还能避免因插入网络视频而跳转到视频播放页的情况。

社群：社群营销是现在很流行的一种营销模式，尤其在移动互联网得到快速发展之后，各大社群开始涉足移动阅读App、电商、社交等不同的领域，移动社群开始兴起。常见的移动社群有QQ群、微信群等。淘宝平台的店铺群、微博兴趣群等利用群员的共同爱好而建立起来的交流群在一定程度上也可被称作社群。社群文案主要是通过优质的内容或话题来吸引受众，维系与成员之间的感情，或是以优惠活动及其他方式进行产品或品牌的宣传。

论坛：论坛是网络营销推广的重要平台之一，如果把"软文"发布在帖子中，让受众感受到"软文"的吸引力，受众就会自愿评论和转发帖子，形成一个非常好的传播营销效果。论坛中的"软文"与其他载体的软文有所不同，文案人员在发布完帖子后可以顶帖，如果帖子创意很好，再加上成功顶帖，就会成为热门帖子，软文的效果就会事半功倍。

 案例

要想生活过得去

江小白 + 橙汁
如果你累了
没有期待
就不必再假装给别人看
所谓美好
给自己一点空间
减去一点思想的包袱
才能加上一点生活的活力"橙"
生活不就是这样
酸甜适中才好
……

江小白 + 红茶
英式早茶里所用的红茶
除了味道好
与牛奶混合出美妙的颜色
它也责无旁贷
精致的生活确实需要一点颜色
心情也需要颜色
轻口味的高粱酒

有时候需要一点点红茶
在视觉与味觉上同时达到别样的美

江小白 + 绿茶
生活在钢筋混凝土的城市里
如何寻找生活的诗意
生活过得去
必须有点"绿"
薄荷叶的存在
更是一种double的体验
体验回归大自然的味道
有时未必需要走进森林
忙碌的你
只需要一杯轻口味高粱酒
配上一点点绿茶青柠
……

二、新媒体文案的特点

（一）内容多元化

新媒体文案拥有丰富的表现形式和传播途径。随着时代的变化，移动端的使用频率提高，人们随时都能拿着手机获取消息。与此同时，网络的便捷性导致信息传播渠道多样化，很多时候，人们很难从冗杂的信息链中获取指定的某一段信息，所以在这样的社会环境下，信息的加工势在必行。

文案本身就是对信息的再加工与处理，新媒体文案更加需要考虑在网络中让信息被准确接收的操作复杂性，方便该信息能轻易被人们接收、理解、记住甚至传播，故而新媒体文案具有内容多元化的特点。由单一的文本形式转变为文字、动图、超链接、视频等的灵活组合，方便在不同的网络平台都能得到有效的传播。

（二）成本低

相比于传统的广告，新媒体文案的发布成本更加低廉。网络传播的路径广阔，只要文案写得足够精彩，自然会有人自发地将文案进行传播与分享，这样一条简单的网络链，很多时候就会产生意想不到的营销效果。而传统媒体则是通过电视、杂志等传播，投入成本较大，且很多时候想要传递的信息也并不能准确地传递到受众手里。

（三）互动性强

新媒体文案多发布于社交、娱乐及资讯性平台，受众可使用手机随时随地进行操作。这种文案传播不再是单向的，而是多向的沟通与交流。以微博平台为例，微博文案常会要求网友留言评论、点赞或是转发，互动性强，能较好地维持与受众之间的关系，增加受众对商家的亲切感。

（四）推广力度大

新媒体文案的形式非常灵活，得益于网络的便捷性与传播的多元化，其推广力度更大。现在人们多使用移动端查看新媒体文案，移动终端设备都是触摸屏。按键灵敏，操作起来十分方便，所以在文案末尾或文首常设有可扫描的二维码内容。以微信公众号文章为例，一般情况下受众可通过扫描文末二维码关注该公众号或其他推广的公众号，十分方便。

（五）定位精确

不同的新媒体平台受众具有不同的特征，文案人员会根据各平台受众的特点撰写文案，所以新媒体文案的另一个特点是受众定位更精确。

比如知乎、豆瓣、微信、微博等比较适合上班族，所以其推送的很多内容都是职场人群所需要并愿意进行传播的。再比如淘宝头条大部分用户为女性并且以年轻女性居多，所以其文案多是这类群体感兴趣的服装、美妆等内容。受众在平台上的各种数据都会被后台记录，平台基于这些浏览记录会精准地为受众推送相关内容，商家或企业一旦与这些平台合作，就可根据这些数据对受众进行精确的定位，从而取得良好的营销效果。

新媒体文案特点及类型

三、新媒体文案的常见类型

（一）按广告目的分类

按广告目的分类，新媒体文案可分为销售文案和传播文案两种。

（1）销售文案。销售文案是指某一产品在某一阶段内的广告文案，其主要目的是提升产品的认知度和销量，使产品更好地获得目标用户的认可，更有效地把产品价值传达给目标用户，能够立刻带来销售的文案，如介绍商品信息的文案、为了提升销售量制作的引流广告图等。销售文案要能够打动用户，并促其立即产生购买行动。如某羊毛衫的广告，其使用了"100%舒适羊毛""挺括""保暖""防风""柔软"等词汇，将羊毛衫的特点及品质体现得淋漓尽致。当用户刚好需要这一件具有这些功能的羊毛衫时，很有可能就会选择这款产品。

当然，销售文案并非只能专注于产品的使用特点展开，也可以卖"情怀"，通过某款产品所具有的情感价值吸引用户购买。如农夫山泉的广告文案"我们不生产水，我们只是大自然的搬运工"，传达出了自身尊重大自然的价值观，引起了广大用户的共鸣并获得了用户的信任。

（2）传播文案。传播文案是为了扩大品牌影响力的文案，如企业的形象广告、节假日的情怀营销等。传播文案要能够引起受众的共鸣，并引发受众自主自发地传播。

（二）按篇幅长短分类

按照篇幅长短分类，新媒体文案可分为长文案和短文案两种。

（1）长文案。长文案一般指1000字以上的文案。长文案需要构建丰富的情感场景。在价格昂贵、顾客决策成本较高的行业，通常需要使用长文案，如汽车、珠宝、房地产行业等。

典型场景	对象	文案要求	技巧
微博	铁杆粉丝	活动性文案	设置抽奖
微信公众号	公众号用户	软文性文案、活动性文案	设置故事情节，引发用户的情感共鸣
微店	微店用户	说明性文案、福利性文案	强化视觉冲击

（2）短文案。短文案一般指1000字以内的文案。短文案需要快速出动，展现核心信息。在价格较低、顾客决策成本较低的行业，一般使用短文案，如日常生活用品、护肤品等。

典型场景	对象	文案要求	技巧
微博、微头条	陌生人、铁杆粉丝	诱惑力强、话题性强、能激发用户的好奇心	与热点话题结合
朋友圈	亲戚朋友和其他认识的人	语气亲切	与好友互动
微信群	好友和陌生人	话题娱乐性强	人多时自然插入

（三）按广告植入方式分类

按照广告植入方式分类，新媒体文案可分为硬广告和软广告两种。

（1）硬广告。硬广告是指企业或品牌把纯粹的带有产品或品牌信息的内容直接地、强制地向受众宣传。

（2）软广告。软广告是指企业将产品或品牌信息融入新闻宣传、公益活动、网络视频等传播活动中，使受众在接触这些信息的同时，不自觉地接收到广告信息。软广告和硬广告的差别在于软广告具有目的多样性、内容植入性、传播巧妙性等特点，它并不直接说明是广告，而硬广告是纯广告，它不会融入其他主体中。

四、新媒体文案的写作技巧

（一）标题

标题有没有吸引力，能不能抓住消费者的眼球至关重要。能让人眼前一亮的文案标题是提高点击量的关键。一般来说，如果能换位思考，站在消费者的角度思考，就能知道他们的需求。新媒体文案的标题撰写方法如下。

新媒体文案的写作技巧

1．数字化

数字化标题即将正文的重要数据或文案的思路架构整合到标题中。数字化标题一方面可以利用数字引起读者注意，另一方面可以有效提升读者阅读标题的效率。如：

- 1000张《射雕英雄传》电影票已备好！限时抢！
- 十大口碑最好的女鞋！
- 十大护肤品品牌有你家的吗？

2．借助名人

名人是大众关注的焦点，很多广告都会利用名人效应，因为受众会从对名人的喜欢、信任甚至模仿，转嫁到对产品的喜欢、信任和追捧。标题也可以借助名人来吸引公众的眼球，提高文章的阅读量。如果企业或商家所宣传的事物或者产品能和名人联系起来，借着名人的影响力，定会吸引不少消费者的注意。因此，如果标题中涉及专业人士或名人的观点，那么可以将其姓名直接加入标题中。如：

- 向杰克·韦尔奇学商业管理
- ×××（明星）年轻20岁的秘密
- ×××最喜爱的内衣品牌

3．危机化

读者会关注与自己相关的话题，尤其是可能触及自己利益的话题。文案创作者可以尝试设计危机化标题，从而激发读者的猎奇心理，使其产生危机感。如：

- 如果你不在乎钙和维生素，请继续喝这种豆浆！
- 高血脂，瘫痪的前兆！
- 30岁的人为什么会有60岁的心脏？

4．热点化

热点化标题主要针对一些当下发生的事件，引起人们的广泛关注。体育赛事、节假日、热播影视剧、热销书籍等都会在一段时间内成为讨论的热点，登上各大媒体平台的热搜榜。以此为文案标题创作源头，通过大众对社会热点的关注，引导客户对文案的关注，提高文案的点击率和转载率。如：

- "××"情人节鲜花预订火爆
- "双十一"捡漏，29元护肤品抢到就是赚到

5．神秘化

人类的求知本能让大家更喜欢探索未知的秘密，于是神秘化的标题往往更能引人关注，诱发受众追根究底的心理，打开受众的"好奇心缺口"。如：

- 掀开微商月入百万元背后的真相
- 机油的寿命到底有多长？

6．稀缺化

超市某商品挂出"即将售罄"的牌子后，通常会引来一波哄抢。"双11"电商平台销量逐年上涨，也是由于平台商家约定"当日价格全年最低"。对于稀缺的商品或内容，消费者普遍会更快地做出决策，直接购买或点击浏览。因此新媒体文案标题也可以提示时间有限或数量

紧缺，促使消费者阅读正文内容。如：
- 快领，京东购书优惠券明天过期！
- 这篇文章今晚删除，不看亏大了！

7. 利益化

文案一般都是商家发布宣传产品、品牌的文章，所以一定要以"利"诱人，在标题中直接指明产品的利益点。如：
- 微商年收入15万元不是梦——我的奋斗历程
- 鸡胸肉的好吃做法合集，减脂的有福了

8. 新鲜化

人们总是对新鲜的事物感兴趣，把握住这个特征，制造出具有新闻价值的文案，往往会吸引更多流量和转载量。如：
- 2025年大牌潮流抢先看，LV、爱马仕手袋，哪个是你的菜？

9. 体验化

体验化语言能够将读者迅速拉入内容营造的场景，便于后续的阅读与转化。每个人所处的环境不同，看文章的心情也不同。但是为了引导读者的情感，需要为读者营造场景，可以在标题中加入体验化语言，如"激动""难受"等情感类关键词及"我看过了""读了N遍""强烈推荐"等行为类关键词。如：
- 一段小小的视频，上百万人都看哭了

10. 提问式

提问式标题以提问为主，即通过提出问题来引起受众的注意，进而提高受众的关注度，并引导受众在浏览过程中产生思考和共鸣，达到文案推广的目的。提问式标题可以是反问、设问，也可以是疑问，甚至有时可以用明知故问的方式来表达文案的主题。
- 当一个员工生病时，你的公司要多久才能复原？
- 即便独自在家，你是否有关好浴室门的习惯？
- 你做PPT时有如下苦恼吗？

知识拓展

新媒体文案创作者在拟定标题时常见的误区

误区一：只概括文案大意，却忽略了吸引受众

原标题：《不要那么悲愤，这个世界不欠你的》VS.《我一个10年的闺蜜拉黑了我》

误区二：缺乏场景化，没有激发受众的传播欲望

原标题：《你爱的早，不如爱的刚刚好》VS.《多少人嫁给了自己的高中同学》

误区三：标题字数太少，信息过于模糊

原标题：《北京风起时》

（二）开头

新媒体文案写作中，开头是文章的龙头，决定了整篇文案的走向。营销大师费瑞兹曾经说过："拒绝，是顾客的天性。"当顾客敏锐地嗅到卖货的味道时，下一步动作就是拒绝。我们都有过类似的经历，打开网页的第一件事，就是关闭各种弹窗，有时候还会花钱买各种会员，就是为了关闭视频前面几十秒的广告，可见用户对广告信息的抵触。正因如此，一个足够吸引人读下去的开头就变得尤为重要，这个开头要具有一定的迷惑性，遮蔽住自身卖货的目的，吸引顾客完成阅读。

1．故事型开头

读者都喜欢阅读故事，不喜欢大道理。故事型开头可以直接把与正文内容最相关的要素融入故事，让读者有兴趣读下去。

以故事引入的方式引导受众阅读，不仅能使文案更易读，而且还能传递有效信息。写作模板是：想象/故事+事实陈述。最开头先讲一段想象或者故事，这段故事可以是真实的，也可以是虚构的，再引入正题。

2．图片型开头

正文以一张图片开始可以吸引大众的注意力并增加文章的表现力。使用一张好的图片，可以极大地延长读者目光的停留时间，并激发读者的阅读欲望。图片的存在为文案提供了更好的表现形式。

3．简洁型开头

如果标题已经写得很明白，那么开头可以一笔带过，一句话点题即可。

4．思考型开头

思考型开头通常是以问句的形式，通过向读者提问，引导读者带着问题阅读后文。比如新年期间的一篇推文《为什么你一直存不下钱？》就利用了这种开头写法。这篇文案抓住了春节期间消费过度的社会现象，针对我们总是不知道"钱都花在哪儿了"的心理，盘点一下我们存不下钱的原因。

5．金句型开头

发人深思、一针见血的句子，被称为"金句"。在文案开头放入金句，可以直击人心，吸引读者的眼球。

6．热点型开头

利用热点延伸，也就是我们常说的"蹭热点"。热点自带流量，可以转化为阅读量，很容易搜索到，也能引发大家的兴趣。热点延伸式的写作模板是：简述热点+热点解析。

比如考研每年放榜的时候，与考研相关的公众号就会追热点，"考研成绩"四个字与一个哭泣的表情霸占了热搜。如《恭喜我考研失败了》的文案，开头就一句话"今天，20××考研出分了"。先简单干脆地抛出考研这个热点，接下来简要阐述热点的内容，描述热点引发的社会现象，再由这个现象引出后文的相关内容。

7．悬念型开头

这是使用较多的一种开头方式，这种设置悬念的方法与利用故事创造的效果有点类似，都是较重视故事的作用。但悬念常与刺激、恐惧联系在一起，这种开头表达的意思较为抽象，以悬念故事开头的文案，通常都是把吸引受众放在第一位。

8. 修辞手法开头

修辞手法有很多，包括比喻、夸张、排比、比拟等，通过对修辞手法的运用，可以让文案开头变得更加生动。如：

因为我已经认识了你一生。

因为一辆红色的捷安特自行车曾经使我成为街上最幸福的男孩。

因为你允许我在草坪上玩蟋蟀。

你的支票本在我的支持下总是很忙碌。

……

> **知识拓展**
>
> ## 文案创意的思路
>
> 1. 平铺直叙型
>
> 这是最为基础的一种基调，比较适合新手，很多纪实类的文案开头都会选择平铺直叙式的展开。
>
> 比如一条关于环境污染的文案，开头是一张人造森林的照片，文案是："这片土地曾经被砍伐并破坏，但现在，它成为一片郁郁葱葱的森林，这片人造森林，比中央公园还大。"平铺直叙地展开，将客观事实客观陈述，介绍了这片森林，又介绍了森林现状，不加渲染地还原事实，让人觉得很真实。
>
> 2. 幽默型
>
> 世界上有两种最讨喜的话：一种是恭维；另一种就是幽默，因此幽默的基调是最容易引起读者兴趣、让人读进去的文案风格，大家看完之后会觉得轻松有趣，对广告的接纳度也会更高。
>
> 阿里健康的一条文案，使用了幽默的写法："你这辈子，说过最年少轻狂的一句话是什么？"答案是："师傅帮我头顶打薄下。"这篇文案从一个诙谐的小段子讲起，讲的是人类的脱发难题，最后由基因引出文案的主题——阿里健康的广告。
>
> 3. 怀旧型
>
> 人是感性动物，很容易为情绪服务买单。信息时代，物质的更新换代加快了，精神更迭却更放缓了，每一种带着回忆的东西的消逝，都会引起广大网民的缅怀。比如说诺基亚倒闭了，"板砖"成了一种情怀；柯达倒闭了，胶片质感反而更流行。情怀是一种对过去事物的感叹，也是文案调动消费者共鸣的营销手段。比如，百事可乐的广告文案《把乐带回家之猴王世家》就大打怀旧牌，借六小龄童扮演的美猴王在我们童年留下的情感，引发观众的回忆和共鸣。

4. 科普型

近些年，科普类的软文大火，成为一种常见的营销模式。它利用了人们对无知的焦虑，引发用户进一步地阅读。这类文章在开头就会告诉受众，这篇文章的目的是"涨知识"。用户本着这样的目的，很自然地就会继续往下翻阅，接受这种软广告的"安利"或者"种草"。例如，有篇推文是讲护肤的，文案的开头对"秋冬太阳没那么强烈，因此就不需要防晒"的观念进行了科普，站在专业的角度上，科普了一系列秋冬护肤攻略，也"安利"了不少品牌的防晒霜和乳液，很多人在不知不觉中就被"种草"，进而下单了。

（三）正文

1. 总分式

总分式故事架构先点明故事核心要素，然后按照顺序把故事的起因、经过、结果等环节分别讲明白，即先提出观点，指出某观点"是什么"，接下来分析"为什么"和"怎么办"，逐层推进，说明问题。

2. 分总式

分总式架构与总分式架构正好相反——自下而上，先剖析观点或讲故事，最后提炼出文案核心。

3. 总分总式

总分总式架构指的是文案首尾呼应，开头提出核心观点，结尾再次强调或升华观点。

4. 拼盘式

拼盘式架构大多是由作者拟定小标题并整合而成的，省去了找素材、做总结的步骤和时间。因此，拼盘式文章是较受读者欢迎的写作架构之一。

5. 并列式

通过不同视角或案例讲述同一个观点，即并列式架构，由三个以上相互无联系的部分组成，独立性强，从不同的角度对问题进行描述，不分先后顺序和主次，各部分并列平行地叙述事件、说明事物，或是围绕几个并列层次的中心论点的结构来书写。它的各组成部分间是相互独立的、完整的，能够从不同角度、不同侧面来阐述推广的对象，即材料与材料间的关系是并行的，前一段材料与后一段材料位置互换，并不会影响到文案主题的表现。各材料间联系紧密，可以共同为文案主旨服务，具有知识概括面广，条理性强的特点。

6. 欲扬先抑式

也称为"抑扬式"，即为了肯定某人、事、景、物，先用曲解或嘲讽的态度去贬低或否定它的一种写作方法。如：

欧莱雅！我恨你！你知道你有多招恨吗？你不知道我一直都很喜欢你的产品吗？为什么刚出的新品不多放一些！你不知道"雪颜亮彩再现"是我的目标吗？我凌晨就等在电脑前准备开始抢，3秒啊！只有3秒就没有了！哎！要是我速度再快一点就好了！

项目四 练习四

先抑后扬的写作手法可以解除受众的心理防线，让受众产生反差感，而这种反差感是受众记住一个产品或品牌的最好方法。这是因为受众在阅读这篇软文时，产生了思考的过程，因此对某个事物产生了深刻记忆。

7. 递进式

递进式正文布局就是把受众的问题一层层地剥离开来，在论证的过程中做到层层深入、步步推进，一环扣一环，每部分都不能缺少。即正文中材料与材料间的关系是逐层推进、纵深发展的，后面材料的表述只有建立在前一个材料的基础上才显示出意义。

这类结构的文案具有逻辑严密的特点，其内容之间的前后逻辑关系、顺序不可随意颠倒。递进式结构的布局主要是针对一些比较复杂的产品，表现为观点或事件的论证和讲述，常以议论体和故事体的形式写作，这种文案的重点内容都在后半段。如：

丈夫："把你的××换掉吧。"

妻子："你又不是不知道我生气时爱摔东西。"

丈夫："所以才要换啊，摔不烂，怎么泄愤。"

（四）结尾

1. 场景

结尾融入场景，更容易打动人心。在结尾处设计场景，最重要的是截取合适的场景，最好是读者生活中的画面。例如，育儿的文案可以描述妈妈和幼儿在一起的场景。

2. 金句

转发率高的文章，通常会在结尾埋下金句画龙点睛。由于金句可以帮助读者悟出文章核心，并引起读者共鸣，因而结尾带有金句的文章，读者转发的可能性会更高。如：

"生、老、病、死"是每个人必定会经历的，而离别也是我们每个人都要学习的，虽然所有人都希望这样的离别可以晚一点，再晚一点。

但医院的"悲喜剧"还是交替上演着，从未停歇。

生命是如此之重，又是如此之轻，死亡让我们感知"什么是活着"。

3. 提问

在结尾处进行提问，一方面提问力度比正面陈述大，可以带着读者思考；另一方面可以在结尾提问后，发起互动，提升读者参与感。

4. "神转折"

"神转折"即用出其不意的逻辑思维，把毫无关联的事联系起来，通过结尾的三言两语将前文中营造的氛围破坏得一干二净。由于"神转折"有一种强烈的反差感，借助这种反差让受众惊叹于写作人员的构思之独特，引起受众的讨论，在读者心中留下深刻的记忆，自然也利于网络传播。如：

他是故意安排出差来这里看她，却没想到遇到了她的婚礼。

她从婚礼上追着跑了出去，茫茫人海，她突然在地上看到了他落下的手机。

这个手机型号是×××，双面2.5D弧面玻璃，第一感觉就是一个无限放大的"美"。当×××静静地躺在大理石上的时候，你能感受到它的静谧。而当第一缕阳光从其表面掠过的时候，你能感受到它非常特别的魅力。

5. 幽默

幽默的语言总是讨大家喜欢的，如果文案的结尾适当地诙谐幽默，则会让人会心一笑，带来非常愉悦的阅读体验。

例如，某些朋友圈的互动文案，就是用幽默的语言结尾来引起受众的评论互动。甚至有些公众号直接在每次推文之后再多发一则幽默的文案，以标题为开头，以正文为结尾，博受众一乐，让人读完之后忍不住留言。如：

最近总有人夸我帅，想了一晚上，

究竟是谁走漏了风声？

（五）写作要诀

1. 简单直接地向受众传递主题信息

介绍产品时可以直接向受众说明产品的产地、特点以及企业的理念，让受众直观地获取产品信息。

2. 制造悬念来吸引受众

例如，著名的可口可乐的宣传文案，先设置了可乐秘密配方的疑点，甚至指出该配方是一张被锁在某地下金库的纸条，钥匙由3个人保管，有员工为了获得这个配方被送进了联邦监狱……最后可口可乐公司解释根本不存在配方。从设疑到推疑再到解疑的策划过程，将整个悬念故事情节做了巧妙的推演，直至情节的最高潮时解密，既大力宣传了品牌，也促进了产品的销量。

3. 给予好处来利诱受众

巧用利益点，所谓利益点，是指产品能给人带来的直接或间接利益。带有利益点的广告标题能从用户的诉求出发，让用户通过标题明确知道广告中的产品是否符合自己的需求。这种广告标题的指向性和目的性十分明确。

例如，某外卖平台推出一则标题为《28岁的他，从普通员工到上市公司高管，只做对一

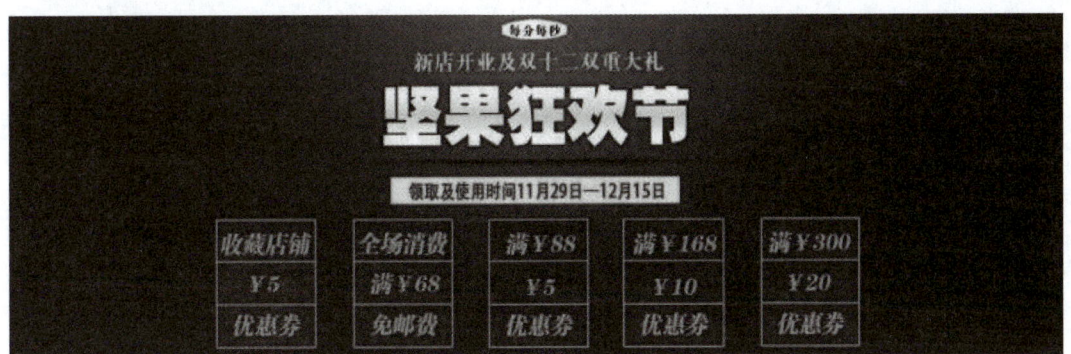

件事》的广告,这个标题传达出大多数人都想达成的愿望——年轻时成为上市公司高管。对年轻人来说,这一标题非常具有吸引力,所以可以吸引年轻人点击观看这则广告。

4．利用感情来打动受众

内容富有感情,应该具备以下3个写作的原则:每一个词语都蕴含情感,用词语的简单组合讲述故事;每一篇好的文案都是词语、感受和印象的情感流露;以情感来销售商品,学会用情绪来感化,就是让受众看到广告文案后产生情感共鸣。情绪包括悲伤、痛苦、愉悦、彷徨、迷茫、无奈等,只要是大多数人能够感知到的情绪,都可以加以利用。

例如,2020年母亲节前夕,华为发布了一个标题为《凌晨四点的音乐会》的短视频,用文案"母爱是首歌,总在看不见的地方奏响"阐述了母爱的伟大,突出其产品HUAWEI WATCH GT2的监控睡眠质量功能,最后引出文案"HUAWEI WATCH GT2,让妈妈睡得好一点",引发了用户关爱母亲的情绪。

5．利用个性化来迎合受众

利用一些语言上充满巧思,体现个性的文案来引起受众的关注。

6．利用热点导入,引导阅读

热点话题是指在一定时间、一定范围内,公众最为关心、能够引起广泛讨论的话题。热点话题拥有广泛的关注群体,利用热点话题撰写新媒体广告文案,能够吸引对该话题感兴趣的人群,扩大广告的传播范围。

利用热点话题撰写新媒体广告文案的关键是准确地寻找热点话题。热点话题分为两种类型：一种是常规性热点话题；另一种是突发性热点话题。

五、文案标题写作模板

文案标题写作模板

标题技巧	示例
使用"如何……"句型	如何发邮件请求帮助，并获得超高回复率
结合时事	先挣它 1 个亿，跟王健林学制定人生目标不完全指南
创造新名词	分子美容新产品，×××美白面膜
引述见证	超过 18000 份体验礼盒试用反馈报告证明，我们的产品至今没有产生过敏刺激等不良反应
传递新消息，并且运用"新推出""引进"或"宣布"这类词汇	各大传统化妆品巨头宣布进军微商圈！×××推出微商子品牌
给受众建议，告诉受众应该采取哪些行动	收藏并转发到朋友圈，你会获得×××1 个月的使用权
利用数字与数据	小魔盒创始人曾辉口述：我把一款专业线传统美容产品做到 3000 万元的秘密
强调你能提供的服务	即日起，我们的新款袜子提供微信预购，就如同订杂志一样简单
讲故事，描述一段过程	我坐在计算机前时，他们还在群里讨论今晚的培训课程，然而当我开始回忆

续表

标题技巧	示例
提出推荐性的意见	夏天必须关注的彩妆品牌
说明好处	从困难变容易，×××电动吸尘器，轻松清理家庭垃圾
用能够让受众脑中浮现画面的词汇	未洗净的果皮表面会为您的身体健康"投下剧毒"
直接点出服务内容	O2O吸粉 Wi-Fi 路由神器，所有经销商都免费赠送
"听起来难以置信……"句型	听起来难以置信，我们刚上市的新产品，不久的将来将改变整个行业的格局
运用"为什么""原因""理由"来写标题	制作公司在拍摄重要的电视广告时，偏好采用 Unilus Strobe 牌灯光设备的7大理由
汇总整理归类	【盘点】重磅推荐！来自2024年度最受欢迎的×××产品榜单
强调买就送	免费送给您——现在订购，就送价值888元的免费好礼

练一练

1．介绍笔记本电脑的文案常采用哪些形式开头？请根据所学文案开头形式，从中选择并撰写适合笔记本电脑文案的开头。

2．找一篇自己喜欢的爆款软文，分析该文案主要用了哪种表现形式。

3．某品牌"鸡胸肉零食"将与一位主打零食推荐的KOL合作，投放一则广告在这位KOL的短视频账号上，请你为这款产品进行广告文案写作。

练一练

修改下列标题，让标题更生动，更有创意。

例子：

原标题：《这款手机采用优质感光元件，夜拍能力超强》

修改后：《哇哦！这款手机可以拍星星》

相比原标题直接展示产品特点的写法，修改后的标题则能将其性能用一个动作场景表现出来，不仅体现了产品的使用价值，还会显得更加生动、有创意。仿照例子修改下列标题。

（1）原标题：《好的创意，抵过千万句文案》

修改后：

（2）原标题：《郑念：哪怕风雨摧残，我也有自己的精致和讲究》

修改后：

（3）原标题：《孩子越早学英语越好》

修改后：

（4）原标题：《我喜欢这个冷酷直白的商业社会》

修改后：

（5）原标题：《全气候电池革命性突破锂电池在低温下性能的局限》

修改后：

实战案例

如何策划、设计和售卖日照Photoshop（以下简称"PS"）训练营课程？

实战解析

第一步：激发需求

激发需求是寻找用户的三个点，即"痛点""爽点""痒点"。

1. 寻找痛点

新媒体广告人员需要思考用户为什么需要学习PS，即用户如果没有学习PS会面临哪些痛点和场景，如表所示。

痛点	场景
羡慕	同样的内容，为什么别人的海报总是看起来更加有质感
无奈	应聘了很多工作，每一家公司都要求熟练掌握 PS 的用法
郁闷	活动即将上线，设计师却说没有时间设计海报
头疼	设计师设计的海报质量不佳，可完全不知道如何提出建议
可惜	好不容易有机会去旅游，拍出来的纪念照却差强人意
遗憾	因为不会 PS，错失了一次升职机会
抓狂	用户、领导要的文件总有奇怪的瑕疵，不知道怎么去掉
麻烦	提交证件照，需要按照相应的要求裁剪

2. 寻找爽点

爽点是针对痛点展开的。爽点是指用户在解决痛点问题后，产生的爽快情绪。此时，新媒体广告人员需要给用户提供一套能够解决用户痛点问题的方案，及时满足用户的需求，如表所示。

爽点	场景
兴奋	学好 PS 后，成功入职理想企业
自豪	在工作中因 PS 制作能力出色被夸奖
欣慰	因为 PS 制作能力出色被委以重任

3．寻找痒点

痒点是指用户学会PS后产生的令人愉悦的效果。将这些效果展示出来，让用户看到学会PS后的不同，用户会更加具有学习的动力，如表所示。

痒点	场景
嫉妒	别人拥有出色的 PS 制作能力自己却没有
着急	别人在工作中因 PS 制作能力出色被夸奖
期待	一直想学 PS 却没有机会

第二步：打消顾虑

用户购买某款产品，最大的顾虑是该产品是否具有理想的效用。大部分用户对学习PS训练营课程最大的顾虑，就是是否能通过该课程真正学会PS。

此时，新媒体广告人员需要列举出一些有力证据，证明该产品真的能够达到用户的要求。PS训练营课程具有以下3个优点，能够有效保证用户的学习效果，如表所示。

优点	内容
节约时间	摒弃 90% 的不常用功能，确保学到的都是实用技能
容易坚持	游戏化教学，学习趣味强，让人动力十足
配套资料	图文教程、操作手册等一应俱全

第三步：选择模式

将训练营学习与网课自学进行对比分析，让用户感到参加训练营学习比自学网课效果更好，如表所示。

序号	网课自学	训练营学习
1	个人自主摸索学习模式，缺方法	8 次直播结合 6 次点评，专业方法指导
2	没有人反馈不想做作业，缺实践	28 天实战演练、老师专业点评反馈

续表

序号	网课自学	训练营学习
3	想找很多时间学习课程，缺时间	每天 60 分钟，28 天集中搞定 PS
4	自制力不够容易放弃，缺坚持	福利激励、专人监督
5	自己对着课程琢磨，缺氛围	社群成员互相交流学习、每日打卡
6	作业做与不做都没人管，缺监督	助教暖心陪伴，全程指导学习

第四步：选择品牌

PS训练营有很多，此时新媒体广告人员需要强调，日照PS训练营比其他PS训练营好在哪里，阐述用户选择日照PS训练营的原因，如表所示。

序号	原因	广告文案切入点
1	品牌口碑好	日照 PS 训练营推荐的课都信得过，而且课程品类多
2	日照 PS 训练营口碑好	学员好评截图、好评卡片、学员复盘总结
3	日照 PS 训练营知名度高	发布老师的课程内容和学员的作品等一切与训练营有关的正面内容，包括新媒体运营、公开课、图书等
4	学习效果看得见	邀请学员分享故事、学员学习前后的成果对比
5	增值服务价值高	多样化学习奖励、超值的福利资源包、提供设计项目对接服务
6	老师阵容很有吸引力	5 位一线设计老师授课
7	学习氛围好	学员互相监督、互相鼓励、互相讨论问题的画面

第五步：促进行动

许多用户接收到以上信息后，并不会立刻购买训练营课程，而是选择继续观望一段时间。此时，新媒体广告人员需要通过广告文案告诉用户立刻购买日照PS训练营课程的意义。

例如，新媒体广告人员可以通过文案告诉用户，日照PS训练营每期的招生名额有限，现在不购买可能就会错过；现在购买日照PS训练营课程可以得到额外的福利，以后购买将不会得到这些福利……

任务五 经济消息

 案例

国产"三蹦子"海外"出圈"

据海关总署最新数据，2024年前11个月，我国机电产品出口13.7万亿元，增长8.4%。除了亮眼的数据，俗称"三蹦子"的电动三轮车更在海外社交平台引发热潮——伴着"倒车请注意"的魔性提示音，国产"三蹦子"以一种有趣的方式"蹦出海"，收获大批消费者青睐。

热闹背后，在国内市场竞争白热化的"三蹦子"，出海之路似乎有了轮廓，但要想真正把爆品"流量"变成长久"销量"，企业要做的或许还有很多。"面对复杂的海外市场，中国企业更要'抱团出海'，构建生态链，不仅要出口优质产品，更要出口完备的中国制造体系。"淮海控股集团（以下简称"淮海"）副董事长安桂辰说。

产品力是确保竞争优势的关键

国产电动三轮车并非第一天卖到海外。有需求就有市场，有应用场景就有发展空间。"三蹦子"作为一种便捷、高效的短途运输工具，能够轻松满足海外居民短途运输货物、生活用品和日常代步的高频需求，且价格相较于此前海外普遍使用的皮卡等小型装载车辆要便宜得多。

如今，淮海微型车辆已经出口到120多个国家和地区，并在印度、委内瑞拉等国建立起海外基地，成为国内微型车辆"走出去"的龙头企业。

带领微型车辆企业抱团"出海"

"我国微型车辆经过几十年的孕育发展，已形成庞大的产业基础、健全的产业链配置、领先的技术优势，具备向国外输出的能力和实力。"安桂辰表示，淮海这几年积累了一些"出海"成功经验，希望不仅仅是淮海一个企业做好，还要带着整个行业抱团走出去，完善产业链、构建价值链。"

据了解，近年来，淮海聚集市场要素和产业资源，担负起行业领军责任，建好行业联合机制，通过5G等新技术和数字化跨境电商平台，推动、服务于微型车企业参与高质量共建"一带一路"和"走出去"发展，提高中国微型车辆企业在国际市场的竞争力，把微型车产业链供应链做优做强做大。

一、认识经济消息

消息，就是用最简要和迅速的手段报道最近发生事件的一种新闻宣传文体，也就是说新闻消息就是告诉人们发生了什么，报道最近发生的事实。经济消息是指以简洁明了的文字，快速及时地对经济领域中新近发生的有新闻价值的事实的报道。从报道内容看，经济消息所报道的是包括经济活动、经济信息、经济政策、经济管理、经济现象、经济观念等经济领域中的情况与问题；从报道的方面来看，它包括工业、农业、商业、财政、金融、消费以及国内外市场等各个方面。

1. **经济消息的特点**

政策性。许多经济消息是为了配合党和政府在一定时期内的经济政策做解释和宣传工作的，其内容本身就带有很强的政策性。一些报道经济工作动态、经济战线新人新事的经济消息，虽然不直接阐明政策条文，但也渗透着政策精神，具体体现着政策。因此，政策性强，是经济消息一个非常突出的特点。这就要求经济消息的写作者认真学习、领会党和国家的经济政策，用政策的精神指导采访与写作，力求准确反映政策，绝不能在报道中与党和国家的现行政策唱反调、相抵触。在报道重大政策性问题时，最好重新查阅有关政策和文件资料，以便统一提法、统一口径。稿件写好以后，一般应送主管部门审核，以便消除差错，做到慎重、准确。

专业性。经济消息是一种专业性很强的报道。在对经济领域发生的新情况、新经验、新政策进行报道时，往往要涉及一些业务性和技术性问题，譬如成本核算、经济效益、产值、利润、措施方案等内容。这就要求写作者必须具备一定的经济专业知识，否则将直接影响到其经济新闻报道的真实、准确和科学性。目前新闻界流行一种说法：经济报道往往写得内行不愿看，外行看不懂，实际上反映了经济消息专业性的特点，同时也反映了这种特点和新闻传播的大众化与通俗化的矛盾。为此，写作者还必须学习与此相关的一些写作技巧，比如巧妙地处理数据，把枯燥难懂的专业术语翻译成深入浅出的白话等。

指导性。市场经济是信息经济，瞬息万变，错综复杂。经济消息的指导性主要体现在，通过对政策的阐述解释和对经济活动、经济现象的分析评述来实现对群众经济活动的引导。高水平的经济消息善于从与群众生活密切相关的经济现象入手，以辩证科学的分析、通俗化的语言来透视现象，揭示本质，预测其发展趋向，帮助人们认清形势，明确方向，认识经济发展的障碍，引导人们的经济行为与国民经济的健康发展相协调，从而满足人们在经济工作和生活中的更高需求。

实用性。经济消息涉足于经济活动，服务于经济工作，也影响着经济生活。与其他新闻门类相比较，它的实用性是首屈一指的。经济消息的实用性主要体现在信息的服务上。信息的服务，首先是对市场宏观与微观、表层与深层、现状与未来发展预测的全方位的服务；其次是及时反映群众的呼声和要求，向群众传播生活和消费知识、解惑释疑的服务。当然，经济新闻的服务性，还表现在经济新闻监督、反映经济工作与生活、为政府决策部门制定和调整政策法规提供决策参考等方面。

2. **经济消息的作用**

传递经济信息。经济信息是社会的一个重要资源。它不仅制约着现代社会经济活动的各个环节，也深刻地影响着人们的经济活动方式，成为人类现代经济活动中各个环节的黏合剂。新闻媒介是经济信息的重要、权威、集中的发布源泉和传递中介，它传播各种经济信息，清晰地反映经济活动态势，以满足受众利用信息从事经济决策和活动的需要。

一则及时的、针对性强的经济消息，往往能够传递极为重要的经济信息，产生可观的经济效益和社会效益。

监督经济行为。运用新闻传媒，对偏离或违背社会正常运行规则的经济行为实施监督，是舆论监督在经济报道领域的具体体现。经济消息对经济行为的监督，主要从以下几方面来进行：一是监视经济运行中的异常现象，提示人们谨防经济失控带来的负面效应；二是监督无视或违反市场行为规则的不良现象，维护市场经济正常运行秩序；三是揭露和牵制管理权力和经济领域滋生的腐败行为和现象；四是保证经济法制的建立和实施。

指导经济生活。经济消息通过与百姓经济生活贴近的新鲜事实，借助生动活泼的报道形式来实现对社会经济生活的指导作用。经济消息对经济生活的指导，主要表现在促进生产、流通、消费诸环节以及整个社会经济活动的全过程。而指导的具体内涵则表现为以下几点：一是在思想观念上进行引导；二是在资源开发上进行指导；三是在经营方式和消费方式上进行诱导。

3．经济消息的种类

根据不同的角度，经济消息有多种分类方法。按报道领域分，经济消息可分为工业消息、农业消息、财贸消息、房地产消息、旅游业消息等。按报道内容划分，可分为政策性消息、信息性消息、人物性消息、问题性消息、生活消费性消息以及边缘性经济消息。下面着重谈谈按写作特点划分的几种经济消息。

经济动态消息。经济动态消息是迅速及时地报道国内外新近发生或正在发生的经济事件和相关活动的一种新闻体裁。它着眼于事物的最新变动，以最快的速度传递最新信息。这一报道方式最能体现消息的快速及时、短小精悍、生动活泼，是使用频率最高、最具有代表性的消息类型。经济动态消息的写作要求：善于捕捉动态新闻的报道题材；客观记述，增强可信度；传达现场氛围，使新闻更具动感；一事一报，语言简洁，篇幅短小。经济简讯从广义上看也属于动态消息，又称简明新闻、新闻简报、短讯。其基本特点是文字简略，内容简单，结构单一。

经济综合消息。综合消息是围绕一个主体，把一定时间或空间内的诸多经济事实综合起来，反映经济领域带有全局性的情况、成就、趋势或问题的新闻报道。综合消息中既有动态事实，又有一般事实，思想性、指导性较强。它具有事实的综合性、表达的综合性和时空的综合性等方面的特点，对时效性的要求一般来说较之动态消息要略为宽松。经济综合消息的写作要求：善于分析概括，有全局观点；在占有大量材料的基础上，有选择地运用典型事实；善于点面结合，把概括的综述和具体的事例结合起来。

经济经验消息。经济经验消息是对具有普遍意义的典型性经验的报道，或称之为经济典型报道，注重用事实说话，由事实引出经验，偏重于交代情况、做法，反映变化及效果，重视提供背景材料。这种消息与经验总结有相似性，但不同于一般的总结。经验消息对实际工作中最新鲜的、最具有代表性的内容作集中介绍，突出表现这些内容的现实针对性，从而使得受众能够从中吸取先进经验，具有借鉴意义。因此，经验消息有很强的实用性和可操作性。

经济述评。经济述评又称述评性经济消息，是新闻媒体对新近或正在发生的重要经济事件、经济现象或带有普遍性的经济问题所进行的夹叙夹议的新闻报道，是一种以报道新闻事件为基础，以评论剖析事实，从而揭示其特点、本质和意义，给人以启发和引导的方式。它既不同于一般的消息，也不同于新闻评论。在文字表现上，是述多于评，但在内容上又往往评重于述。经济述评的写作要求：选材既要有新闻性又要具有强烈的针对性；观点鲜明；述、评结合，叙、议交融，以经济事实为依据，缘事发议；除记者直评外，借人之口引用有关权威人士的话进行评论，是强化述评报道效果的一个常用技巧。

二、经济消息的结构和写法

1. 标题

经济消息的标题是在经济消息正文之前对消息内容加以概括的简短文字。它和其他文章的标题，尤其是文艺作品的标题比较，有很大的不同。一般来说，文艺作品的标题要含蓄些，不直接把文章的内容明示出来，有些甚至以《无题》这样的标题来掩盖文章的内容。而消息的标题恰恰相反，它要求简明实在，揭示新闻的主要内容，透露其中的信息，让读者产生阅读欲望。

（1）标题的结构。经济消息标题的结构有单一型和复合型两种。

单一型标题一般为单行标题，也有作两行的。如《全球首例：无人驾驶卡车成功穿越沙漠》《金融监管新规出台，严打洗钱行为》《科技创新：首款折叠手机亮相国际电子展》。

复合型标题为多行标题，包括了主标题与辅标题两部分。主标题又被称为正题。它是标题中最主要的部分。主标题的字号要大于辅标题的字号。主标题的作用在于点明消息中最主要的事实与观点，文字十分简洁。辅标题包括了引题（又称眉题、肩题）和副题（又称子题）两部分。这两部分在标题中可以二者兼有，也可以二者取一。与主标题组合，构成多种变化，能增加标题的表现力，丰富报纸版面形式。引题在主标题之上而字号居中，它主要是从一个侧面对主标题进行引导、说明、烘托或渲染。副题是置于主标题之后的次要标题，字号最小，它主要是对主题起补充、注释作用。常见的复合型标题结构如下：

科技巨头的绿色承诺（引<眉>题），××公司宣布2030年实现碳中和（正题），全面转型可再生能源，推动供应链减排（副<肩>题）

城市交通新变革（引题），自动驾驶出租车服务正式上路（正题），首批无人驾驶车辆在市中心区域投入运营（副<肩>题）

教育领域的创新实践（引<眉>题），在线教育平台获得巨额投资（正题），技术驱动下的教育模式变革（副<肩>题）

（2）标题的内容构成。按内容区别，消息标题包含实标题和虚标题两类。

实标题重在叙事，着重具体表现新闻事实中的人物、事件、地点等要素，让人一看就明白主要事实是什么，属题材型标题。

虚标题重在说理、抒情，着重揭示新闻事实中所蕴含的道理、思想、精神等，让人明了新闻事实的意义及价值，属主题型标题。消息标题中，内容构成主要是指处理好实标题与虚标题的关系。具体来说应注意以下几点：第一，单一型标题不管是单行题还是双行题，都应是实标题。第二，复合型标题中，至少要有一个实标题。第三，在大多数情况下，引题以虚标题居多，副题以实标题居多，正题可虚可实。如果标题中有两个实标题，要注意处理好二者的关系。

2．消息头

消息头是消息文体的外在标志，位于消息的开头部分。消息头主要分为"电头"和"本报讯"两大类：电头，是表明电讯稿发出的单位、地点和时间的，加括号或用显著字体标出，置于稿件开头。新闻通讯社主要以电报、电传、电话等方式发稿，故通讯社总是以"××社×地×月×日电"作为消息头。"本报讯"是报社自己的记者或通讯员采写的稿件的标志。如系外埠采访、外地寄稿，也需标明发稿的地点、时间，写成"本报×地×月×日专讯（或专电）"。有些消息，如报道重大事件的消息、主观色彩较浓的描写性消息、评述性稿件，或者是名记者所写的稿件，有时也要署上记者的名字。有些媒体几乎所有的稿件都署上记者的名字以示稿件的某些观点由记者负责，并扩大记者的影响。"电头""本报讯"的作用在于：可以表明新闻稿的发出单位，借以显示消息的身份；有了电头或本报讯，可以承担发表新闻作品的责任，接受社会监督；电头注有发稿的地点、时间，可以说明新闻的来源、时效，借以传达某种信息。

3．导语

导语紧接在消息头的后面，是以简要的文句，突出最重要、最新鲜或最富有个性特点的事实，揭示新闻要旨，吸引受众接收全文的经济消息开头部分。

通常情况下，导语是消息开头的第一段；有的短消息不分段，那么其导语便是开头的第一句话；有的消息段落很简短，其导语也可以是两个段落。由两个自然段组成的导语，称复合导语，它们一般虚实相济，第一段虚写，造成悬念，吸引受众；第二段实写，抖开包袱说明何事。导语是消息体裁所特有的概念，是消息区别于其他新闻文体的又一重要特征。人们之所以重视消息的导语，是因为导语肩负着十分重要的任务，起着举足轻重的作用。导语的任务有以下几项：

第一，开门见山，尽快地报告新闻事实，使受众一瞥便知。

第二，吸引受众注意，最大限度地激发受众的接收兴趣。

第三，一语立意，为整篇报道定下基调。导语如何写，直接影响到经济消息其他部分的材料取舍和笔墨轻重。如：

在金融科技的浪潮中，一位普通的银行职员意外成为行业焦点。面对一起复杂的网络诈骗案，他不仅成功阻止了数百万美元的流失，还协助警方揭露了一个跨国金融犯罪集团。

4．主体

消息导语之后的部分称为主体，也有人称之为主干、正文，是展开新闻内容、阐述新闻主题的关键部分。形象的说法是，如果将导语比做"头"，主体便是"躯干"。消息要有一个精彩的导语，以便吸引受众；然而，精彩的导语之后，还必须有一个丰满的、文字讲究的主体，否则，同样不能算作合格的消息。主体必须紧扣导语做文章，不能转向，这是主体写作的大原则。在这个原则之下，主体的任务有以下三点：一是对导语提出的问题进行解释。有些新闻导语所阐述的事实本身就提出了问题，需要主体部分进行解释，交代新闻事实的来龙去脉、前因后果，即解释为什么。二是具体展开导语中交代的主要事实。消息导语中所交代的事实，一般均是简明扼要，概括性强，受众若了解具体情况，要靠主体部分进一步具体展开。它主要回答什么样和怎么样的问题。三是补充导语里没有揭示的事实。一条消息往往要涉及若干个事实，有主要事实，有非主要事实；有新的事实，有旧的事实；有新闻事实，有背景事实等。

在导语里一般只能突出最主要的事实或最新鲜的事实。要把消息所报道的题材交代清楚，使消息更完备，深刻地揭示主题，或给受众更多的信息，都要靠主体部分去完成。因此，消息的主体部分承担了补充导语的任务。最后要指出的是，主体部分在语言表述上要避免跟导语重复。

5．背景

在经济新闻报道中，很大一部分内容是专业性的或者专业性很强的。这往往需要记者对某些问题作一定的解释、说明，以加深受众对新闻内容的理解，达到报道效果。这样，就需要我们能熟练运用新闻背景。具体来讲，恰当运用新闻背景有以下几方面作用：一是说明解释，使消息通俗易懂。新闻背景解释、说明的对象通常有两类。一类是新闻中的名词术语，另一类是消息的事实部分。二是对比衬托，突出事物特点，显示变化程度。在很多情况下，新闻需要借助背景材料，以对比和衬托的方式，反映事物的特点、发展变化的程度，显示其新闻性，引起受众的兴趣。三是运用背景材料揭示事物的意义，唤起社会关注。四是借背景为消息注入知识性、趣味性内涵，使其更可读。五是以背景语言加以暗示，表达某种不便明言的观点。六是累加同类事实，开阔受众视野。即在消息报道之外，顺便介绍其他一些相同类型的事例，或者顺带给出同类事件总的情况、数字，从而帮助受众在更广阔的背景下观察和认识消息所报道的新闻事件。

新闻背景材料多种多样，一般来说，有四类：一是历史背景，以过去的历史来衬托今天新闻事件的新鲜。二是人物背景，对经济活动中的有关人物作适当介绍。三是地理背景，主要介绍经济新闻发生地区的有关自然环境、地理位置、风土人情。四是事物背景，主要是一些新事物、新成就、新情况。

6．结尾

经济消息的结尾，是指为了深化新闻主题、强化新闻价值或扩大消息的信息容量，根据新闻内容，精心设计的消息的收结部分。它通常是消息的最后一段或最后一句话。结尾并非所有消息都必须具备的一个独立的组成部分。新闻实践表明，同消息的简洁明快、干脆利索、用事实说话等基本特征相适应，相当多的消息可以是表述完新闻事实便就此收住戛然而止，可以不必另加结尾。只有当结尾能够加深受众对新闻的感受和理解，能够深化新闻的主题、增强新闻报道的社会效果，能够恰当地增加消息的信息量，或者是为后续报道埋伏笔等情况下，消息才有必要写结尾，并尽力写好它。

必要的消息结尾，如同消息的其他成分一样，要发挥表述新闻事实、提供信息和表现新闻主题的功能。消息结尾应当做到：一是要紧扣新闻事实，而不要仅仅是来一通"套话""空话"；二是要能增添新闻信息，而不要同义反复；三是要善于启发诱导，而不要生硬说教、强加于人；四是要力求新颖别致，而不要平庸老套、千篇一律；五是要精粹有力，而不要拖泥带水、絮絮叨叨。总之，既然要有消息的结尾，就要努力使之成为消息的结尾，有其特殊性。消息结尾的写法是多种多样的，比较常见的有以下几种：

归纳式结尾。又称总结式结尾。这类结尾是在新闻的结尾处对新闻主体交代的新闻事实，或新闻事实所透析出的思想、道理进行总结、归纳，以期给受众一个完整的印象。

交代式结尾。这类结尾是在新闻的结尾处，对新闻事件产生的可预见性的结果或有关部门对新闻事件的态度、采取的积极措施向受众作一个交代，以满足受众的阅读心理和对新闻事件结果关心的心理。

提醒式结尾。这类结尾在现代的新闻写作中经常可以见到，多出现和使用在具有揭露、服务性内容的新闻结尾。

预见式结尾。这类结尾是在新闻结尾处指出新闻事件发展的未来趋势，而且，所预见的趋势必须是有事实作为基础的，是科学的或是具有权威性的。

背景式结尾。这类结尾是将新闻背景材料安排在结尾处，对主要新闻事实起补充说明、适当解释、对比衬托的作用。

证实性结尾。这类结尾是利用有力的证据和权威人士的话语或文字对新闻事实进行证明，不仅具有较强的说服力、可信性，还能增强新闻价值。

反问式结尾。这类结尾是以反问的句式在结尾处提出问题，引导受众对新闻事件进行深入思索，起到发人深思的作用。

新闻的结尾，根据内容、报道角度的不同，还有许多种写法。除了我们上述列举的写法外，还可以采用推理式、激励式、描写式、号召式、启发式等写法，而且随着新闻改革的深入和新闻文体的发展，会有新的写法层出不穷，以适应日益活跃的新闻报道的需要。

知识拓展

经济消息与经济评论的区别

经济消息是有关财经事件、政策、数据等公开信息的报道，它注重报道事实，客观地反映市场情况，侧重于传递信息。而经济评论则是对经济事件的分析、评论、解读和判断，它的主要目的是帮助读者更好地理解市场现象，及时准确地把握市场走势，侧重于传递思想。经济消息主要包括政策解读、宏观经济、行业数据、公司新闻等，是财经领域中最基础和最直接的信息。经济评论则是以新闻报道和市场动态为基础进行深度分析和评论，注重理论和实践的结合，对市场情况作出全面的解释和预测。经济评论既可以是媒体对事件的评论，也可以是专家、学者、投资人针对某一问题进行深入剖析和探讨的论文，更具有专业性和深度。经济评论的目的是为读者提供更全面、精准、更有深度的信息，更好地指导投资决策。

三、经济消息的媒体结构及特征

消息结构，指的是消息写作中表达事实、内容，以及体现新闻主题的谋篇布局，即一篇消息组织事实材料、安排层次段落的构思设计。它一般包括突出中心，确定表述次序，处理详略，划分层次段落，考虑呼应和过渡等。它必须符合客观事物发展的规律和内在逻辑联系，为充分表现新闻主题服务，并具体考虑不同类型消息的特点。应当力求结构严谨、层次清晰、重点突出、简明扼要。

常见结构有：倒金字塔结构、纵向结构、逻辑顺序结构、悬念式结构、自由式结构。

（1）倒金字塔结构。倒金字塔结构，是现行消息写作中最常用的一种结构方式。它以事实的重要性程度或受众关心程度依次递减的次序，先主后次地安排具体材料。它尤多用于事件性新闻。倒金字塔结构的长处主要是：能体现新闻性；开门见山，概括性强；切合读者心理，并能引起其"新闻欲"；便于编辑处理稿件和制作标题；便于记者增加新的重要事实材料。倒金字塔结构的主要弱点是：往往过于标准化、程式化而缺乏多样性。一张报纸的消息，如果篇篇都用倒金字塔式结构，就会使读者感到乏味。采用倒金字塔式结构的难点是：准确地掂量构成新闻事实的各种材料的分量，排列出材料的主次。观察的角度不同，对新闻材料的轻重主次会有不同的认识；记者的立场不同，新闻导向不同，也会对新闻材料特别是政治性新闻材料的轻重主次认识不同。要寻求最佳观察角度，选取最佳事实，然后才能做出最佳安排。

（2）纵向结构。纵向结构，又叫时间顺序结构、编年体结构，就是根据新闻事件发生、发展直至结束的先后次序来安排层次，展示事件的进程。这也是消息主体部分常用的一种结构方式。如果新闻事件发展是快节奏的，前后的时间跨度又比较小，其间还有比较完整、曲折的情节或生动的细节，其主体部分则更宜于采用时间顺序结构方式来写作。纵向结构的长处主要是：行文构思比较方便；可以保持新闻事实比较完整的故事性；可以反映新闻事件的大致过程，让读者了解前因后果；记者也可以借"过程"说话，表达某种观点和意见。纵向结构的局限是：比起采用倒金字塔结构来，所花的篇幅可能要长一些；容易显得平铺直叙；有些题材从头说起，容易显得平淡或缺乏新鲜感，所以时间顺序结构不宜于用来报道事件发展时间跨度太大的新闻。另外，一些重大的、新闻性很强的突发事件，多不宜采用纵向结构。采用纵向结构的难点是：捕捉事件发展的每个阶段上的关键性材料，即关键的冲突，关键的人物，关键的言论，关键的行动，关键的场面等，这样才能使消息既有头有尾，又无冗繁之嫌。

（3）逻辑顺序结构。主体部分采用逻辑顺序结构，即根据事物的内在联系或问题的逻辑关系来组织安排材料。它要求依据事物发展的逻辑必然、事物的特点、事实的本质、事物的本来面目，来反映客观事物，表现新闻事实；要求按科学思维的原则和方法，去说明事理，阐明事物的意义和价值，而不是在表面上、形式上按部就班地排列。主体中运用逻辑顺序结构，可以依据事实之间的因果关系、对比关系、并列关系、递进关系、主从关系或点面关系等逻辑顺序来安排层次段落，反映事实。逻辑顺序结构的长处主要是：以逻辑关系为叙述线索，这种写法较易做到条理清晰，层次分明，有利于反映出事物内在发展规律，揭示出事物的本质特点与意义，因而会有较强的说服力。逻辑顺序结构的局限是：这种写法有可能节奏不够明快，篇幅也会花得多些，这也正是电讯新闻不大采用逻辑顺序结构的原因。综合性新闻、会议新闻、经验性新闻，反映成就、问题、未来计划的新闻宜用这种结构方式安排材料。

（4）悬念式结构。悬念式结构，通过在消息的开头设置悬念，以及随后解开悬念的渐进过程，吸引与延缓受众的兴趣，使受众饶有兴致地收受全文。它在安排材料和方法上与倒金字塔结构有着最为鲜明的差异。其特征是：有一个吸引人的开头，但绝不在开头之际便出示关键材料；它要求有充实而饶有兴趣的新闻主体；该结构充分注意以有分量的或"爆炸性的"或意想不到的结尾以飨受众。悬念式结构的长处在于有较强的吸引力，受众只要读了或听了开头，便产生非读完或听完不可的强烈欲望。这种结构形式多用于单一的有一定趣味性的事件消息。悬念式结构形式，万万不可片面地追求"悬"。在选题材料上必须有合适的题材，必须有足以使受众兴趣延续到最后的充分材料。在行文时要环环相扣、节奏紧凑、文字不赘，既不要有过多的曲折情节，又要有回味的余地。

（5）自由式结构。所谓自由式，即是指运笔比较自由活泼、灵活多样，不拘一格，讲究形象逼真、感情色彩、语言韵味，使新闻有立体感和吸引力。自由式结构可分为镜头画面式、对话式、问答式、感受随笔式等，大有散文化的趋势。运用自由式结构，比较容易突破消息写作的某些模式、框框，有利于改变千篇一律的面孔，使消息行文富于变化。但是在总体上必须符合新闻写作的根本原则和基本规律。实际上，许多消息并非采用某种单一结构，而是各种结构方式交叉使用。比如以时间先后安排结构的消息，也会在纵向叙述的过程中插入横向的材料。客观事物各有特点，极富变化，消息主体的结构也必须从新闻事实本身这个"实际"出发，量体裁衣，灵活地组织材料。

 案例

数字经济新动力 ◁引题
我国数字经济规模突破50万亿元大关 ◁正题

在全球经济加速数字化转型的背景下，中国数字经济的迅猛发展已成为推动经济增长的新动力。◁导语

2023年，中国数字经济规模达到53.9万亿元，占GDP比重提升至42.8%，数字经济增长对GDP增长的贡献率达66.45%，有效支撑经济稳增长。数字经济的发展不仅推动了产业数字化转型，还促进了新产业、新业态、新模式的持续涌现，对实体经济提质增效的带动作用显著增强。◁主体

中国数字经济的快速发展得益于国家战略的大力支持和技术创新的持续推进。从2012年的11.2万亿元增长至2023年的53.9万亿元，11年间规模扩张了3.8倍，显示出数字经济的强大动能和潜力。◁背景

展望未来，随着数字技术的进一步发展和应用，我国数字经济有望继续保持快速增长，为实现高质量发展提供更加坚实的支撑。◁结尾

 练一练

根据所在地市最近发生的新闻事实，给校报写两则消息报道，并自拟标题，力求做到恰当、醒目、别致。

项目五

演说类文书

学习目标

知识目标
1. 了解演说类文书的定义、特点及其在商务沟通中的重要性。
2. 掌握开幕词、闭幕词、演讲稿、欢迎词和欢送词等不同类型演说文书的写作技巧。
3. 理解并掌握演说类文书的结构要素,包括标题、称谓、正文和结尾。
4. 熟悉演说类文书的语言风格和表达技巧,包括如何使用修辞手法增强说服力。
5. 掌握根据不同场合和目的选择合适的演说类文书类型和内容。

能力目标
1. 能够独立撰写符合商务场合要求的演说类文书,包括各类会议和活动的开场白和结束语。
2. 能够根据听众特点和场合性质,调整演说内容和风格,确保信息的有效传达。
3. 能够运用逻辑思维和分析判断能力,撰写条理清晰、内容翔实的演说稿。
4. 能够独立进行公众演讲,有效控制场面,调动听众情绪,实现演说目的。
5. 能够根据企业需求,制定并实施演说策略,提升企业形象和品牌影响力。

素养目标
1. 培养良好的演说文书写作习惯,注重文书的规范性、准确性和时效性。
2. 提升语言表达能力和沟通技巧,能够在不同文化和语言背景下有效交流。
3. 增强团队协作精神,能够在团队中发挥协调和领导作用,共同完成演说任务。
4. 培养敏锐的市场洞察力和创新意识,能够根据市场变化及时调整演说内容和策略。
5. 强化责任心和职业道德,确保演说内容的真实性,维护个人和企业声誉。

思维导图

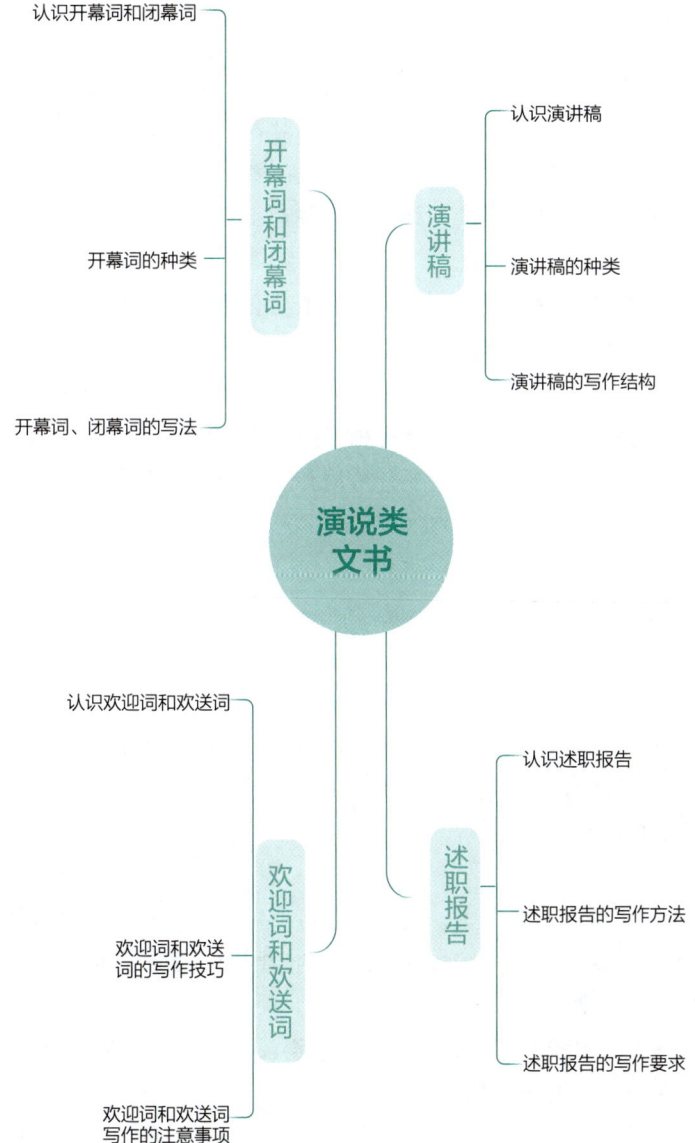

任务一
开幕词和闭幕词

 案例

在某一大型会议即将开始时，主持人开始发言："尊敬的各位代表、各位嘉宾，经过我们几天的共同努力，本次会议取得了圆满的成功。我们在此对各位的辛勤付出和积极参与表示衷心的感谢。会议期间，我们深入探讨了××领域的热点问题，达成了多项共识，为未来的合作奠定了坚实的基础。希望各位能够继续保持这种积极向上的精神，为推动××领域的发展贡献自己的力量。"

该主持人误将闭幕词当作开幕词宣读。闭幕词中原本包含对会议成果的总结、对与会者的感谢以及对未来工作的展望等内容，这与开幕词应有的内容大相径庭。

该主持人错将闭幕词当做开幕词用，使原本应该充满活力和期待的开幕氛围因为错误的开幕词而变得沉闷和压抑。该案例让我们警醒：开幕词和闭幕词不能混为一谈。下面我们就一起来学习开幕词和闭幕词的撰写。

一、认识开幕词和闭幕词

（一）开幕词

开幕词是党政机关、企事业单位、社会团体在召开大型会议时，由组织召开会议的机关的主要领导人宣布会议开始，向大会全体代表阐述会议的指导思想、宗旨、重要意义，并向会议的成功表示祝愿所发表的讲话。

开幕词具有以下特点：

宣告性。在开幕词中正式宣告会议开幕，给会议营造一种隆重气氛。如果这是具有历史意义的会议，那么其历史意义就是从这一宣告开始产生的，因而这种开幕词必将随着会议的一系列重要文件一起载入历史史册。

提示性。在开幕词中明确交代会议的议题，扼要说明会议的议程、原则，交代会议的主要精神，起到点题的作用，使与会者心中有数。

指导性。在开幕词中阐明会议宗旨，提出会议任务，说明会议目的、指导思想和重要意义，这对开好会议将起到重要的指导作用。

除此之外，开幕词一般要求简洁明了、短小精悍，最忌长篇累牍，言不及义，行文中多使用祈使句，表示祝贺和希望。语言应该通俗、明快、上口。

（二）闭幕词

闭幕词与开幕词相对应，是会议结束时由主要领导人向全体会议代表所作的总结性讲话。致闭幕辞的领导人，跟致开幕辞的领导人一般不是一人，通常与致开幕辞者身份相当或略低。闭幕词的主要内容是对会议作概括性的评价和总结，并向与会者提出贯彻落实大会精神的要求，向与会单位提出奋斗目标和希望。办任何事情都不能虎头蛇尾，大会有一个隆重的开头，也应该有一个郑重的结尾。会议是否能给人圆满的印象，闭幕词起着重要的作用。

闭幕词具有以下特点。

总结性。闭幕词是在会议的闭幕式上使用的文种，要对会议内容、会议精神和进程进行简要的总结并作出恰当评价，肯定会议的重要成果，强调会议的主要意义和深远影响。

概括性。闭幕词应对会议进展情况、完成的议题、取得的成果、提出的会议精神及会议意义等进行高度的语言概括。因此，闭幕词的篇幅一般都短小精悍，语言简洁明快。

号召性。为激励参加会议的全体成员，增强与会人员贯彻会议精神的决心和信心，闭幕词的行文充满热情，语言坚定有力，富有号召性和鼓动性。

口语化。闭幕词要适合口头表达，写作时语言要求通俗易懂、生动活泼。

二、开幕词的种类

按内容可以分为侧重性开幕词和一般性开幕词两种。侧重性开幕词往往对会议召开的历史背景、重大意义或会议的中心议题等作重点阐述，其他问题一带而过。一般性开幕词则只对会议的目的、议程、基本精神、来宾等作简要概述。

三、开幕词、闭幕词的写法

（一）开幕词的写法

1. 首部——标题、时间、称谓

开幕词的标题，有三种写法。

一是由大会名称加文种组成，如《2024年全球科技创新峰会开幕词》。

二是由致辞人姓名、大会名称、文种组成，这种写法突出了致辞人的身份和地位，使得开幕词更具权威性和个性化。如《××同志在全球科技创新峰会上的开幕词》或《××代表

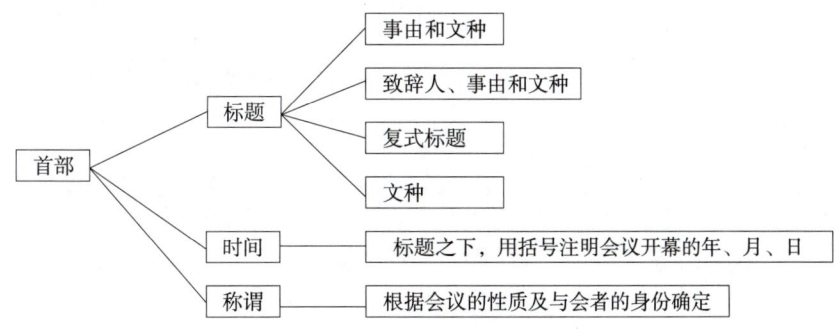

在××省人民代表大会上的开幕词》。

三是在文种名称上有所变通,《在×××部长级会议开幕式上的开幕词》可以改为《在×××部长级会议启动仪式上的致辞》或《在×××国际论坛开幕式上的开场演讲》。

开幕词的时间,加括号标写在标题下方正中位置。

称谓是对与会者的统称。如果是党的会议,通常使用"同志们""各位代表"等称谓,以体现党内团结。如"各位同志,各位代表"。如果是国际会议,要按照国际惯例来排列顺序,通常使用"各位嘉宾,女士们,先生们"等称谓,以体现对与会者的尊重和礼貌。如"各位嘉宾,尊敬的女士们,先生们"。

2. 正文

正文可分为开头、主体、结尾三部分。

开头。开头的内容包括以下几项。

(1) 宣布大会开幕。最简单的说法是:"某大会现在开幕。"也可以有些变通的说法或灵活的处理,如"今天,《维也纳公约》缔约方大会第五次会议和《蒙特利尔议定书》缔约方大会第十一次会议部长级会议在北京隆重开幕,大家聚集一堂,共商保护地球的具体行动,具有十分重要的意义。"

(2) 对大会的规模和参加大会人员的身份进行介绍。有些开幕词可以有这项内容,大致说法是:"参加这次大会的代表有某某人,他们分别来自某某"。

(3) 对大会表示祝贺,对来宾表示欢迎。大致说法是:"我代表某某对大会表示衷心的祝贺!对与会的各位代表和来宾表示热烈的欢迎!"

主体。主体是开幕词的核心部分,主要包括以下几个方面的内容。

(1) 阐明会议的重要意义。具体涉及:这次会议是在什么形势下召开的,会议将要讨论解决什么问题,这个问题的现实价值如何,有什么迫切性,会议最终将会达到什么目的等。

(2) 说明会议的主要议程。议程明确的会议,可以将议程直接列项表达,如"我们这次代表大会的主要议程有三项:①审议第十一届中央委员会的报告,确定党为全面开创社会主义现代化建设新局面而奋斗的纲领;②审议和通过新的《中国共产党章程》;③按照新的党章的规定,选举新的中央委员会、中央顾问委员会和中央纪律检查委员会。"如议程不宜列项,则要对会议将要讨论的主要问题进行阐述。

(3) 向与会者提出希望和要求。如"我们一定要兢兢业业地做好自己的工作,加强同全

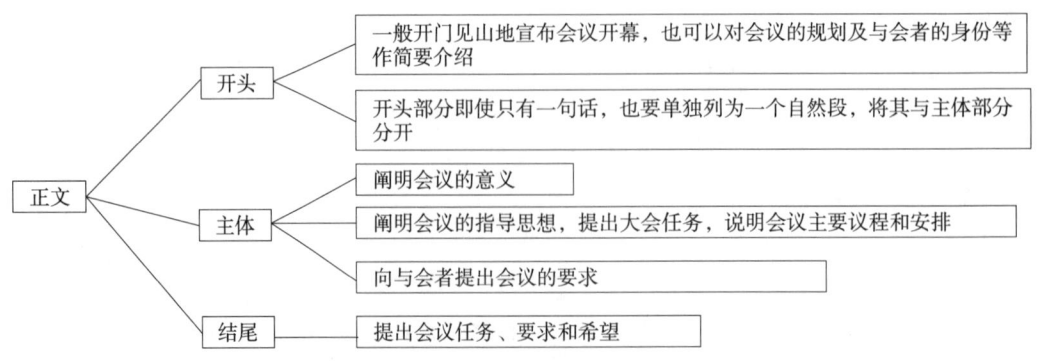

国各族人民的团结，加强同全世界人民的团结，为把我国建设成为现代化的、高度文明、高度民主的社会主义国家，为反对霸权主义，维护世界和平，推进人类进步事业，而努力奋斗。"

结尾。开幕词一般用祝颂语结束全文，如"最后，祝大会取得圆满成功。祝各位在北京愉快。谢谢！"

中国国际人工智能技术展览会开幕词

女士们、先生们：

早上好！今天，我们齐聚于此，共同见证由德国人工智能研究院主办，中国人工智能学会与我分会所属的北京市国际科技交流中心承办的"中国国际人工智能技术展览会"盛大开幕。我谨代表中国国际贸易促进委员会北京市分会、中国国际商会北京分会，对此次展览会的举办表示热烈的祝贺！同时，向远道而来参加展会的德国、法国、韩国、以及全国各地的中外企业表示热烈的欢迎！

本届展览会将集中展示全球领先的人工智能技术与应用成果，为国内外科技工作者提供一个零距离接触前沿科技的平台；同时，也为全球同行提供了一个交流合作、共同进步的机会。朋友们，同志们，北京作为中国的首都，不仅是政治、文化、国际交往的中心，也是科技创新的重要基地。北京正致力于建设成为全球科技创新中心，推动人工智能等高新技术的发展。随着北京大兴国际机场的正式投运，北京的对外开放和国际合作将迈上新的台阶。中国政府将进一步加强科技创新，推动人工智能技术的应用和产业化进程。

我诚挚地邀请各位参展商到北京的科技园区和创新示范区参观考察，探索合作机会，寻找投资伙伴。作为北京市的对外贸易促进机构——中国国际贸易促进会北京市分会，我们将为各位朋友提供全面而高效的服务。

最后，预祝"中国国际人工智能技术展览会"取得圆满成功！感谢大家的参与和支持！

第××届国际科技创新与投资论坛开幕词

各位来宾，女士们、先生们、朋友们：

上午好！

在这个金秋送爽、丹桂飘香的收获季节，我们迎来了第××届国际科技创新与投资论坛的盛大开幕。在此，我谨代表论坛组委会和东道主城市政府，向远道而来的国际嘉宾、国家相关部门领导、各省、自治区、直辖市代表，以及来自港澳台地区的朋友们，表示最热烈的欢迎！

本届论坛以"创新驱动发展，合作共创未来"为主题，旨在搭建一个全球科技创新与投资合作的平台。我们将围绕这一主题，组织多元化的论坛活动和项目对接，推动全球科技创新资源的交流与合作。论坛的核心在于通过创新促进发展，通过合作实现共赢，推动全球经济的共同繁荣。

第××届国际科技创新与投资论坛得到了科技部、教育部、工业和信息化部等部门的大力支持；主办单位共30家，包括中国国际商会、中国科学技术协会、东道主城市政府等；协办单位共12家。本届论坛由东道主城市政府和中国国际商会共同承办。与论坛同期举行的还有由中国科学技术协会、中国风险投资协会、东道主城市政府联合举办的国际科技创新项目对接会。

在全球经济一体化的大背景下，加强科技创新合作，促进投资贸易往来，对于推动各国和地区的经济发展具有重要意义。我们坚信，通过本届论坛的深入交流和务实合作，将进一步激发科技创新的活力，为全球经济增长注入新的动力。

女士们、先生们、朋友们，让我们共同期待第××届国际科技创新与投资论坛取得丰硕成果，为全球科技创新与投资合作开启新的篇章。

预祝本届论坛圆满成功！

谢谢大家！

（二）闭幕词的写法

1. 标题、时间、称谓

闭幕词的标题，跟开幕词的写法类似，常见的写法是《某大会闭幕词》或《某在某大会上的闭幕词》。偶尔也有主副标题的写法，将主要内容或主要观点概括成一句话做标题，再用"某大会闭幕词"做副标题。

时间在标题之下正中，加括号注明会议闭幕的年月日。称谓一般也跟开幕词相一致。

2. 正文

开头。闭幕词的开头，一般要用简洁的语言，说明大会经过全体代表的努力，已经胜利完成使命，今天就要闭幕了。

主体。闭幕词的主体主要是对大会进行概括总结，并提出贯彻大会精神的要求和希望。其中概括总结的部分，要列举会议完成的任务和取得的成果，不能过于空泛笼统。提出要求和希望的部分，也要突出会议精神，体现会议宗旨。

项目五 练习一

结尾。闭幕词的结尾通常比较简单，最常见的说法是："现在，我宣布，某大会闭幕。"

 案例

第六届公司年度创新技术大会开幕词

尊敬的各位领导、亲爱的同事们：

大家上午好！

在这个充满活力的季节里，我们迎来了第六届公司年度创新技术大会的盛大开幕。在

此，我代表公司管理层，对所有出席今天开幕式的嘉宾表示最热烈的欢迎，并对为大会筹备付出辛勤努力的同事们表示最深切的感谢！

本届大会以"创新驱动，智领未来"为主题，旨在展示我们公司在技术创新领域的最新成果，激发员工的创新思维，推动公司持续发展。大会将涵盖五大核心领域，包括人工智能、大数据、云计算、物联网和绿色能源，共计35个专题研讨和工作坊，预计将有超过7000名员工参与。

在大会期间，我们将举办一系列精彩的活动，如创新思维工作坊、技术挑战赛、研发成果展示，以及行业领袖的主题演讲。这些活动不仅为员工提供了一个展示自我、学习交流的平台，也是我们公司技术创新和人才培养的重要体现。

本届大会得到了公司各部门的大力支持，主办单位包括研发部、市场部、人力资源部等15个部门，协办单位包括各大区分公司和海外分支机构。我们相信，通过这些跨部门、跨区域的合作，将进一步促进知识的共享和技术的融合。

在此，我要特别感谢所有参与本届大会的演讲嘉宾和评委，感谢你们的专业知识和宝贵时间，为大会增添了无限的智慧和光彩。同时，也要感谢所有参与筹备和组织工作的同事们，是你们的辛勤工作，确保了大会的顺利进行。

同事们，创新是企业发展的不竭动力。让我们以本届大会为契机，共同探索技术前沿，激发创新潜能，为公司的未来发展贡献智慧和力量。我们期待在接下来的日子里，与各位共同见证一场思想的盛宴和创新的狂欢。

最后，预祝第六届公司年度创新技术大会取得圆满成功！

谢谢大家！

任务二 欢迎词和欢送词

富于艺术性且充满个性的致好"欢迎词"太重要了，它是给他人留下"第一印象"的极佳机会，好比一场戏的"序幕"，一篇乐章的"序曲"，一部作品的"序言"。身处职场，我们应当努力展示自己的艺术风采和个性特征，使"良好开端"成为"成功的一半"。如果说"欢迎词"给客人留下美好的第一印象是重要的，那么，在送别时好的欢送词，给客人留下的最后的印象将是深刻的、持久的、终生难忘的！

一、认识欢迎词和欢送词

欢迎词是在迎接宾客的仪式、集会、宴会上主人对宾客的光临表示热烈欢迎的一种礼仪文书。欢送词是在欢送宾客的仪式、集会、宴会上主人对宾客即将离去表示热烈欢送的一种礼仪文书。欢迎词、欢送词和祝词都属于礼节性社交活动的讲话稿。

> **知识链接**
>
> "辞"是一种文体,所以一般在大会上的开场白应写为"欢迎辞",表示一种特定的表达方式。"欢迎词"是欢迎的词语,两者不可混同。但现在很多地方通用。
>
> 从"字"上来分析
>
> 词:
>
> 1. 语言里最小的可以独立运用的单位:~汇。~书。~典。~句。~序。~组。
> 2. 言辞,话语,泛指写诗作文:歌~。演讲~。誓~。~章。
> 3. 中国一种诗体(起于南朝,形成于唐代,盛行于宋代。本可入乐歌唱,后乐谱失传,只按词牌格律创作):~人。~谱。~牌。~调(diào)。~韵。~曲。
>
> 辞:
>
> 1. 告别:告~。~诀。~行。~世。~别。
> 2. 不接受,请求离去:~职。~呈。
> 3. 躲避,推托:不~辛苦。~让。~谢。推~。
> 4. 解雇:~退。
> 5. 同"词"。
> 6. 优美的语言:~藻。修~。
> 7. 讲话,告诉:"请~于军"。
> 8. 文体的一种:~赋。陶渊明《归去来兮~》。
>
> 所以,综上所述,"辞"才是正确的写法,只是用"词"的人多了,也就成了"迎送词"。

欢迎词特点有以下几点。

欢迎色彩浓厚。欢迎词不是一般的应酬客套之词,它表达热情好客的思想感情,叙述国家之间、组织之间的友谊称赞宾客的学识才艺,欢迎气氛热烈饱满。

直接宣读。欢迎词要由致辞人在欢迎仪式、宴会或其他场合上亲切宣读陈述。

感情真挚。表达一种发自内心的欢乐承迎的真挚情感,态度恳切由衷,使宾客产生"宾至如归"的感觉。

欢送词特点有以下几点。

欢送色彩热烈。欢送词是用来欢送宾客回归的,既有礼节形式又有事物内容,既要祝宾客归途顺利平安，又要畅叙友谊、收获，这样欢送气氛才热烈饱满。

直接宣读。欢送词由欢送人在欢送仪式上直接宣读。

感情真挚。欢送宾客，要吐露真情，推心置腹，感情真诚，发自内心，使双方都能感到友谊的珍贵。

二、欢迎词和欢送词的写作技巧

（一）欢迎词

撰写欢迎词首先了解客人来访的目的。根据客人来访的目的和客人方面的情况，以便选取材料，确定欢迎词所要表达的思想感情。

欢迎词由标题、称谓、正文、结语四个部分组成。

标题。可以写"欢迎词"三个字，也可以在"欢迎词"前边附加致辞人姓名、职务及欢迎会议名称等修饰限定词语。

称谓。欢迎词的开头称谓应是宾客姓名或代表团名称。一般要在姓名前冠以"尊敬的"等词语，在后面加上职务头衔。或加"先生""女士"等称呼，对外国元首来访，应加"阁下""陛下"等称呼。

正文。欢迎词的正文内容主要有两个方面：一是表达欢迎的意思，写明致辞者在什么情况下代表谁向宾客表示欢迎。二是介绍宾客的主要情况，如领导职务、工作成绩、学术造诣等，可以叙写宾客来访的意义、作用，也可以回忆国家之间、组织之间友好交往的历史等。这是致辞的中心内容。

结语。结尾再一次表示感谢并表示美好的祝愿或希望，如"我衷心地祝愿同志们身体健康，访问期间生活愉快"等。

 案例

欢迎董事长亲临指导

尊敬的×××董事长，尊敬的贵宾们：

×××董事长自加入我们公司以来，已携手并进三载春秋，今日莅临我司对环境优化、企业管理进行指导，我们致以最热烈的欢迎与最诚挚的敬意。

这三年来，我们深感荣幸的是，在公司环境改善与日常管理的每一步进程中，双方的合作友谊如同春日之苗，茁壮成长。我们的工作环境更加和谐，业务效率显著提升，这一切都离不开双方的共同努力与不懈追求。

值得骄傲的是，这份合作友谊的深厚根基，建立在双方对合同条款的严格遵循、对彼此尊重的深刻理解以及平等互利的协商精神上。每一次达成的共识，都是双方智慧与诚意的结晶。

我坚信，通过此次×××董事长的亲临指导，不仅能加深我们对环境友好型企业管理理

念的理解与实践，更能进一步巩固和拓展我们之间的合作桥梁，推动我司在绿色可持续发展道路上迈出更加坚实的步伐，共创辉煌未来。在此，让我们再次以热烈的掌声，向×××董事长表达我们最真挚的欢迎与感谢！

（二）欢送词

写欢送词前应明确写作目的。不同社交活动对欢送词的写作要求是不一样的。欢送词的内容要为社交活动服务。掌握宾客的有关资料，深入了解欢送对象在本单位的工作、参观、指导等方面的情况，以便对此进行介绍和评价。

欢送词一般由标题、称谓、正文、结语四个部分组成。

标题。有两种写法，一种是只写"欢送词"，另一种是在"欢送词"前边加修饰限定词语，这种修饰限定词语，往往由致辞人姓名、职务和欢送会的名称组成。

称谓。可以是具体姓名，也可以用泛称。人名要用全名，不可省略，必要时在姓名前冠以"尊敬的"等词语，在后面加上头衔、称呼，对外国元首则以"阁下""陛下"相称。

正文。欢送词的正文内容主要有三个部分：一是写表示热情欢送的意愿。致辞者在什么情况下，代表谁，向宾客表示问候和欢送。二是要简要介绍欢送对象的工作、学习情况、参观指导情况等。这种简介一般是概括性的，不能太复杂。三是展望双方未来的合作关系，或者对单位成员提出希望和要求。

结语。表示美好的祝愿和希望，如"祝××一路顺风""祝××在新的环境中生活愉快"等。

欢送词

尊敬的女士们、先生们：

首先，我代表×××，对你们访问的圆满成功表示热烈的祝贺。

明天，你们就要离开××了，在即将分别的时刻，我们的心情依依不舍。

大家相处的时间是短暂的，但我们之间的友好情谊是长久的。我国有句古语："来日方长，后会有期。"我们欢迎各位女士、先生在方便的时候再次来××做客，相信我们的友好合作会日益加强。

祝大家一路顺风，万事如意！

三、欢迎词和欢送词写作的注意事项

（一）欢迎词

语言礼貌，篇幅适宜。对宾客要用尊称，在姓名前后要加上头衔或亲切词语，不可用简称或代称。尊重对方的风俗习惯，不讲对方忌讳的话。篇幅长短适宜。

选择恰当、把握分寸。选词用语恰当准确，庄重典雅，既要充分表达热情欢悦的情感，也要注意身份，正确把握和处理卑与亢的关系，有分寸，有节制，不趾高气扬、盛气凌人，也不谦恭过分、媚话连篇。

项目五 练习二

（二）欢送词

要有实质内容。写欢送词易犯的毛病就是客套话太多，内容空泛，这样的稿子很难收到理想的效果。

语言要热情亲切，与欢送的环境气氛要适应。

篇幅不宜过长。欢送词是一种礼节性致辞，写得过长，就会引起公众的反感。具体如下表。

项目	欢迎词	欢送词
标题	只写文种，如"欢迎词"或致辞人姓名（有时还加其职务）+会议（或仪式）名称+文种	只写文种，如"欢送词"或致辞人姓名（有时还加其职务）+会议（或仪式）名称+文种
称呼	要用尊称，如称对方姓名要用全名，不得用简称、代称；在姓名前要冠以"尊敬的""亲爱的"等表示亲切的词语，在姓名后要加"先生""女士""朋友"或"同志"等称谓	
正文	简单回顾双方以往的友好往来、传统友谊及其影响、意义，赞扬对方为此做出的努力，对双方关系的进一步发展提出良好的祝愿	对客人来访期间所取得的成就，包括为双方的友好交往或经济合作做出的贡献，表示肯定和祝贺，说明这次来访的意义及将要产生的影响
结尾	通常是一两句表示祝愿的话，如"祝愿访问（或会议）圆满成功""祝愿我们的友好往来、经济合作日益扩大""祝大家身体健康"等	

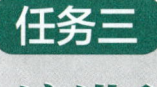

任务三

演讲稿

共创未来，携手前行——公司年度大会演讲稿

尊敬的各位领导、同事们：

大家好！在这个充满希望与挑战的新春之际，我们齐聚一堂，共同回顾过去一年的风雨兼程，展望未来的广阔天地。首先，请允许我代表公司管理层，向每一位辛勤耕耘、默默奉

献的同事们表示最诚挚的感谢和最崇高的敬意。

过去的一年，是极不平凡的一年。面对全球经济的波动以及行业竞争的加剧，我们没有退缩，而是选择了迎难而上。从研发部门夜以继日的创新突破，到销售团队不畏艰难的市场开拓；从生产线上每一双专注的眼睛，到后勤团队无微不至的服务保障，每一个岗位、每一位同事都在用自己的方式诠释着责任与担当。正是这份团结一心、众志成城的力量，让我们在逆境中稳住了脚跟，更在挑战中看到了机遇，实现了公司的稳步发展。

在此，我想分享三个关键词，与大家共勉。

第一，创新。在这个日新月异的时代，创新是企业发展的不竭动力。我们要继续加大研发投入，鼓励技术创新和模式创新，不断推出符合市场需求、引领行业潮流的产品和服务。让创新成为我们企业文化的核心，让每一位同事都能成为创新的源泉。

第二，协作。独木不成林，单弦难成曲。在未来的日子里，我们需要更加紧密地协作，打破部门壁垒，形成合力。无论是跨部门项目的推进，还是日常工作的配合，都要以大局为重，以效率为先，共同构建一个高效、和谐的工作环境。

第三，责任。作为社会的一分子，我们不仅要对企业负责，更要对客户、对员工、对社会负责。这意味着我们要提供更加优质的产品和服务，保障员工的权益与成长，积极参与公益事业，用实际行动回馈社会，展现企业的社会责任感和使命感。

同事们，新的征程已经开启，让我们携手并进，以更加饱满的热情、更加坚定的信心，共同迎接未来的机遇与挑战。让我们在创新中寻求突破，在协作中凝聚力量，在责任中彰显价值，共同书写公司更加辉煌的篇章！

最后，祝愿大家在新的一年里身体健康，工作顺利，家庭幸福！让我们共创未来，携手前行！

谢谢大家！

一、认识演讲稿

演讲稿也叫演说辞，它是在较为隆重的仪式上和某些公众场所发表的讲话文稿。演讲稿是进行演讲的依据，是对演讲内容和形式的规范和提示，它体现着演讲的目的和手段，演讲的内容和形式。

演讲稿是人们在工作和社会生活中经常使用的一种文体。它可以用来交流思想、感情，表达主张、见解；也可以用来介绍自己的学习、工作情况和经验等；演讲稿具有宣传、鼓动、教育和欣赏等作用，它可以把演讲者的观点、主张与思想感情传达给听众以及读者，使他们信服并在思想感情上产生共鸣。

演讲是演讲者与听众、听众与听众的三角信息交流，演讲者不能以传达自己的思想和情感、情绪为满足，他必须能控制住自己与听众、听众与听众情绪的应和与交流。所以，演讲稿具有以下三个特点。

针对性。演讲是一种社会活动，是用于公众场合的宣传形式。它为了以思想、感情、事例和理论来晓喻听众，打动听众，"征服"听众，必须要有现实的针对性。所谓针对性，首先是作者提出的问题必须是众所关心的问题，他的评论和论辩要有雄辩的逻辑力量，要能为听众所接受并心悦诚服；其次是要懂得不同对象、层次、类型的听众，如党团集会、专业性会议、服务性俱乐部、学校、社会团体、宗教团体、各类竞赛场合等，写作时要根据场合、对象和类型，为听众设计不同的演讲内容和语言表达方式。

可讲性。演讲的本质在于"讲"，它以"讲"为主，以"演"为辅。由于演讲要诉诸口头，拟稿时必须以易说能讲为前提，要求"上口入耳"。一篇好的演讲稿对演讲者来说要"可讲"，对于听讲者来说应"好听"。

鼓动性。演讲是一门艺术，好的演讲自有一种激发听众情绪、赢得好感的鼓动性，在特定时间和场合，往往还会产生极强的说服力和感染力。传播史上有一件趣事。美国广播曾播出一个"外星人攻占地球"的广播剧，尽管事先预告，还是吓得几百万听众惊慌失措。演讲要做到有说服力和感染力，演讲稿必须做到思想内容丰富、深刻，见解精辟，发人深思；语言表达要形象生动，富有感染力。如果演讲稿写得平淡无味，毫无新意，即使在现场"演"得再卖力，效果也不会好，甚至适得其反。

二、演讲稿的种类

演讲稿的应用十分广泛，其分类也是多种多样的。目前划分演讲稿类别的标准（角度）主要从演讲的专业内容、目的倾向、表达方式等几个方面入手。

1. 专业内容

从专业内容上看，演讲稿可以分为以下几种。

（1）政治演讲稿（如竞选演说、就职演说、述职演说、政治动员、开幕词、闭幕词、祝酒词等）。

演讲稿的分类

（2）社会生活演讲稿（如演讲比赛、巡回报告、欢迎词、欢送词等）。

（3）法律演讲稿（如律师陈词）。

（4）学术演讲稿（如科研报告、学术演讲等）。

（5）教育演讲稿（如教师用的有开场白、结束语、介绍作家作品以及进行思想教育的讲稿，学生用的有读书报告、问题辩论、专题演讲、论文答辩等）。

（6）军事演讲稿（如军事动员）。

（7）商业演讲稿等。

2. 目的倾向

从目的倾向上看，演讲稿可分为以下几种。

（1）立论性演讲稿。即为了确立某种观点，用论证的方法使听众了解、赞同和接受，并进而使听众产生一定行动的演讲稿。如毛泽东的《反对党八股》、马寅初的《北大之精神》、朱自清的《论气节》等。

（2）排他性演讲稿。即用反驳、辩论等方法排除某种观点、事例、行为等的正确性和可行性，使听众排斥、拒绝和反对它，并付诸一定行动的演讲稿。

（3）礼仪性演讲稿。即旨在对人、对事、对活动表示不一定的看法和态度，以达到加深理解或认识、建立或加强彼此的情意为目的的演讲稿。如恩格斯《在马克思墓前的讲话》、周恩来的《为庆祝朱德总司令六十大寿的祝辞》等。一切致贺、致喜、致寿、致哀等活动中的演讲均属此类演讲稿。

（4）阐释性演讲稿。即为了解释和说明一个道理或一个过程，揭示一个新发现或一个秘密，从而使听众了解、明白到底是怎么一回事的演讲稿。如《历史将宣判我无罪》《一个女人能干什么》等。

3. 表达方式

从表达方式上看，演讲稿可分为以下几种。

（1）议论型演讲稿。即以议论为主要表达方式的演讲稿。这类演讲稿的最明显的特征是通过准确揭示概念的内涵和外延，恰当地判断，严密地推理，层层深入地论证，对听众晓之以理，以理服人。

（2）叙事型演讲稿。即以叙述为主要表达方式，辅以适当的议论、说明和抒情的演讲稿。

（3）抒情型演讲稿。即以抒情为主要表达方式，在演讲中抒发演讲者的爱恨、悲喜等强烈的感情，对听众动之以情，以"情"这把钥匙来开启听众的心灵的演讲稿。

三、演讲稿的写作结构

演讲稿的结构原则与一般文章的结构原则大致一样。但是，由于演讲是具有时间性和空间性的活动，因而演讲稿的结构还具有其自身的特点，尤其是它的开头和结尾有特殊的要求。写作演讲稿时应注意标题、称谓、正文、尾部等部分的写法。

演讲稿的写作

（一）标题

1. 标题的形式

演讲稿的标题，是演讲稿不可缺少的有机组成部分，演讲稿的标题的形式主要有：

何事＋演讲稿。如《竞聘演讲稿》《就任北京大学校长的演说》。

何地＋演讲。如恩格斯的《在马克思墓前的讲话》、孙中山的《在东京中国留学生欢迎大会上的演说》等，这是一种特殊的演讲稿标题，即以其发表的地点或会议的名称而定名的标题。采用这类标题往往是因为召开的会议和会议的地点具有特殊意义，会上由有相当身份的人发表演讲，往往超过任何演讲标题的意义。对这种特殊的标题，我们不能简单效仿、照搬。

文章式标题：正题＋副题。如《共育共建共享，繁荣社区文化——在加强社区文化建设会上的演讲》，正题揭示了主要内容，副题说明发表演讲的场合。这种标题多用于领导者讲话，也可用于个人的演讲。

文章式标题：单标题。这种标题突出演讲的主要内容，多用于个人演讲。一般有下列几种类型：一是提要型。即概括演讲的基本内容，把演讲的核心内容简明地揭示出来。如《人总是要点精神的》《没有金钱并非"万万不能"》。这种写法，有利于集中表达演讲者的思想，使听众一听便知道演讲的中心问题,在思想上打下一个烙印,有利于听众领会、吸收。二是象征型。即运用比喻或象征等修辞手法,把抽象的哲理或某种特殊的意义具体化、形象化,从而深入浅出地揭示主题。如《扬起生命的风帆》《托起新世纪的太阳》。这类标题,一般具有强烈的感情色彩,容易引起听众感情上的共鸣,强化演讲效果。三是含蓄型。即用婉转的话来烘托或暗示某种内涵,造成悬念,引而不发,撩拨听众思维,让人思而得之。如《红绿灯下赤子情》《蜡炬成灰泪始干》。四是警醒型。即运用哲理名言,提醒、劝谏、鼓励听众,以激发听众的警觉,使之猛醒。如《天下兴亡,匹夫有责》《有志者事竟成》。五是设问型。即通过设问方式,提示演讲所涉及的内容,而演讲内容则是对标题设问的回答。如《人生的价值何在》《他们很傻吗》。六是抒情型。即以情感人,具有浓烈的感情色彩的标题。《自豪吧,光明的使者》《我爱长城,我爱中华》。

2. 拟标题的注意事项

要有具体内容。标题的内容必须与整个演讲稿的内容直接相关,或者揭示、涵盖演讲稿某一方面的内容。如马寅初的《北大之精神》告诉了人们演讲的主旨;蔡畅的《一个女人能干什么》则表现了演讲的内容;朱自清的《论气节》指出了讲述的对象;而彭德怀的《我们一定能够打胜仗》表达了演讲者的信念。

要简短明快。演讲稿标题的字数不要太多,句子不要太长,意思要明白易懂。所有标题要在有内容的前提下,越简短明快越好。如奥斯特洛夫斯基的《生活万岁》、陈独秀的《妇女问题与社会问题》、郭沫若的《科学的春天》等。然而若简短到没什么内容,如《信念》《责任》之类的标题,就不见得好。

要表明态度、饱含感情。演讲者对自己所讲的问题总是有自己的态度和情感的,并且常常是很明朗、很强烈的。把这种态度和情感渗透在标题中,标题就有了作者的态度和感情。如卓别林的《要为自由而战斗》、毛泽东的《反对党八股》、周恩来的《中美友好往来的大门终于打开了》等,都明确地表现了演讲者的态度和爱憎的情感,令人过目不忘。

(二)称谓

称谓是对听者的称呼,意在引起听者的注意,也表示对听者的尊重。称谓写在标题之下空一行,居左顶格。通常在工作会议上使用"同志们""各位领导、各位员工"等;在礼仪性的场合使用"女士们,先生们""同志们、朋友们"等。如果有贵宾、上司或尊长在场,应首先称呼他们,如"尊敬的×××……"。

(三)正文

演讲需要形成或创造现场的情绪氛围,因此,所讲的内容应该较为集中。通常一篇演讲稿最多只能讲两三个问题。在写作正文时,要注意开头、主体等部分。

1. 开头(开场白)常用的方法

要抓住听众,引人入胜。演讲稿的开头,也叫开场白。它在演讲稿的结构中处于显要的地位,具有重要的作用。瑞士作家温克勒说:"开场白有两项任务:一是建立说者与听者的同感;二是如字义所释,打开场面,引入正题。"好的演讲稿,一开头就应该用最简洁的语言、最经济的时间，把听众的注意力和兴奋点吸引过来，这样，才能达到出奇制胜的效果。演讲稿的开头有多种方法，常见的主要有以下几种。

开门见山，提示主题。这种开头是一开讲，就进入正题，直接提出演讲的中心。例如，宋庆龄《在接受加拿大维多利亚大学荣誉法学博士学位仪式上的讲话》的开头："我为接受加拿大维多利亚大学荣誉法学博士学位感到荣幸。"运用这种方法，必须先明晰地把握演讲的中心，并且把要向听众提出的论点摆出来，使听众一听就知道讲的中心是什么，注意力一下子集中起来。否则，就容易显得过于平淡、冷静，很难吸引人。

介绍情况，说明根由。这种开头可以迅速缩短与听众的距离，使听众急于了解下文，例如，恩格斯在1881年12月5日发表的《在燕妮·马克思墓前的讲话》的开头："我们现在安葬的这位品德崇高的女性，在1814年生于萨尔茨维德尔。她的父亲冯·威斯特华伦男爵在特利尔城时和马克思一家很亲近；两家人的孩子在一块长大。当马克思进大学的时候，他和自己未来的妻子已经知道他们的生命将永远地连接在一起了。"这个开头对发生的事情、人物对象做出必要的介绍和说明，为进一步向听众提出论题作了铺垫。运用这种方法开头，一定要从演讲的中心论点出发，不能信口开河，离题万里，更要防止套话、空话，败坏听者的胃口。

提出问题，引起关注。这种方法是根据听众的特点和演讲的内容，提出一些激发听众思考的问题，以引起听众的注意。例如，弗雷德里克·道格拉斯1854年7月4日在美国纽约州罗彻斯特市举行的国庆大会上发表的《谴责奴隶制的演说》。一开始就能引发听众的积极思考，把人们带到一个愤怒而深沉的情境中去："公民们，请恕我问一问，今天为什么邀我在这儿发言？我，或者我所代表的奴隶们，同你们的国庆节有什么相干？《独立宣言》中阐明的政治自由和生来平等的原则难道也普降到我们的头上？因而要我来向国家的祭坛奉献上我们卑微的贡品，承认我们得到并为你们的独立带给我们的恩典而表达虔诚的谢意吗？"

除了以上三种方法，还有释题式、悬念式、警策式、幽默式、双关式、抒情式等。

2．开场白的技术处理

用楔子。用几句诚恳的话与听众建立个人间的关系，获得听众的好感和信任。开头要能激发出听众的兴趣。在对美国会计协会罗彻斯特分会的一次演讲中，演讲顾问唐纳德·罗杰斯通过表达他对听众需要的关心而激发起了他们的兴趣。

我今晚要演讲的题目是"信息的透露"。确定这个题目之前，我先是查阅了本地的会计年鉴分册和全国会计协会的学术专刊，然后又询问了我的同事亚历克斯·莱文斯顿和戴夫·汉森："今晚来听演讲的人都有哪些？他们希望我讲什么？"他们告诉我在座的各位都是些很热心的人，希望我的演讲有趣而富有启发性。因此，我将告诉大家一些有用的知识，我也同时希望我的演讲简明扼要，并留给大家一定的提问时间。

由此及彼。直接地反映出一种形势，或是将要论及的问题，用某一件小事，一个比喻，个人经历，轶事传闻等，将主要演讲内容引出。

激发互动。可以提出一些激发听众思维的问题，把听众的注意力集中到演讲中来。迈克斯·艾萨克松在一次演讲的开头中便运用了引言和反诘的方法来吸引听众。

我们都知道，演讲是件很难的事。但是请听听丹尼尔·韦伯斯特是怎么说的吧："如果有人要拿走我所有的财富而只剩下一样，那么我会选择口才，因为有了它我不久便可以拥有其他一切财富。"那么，为什么许多有才华的人偏偏害怕演讲呢？

直接触题。一开始就告诉听众自己将要讲些什么。世界上许多著名的政治家、作家和国家领导人的演讲都是这样的。开头为听众解释关键术语。例如，一位公司副总裁在就记者招待会的用途发表演讲时，就很好地运用了这一技巧。

公共关系，简单地说，就是指"与公众的关系"，即任何涉及公司或个人的关系。它的主要目的就是有效地利用媒体——最常见的是书面形式——为公司谋取最佳印象或形象。

开头要为听众说明演讲目的。在大多数情况下，演讲的开头应揭示出演讲的目的。如果做不到这一点，那么听众要么会对演讲失去兴趣，要么会误解演讲的目的，或者甚至于会怀疑演讲者的动机。以下开头用很短的篇幅便把演讲者的演讲目的陈述给了听众：

女士们，先生们，早上好。谢谢大家给予我这个露面机会。美国广告联盟是美国传播工业的一个重要组成部分。当前，美国传播工业还面临许多问题，而重担则落在大家的肩上。我今天演讲的目的便是就这些问题及它们呈现出的挑战谈谈我的看法。

开头要为听众阐述演讲结构。演讲时，应当利用开头部分对演讲内容加以概述，让听众了解演讲的中心思想和结构。特别是当演讲的主题很复杂，或是专业性较强，或是需要论证几个观点时，这样做就能使演讲显得清楚而易于理解。以下演讲的开头就很明了地陈述了演讲者演讲的结构及范围：

女士们，先生们，晚上好。我很荣幸应科里曼主任的邀请来参加这个在我国很有权威的商业论坛——在见解上它可以与底特律和纽约的经济俱乐部相提并论。

首先，我将对最近的国内经济形势加以展望。我认为它并非人们有时所想象的那样严峻。

其次，谈谈近期欧佩克的经济增长对国际经济增长的影响——对包括我们自己在内的许多国家来说是件痛苦的事，但又是完全有办法应付的。

再次，对总统的能源建议作几点评论，我认为它既令人鼓舞，又令人失望。

最后，我将就演讲逐渐成为一种时尚和必要的现象以及美国的现状谈一点个人看法。

3．主体常用模式

并列模式：开场白—第一—第二—第三。

正反模式：开场白—正面说—反面说—结论。

递进模式：开场白—是什么—为什么—怎么办。

4．主体的技术处理

突出层次；有张有弛（把握节奏）；搞好衔接。

（四）尾部

结尾是演讲内容的自然收束。要简洁有力，余音绕梁。怎样才能给听众留下深刻的印象呢？美国作家约翰·沃尔夫说："演讲最好在听众兴趣到高潮时果断收束，未尽时戛然而止。"这是演讲稿收尾最为有效的方法。在演讲处于高潮的时候，听众大脑皮层高度兴奋，注意力和情绪都由此而达到最佳状态。如果在这种状态中突然收束演讲，那么保留在听众大脑中的最后印象就特别深刻。演讲稿的结尾

项目五　练习三

没有固定的格式，常用以下方式结束：

概括要点式；揭示主题式；小结式；展望未来式；号召、鼓动式；饱含哲理，发人深思式；以诗文名言或幽默俏皮的话语结尾。不管怎样，一般原则是要给听众留下深刻的印象。演讲结束时，出于礼貌，最后一般都应说"谢谢""我的演讲完毕，谢谢"之类的话。

案例

启航新程，筑梦职场 —— 共创就业与创业新篇章

尊敬的领导、亲爱的同事们：

大家好！在这个充满活力与挑战的早晨，我们齐聚一堂，共同探讨一个既熟悉又常新的话题——就业与创业。我今天的演讲题目是："启航新程，筑梦职场——共创就业与创业新篇章"。

在快速变化的商业环境中，就业与创业如同双轮驱动，推动着社会经济的不断前行。对于每一位在职场奋斗或即将踏入社会的我们来说，这不仅是个人价值的实现舞台，更是时代赋予我们的使命与机遇。

回望过去，无数前辈以他们的智慧和勇气，在各自的领域里书写了辉煌的篇章。他们或是职场精英，凭借专业技能和不懈努力，在职场上步步高升；或是创业先锋，从零开始，用创新思维和坚韧不拔的精神，开创了一片新天地。他们的故事，激励着我们不断前行，勇敢追梦。

然而，面对当前复杂多变的就业形势和日益激烈的竞争环境，我们不禁要问：如何在就业与创业的道路上，找到自己的定位，实现个人价值？

首先，拥抱变化，持续学习。在这个知识爆炸的时代，唯有不断学习，才能跟上时代的步伐。无论是专业技能的提升，还是跨领域知识的拓展，都是我们增强竞争力的关键。让我们把学习当作一种习惯，一种生活态度，用知识的力量武装自己。

其次，勇于尝试，敢于创新。无论是就业还是创业，创新都是推动我们前进的重要动力。不要害怕失败，每一次尝试都是一次宝贵的经验积累。让我们敢于打破常规，勇于探索未知，用创新的思维和方法，解决工作中的难题，创造更多的可能。

再者，团队合作，共享成功。在职场上，没有孤军奋战的成功。一个优秀的团队，能够汇聚每个人的智慧和力量，共同面对挑战，分享成功的喜悦。让我们学会倾听，学会协作，用团队的力量，成就个人的梦想。

最后，坚守初心，不忘使命。在追求职业发展的道路上，我们可能会遇到各种诱惑和挑战。但无论何时何地，都要记得自己的初心和使命。是那份对工作的热爱，对梦想的执着，让我们在风雨中前行，在挫折中成长。

同事们，新的征程已经开启，让我们携手并进，以更加饱满的热情、更加坚定的信念，共同迎接就业与创业的新挑战。让我们在职场上筑梦前行，用智慧和汗水，书写属于自己的精彩篇章！

在演讲的最后，祝愿每一位同事都能在职场上找到属于自己的舞台，实现个人价值，共创公司更加辉煌的未来！

谢谢大家！

练一练

1. 以"我的职业观"为话题，自拟题目，写一篇不少于800字的议论型演讲稿。
2. 写一篇呼唤诚信的演讲稿。
3. 写一篇关于"保护地球母亲，净化校园环境"的演讲稿。

任务四 述职报告

 案例

20××年度科技公司研发部主任述职报告

尊敬的总经理、公司领导团队及各位同事：

大家好！在挑战与机遇并存的20××年，作为科技公司研发部的负责人，我在公司高层的正确领导和全体研发团队成员的共同努力下，圆满完成了各项岗位职责和工作任务。现将一年来的主要工作情况简述如下。

推动技术创新与项目管理：积极响应公司关于加速技术创新和产品研发的战略部署，我主导制定了《20××年度研发项目管理规范》，明确了项目立项、研发流程、质量控制及成果评估等关键环节的标准与要求。通过组织跨部门协调会议，有效整合了设计、开发、测试等资源，确保了各项研发项目按计划顺利推进。年内，我们成功完成了X款新产品的开发，其中Y款产品凭借其创新技术和卓越性能，赢得了市场的高度认可。

优化研发团队建设：针对研发部人才结构，我实施了"人才强基"计划，不仅加强了内部培训，提升了团队专业技能，还拓宽了招聘渠道，引进了一批具有前沿技术背景和丰富项目经验的优秀人才。通过实施绩效考核与激励机制，有效激发了团队成员的工作热情和创新能力，团队整体效能显著提升。

强化知识产权管理：深知知识产权对公司发展的重要性，我带领团队加强了对研发成果的专利保护，年内共申请专利Z项，其中发明专利占比超过50%，为公司构建了坚实的知识产权壁垒。同时，我们也加强了与外部科研机构的合作，共同探索前沿技术，拓宽了公司的技术视野。

促进跨部门协作：为了提升研发效率，我积极推动研发部与市场部、销售部等部门的紧密合作，建立了定期沟通机制，确保研发方向紧贴市场需求。通过组织联合研讨会、产品体验会等活动，加深了各部门对产品特性的理解和认同，为产品的市场成功打下了坚实基础。

推进数字化转型：紧跟行业趋势，我主导启动了研发部门的数字化转型工作，引入了先进的项目管理软件和自动化测试工具，实现了研发流程的数字化、智能化管理，显著提高了研发效率和项目管理的透明度。

关注员工成长与福祉：作为部门负责人，我始终将员工的个人成长和职业发展放在首位，通过一对一职业规划、专业技能培训以及心理健康关怀等措施，营造了积极向上的工作氛围。年内，多名团队成员获得了晋升或专业技能认证，团队凝聚力和归属感显著增强。

回顾过去一年，尽管我们取得了不少成绩，但也面临着技术瓶颈、市场竞争等挑战。在反思中，我认识到在快速变化的科技领域，保持学习的热情和敏锐的市场洞察力至关重要。未来，我将更加注重团队建设中的创新思维培养，以及加强与其他行业领先企业的交流与合作。

展望20××年，我将继续带领团队，聚焦核心技术突破，深化产品迭代升级，同时，加强与国际先进技术的接轨，探索更多跨界合作机会，为公司持续创新和市场拓展贡献力量。

在总经理的英明领导下，我深感责任重大，也倍感荣幸。我将继续秉持"创新驱动发展，质量赢得未来"的理念，带领研发部全体成员，为公司的发展贡献更大的智慧和力量。

谢谢大家！

一、认识述职报告

述职报告就是把自己履行职责是否称职的情况写成书面文字所构成的文体。具体一点是，机关负责人就任职一定时期内所做工作向任命机关或机关群众进行汇报并接受审查和监督的陈述性文案。个人述职报告是随着人事管理制度和改革而出现的一种新文体。它是考察干部履行职责情况，以及是否称职的一种手段。

述职报告虽以"报告"为名，跟作为党政主要公文的"报告"却不是同类文体，内容、

> **知识拓展**
>
> ### 述职报告与总结的异同点
>
> 述职报告和总结既有联系，又有区别：
>
> （1）述职报告与总结的相同之处是，它们都可以谈经验、教训，都要求事实材料和观点紧密结合，从某种程度上说，述职报告可以借鉴总结的某些写作方法。
>
> （2）述职报告与总结的不同之处在于以下三点：

> 一是要回答的问题不同。总结要回答的是做了什么工作，取得了哪些成绩，有什么不足，有何经验、教训等。述职报告要回答的则是什么职责，履行职责的能力如何，是怎样履行职责的，称职与否等。
>
> 二是写作重点不同。总结的重点在于全面归纳工作情况，体现工作事迹。述职报告则必须以履行职责方面的情况为重点，突出表现德、才、能、绩，表现履行职责的能力。
>
> 三是表述方式不同。总结主要运用叙述的方式和概括的语言，归纳工作结果。工作述职报告则可以采用夹叙夹议的写法，既表述履行职责的有关情况，又说明履行职责的出发点和思路，还要申述处理问题的依据和理由。

功能和作者身份都有很大不同。述职报告的内容包括任职期间所取得的工作成绩、不足和失误之处以及存在的主要问题，跟总结倒有不少相似之处。

述职报告可分为年度述职报告、阶段述职报告、任期述职报告等类型。述职报告一般具有以下特点。

个人性。述职报告对自身所负责的组织或者部门在某一阶段的工作进行全面的回顾，按照法规在一定时间进行，要从工作实践中去总结成绩和经验，找出不足与教训，从而对过去的工作做出正确的结论。与一般报告不一样的是，述职报告特别强调个人性。个人对工作负有职责。自己亲身经历或者督查的材料必须真实。这就要在写作上更多地采用叙述的表达方式。还要据实议事，运用画龙点睛式的议论，提出主题，写明层义。讲究摆事实，讲道理；事实是主要的，议论是必要的。在写法上，以叙述说明为主。叙述不是详叙，是概述；说明要平实准确，不能旁征博引。

规律性。述职报告要写事实，但不是把已经发生过的事实简单地罗列在一起。它必须对搜集来的事实、数据、材料等进行认真的归类、整理、分析、研究。通过这一过程，从中找出某种带有普遍性的规律，得出公正的评价议论，即主题和层义以及众多小观点（包括了经验和规律的思想认识）。议论不是逻辑论证式，而是论断式，因为自身情况就是事实论据。如果不能把感性的事实上升到理性的规律性的高度，就不可能作为未来行动的向导。当然，述职报告中规律性的认识，是从实际出发的认识，实践理性很强，也就不需要很高的思辨性。不管怎样，述职报告是否具有理论性、规律性是衡量一篇述职报告好坏的重要标志。述职报告的目的在于总结经验教训，使未来的工作能在前期工作的基础上有所进步，有所提高，因此述职报告对以后的工作具有很强的借鉴作用。任何一项工作都不可能凭空而来，总是具有一定继承性与创新性的。而继承性，就是要继承以前工作中的一些好的方面，去掉不好的方面，然后加以创新，工作才会有进步，完全抛离过去的工作创新是不可能的。策略性也是规律性的一个方面。策略即今后工作计划，是述职报告的重点内容。

通俗性。面对会议听众，要尽可能让个性不同、情况各异的与会代表全部听懂，这就决定了讲话稿必须具有通俗性。对于与会者来说，内容应当是通俗易懂的。即使是专业性、学术性很强的内容，也要尽可能明晰准确，以与会者理解为标准。形式更是通俗的。结构是格式化的。语言则是口语化的。不同于一般的科学文章，更不同于一般的公文，最明显的一点是语言的口语化。一般的科学文章，主要诉诸人们的视觉，要让读者理解，语言就要概括精练，甚至讲究专业性。而一般公文尤其是行政公文，语言更是规范的，有的格式用语甚至是特定的，最重视的是准确、明晰、简练。相反，讲话稿的语言则由讲话的本身性质所决定，必须口语化。由于讲话是声入心通的人和人之间的传播活动，需要更加适应人们的接受心理，拉近讲话者和听众的心理距离，这就特别讲究语言的大众化、口语化。

艺术性。述职报告的艺术性是魅力所在，直接影响着整个报告这一艺术生命体。这样，写作述职报告必然联系整体的讲话活动特点来进行。"述职报告"一词，可以分为两部分来看待："述职"，是主体的实质性道理。"报告"，是呈现表象而又整体的艺术生命体。报告者要两者并重。写作述职报告，最好从上述总的认识出发。

二、述职报告的写作方法

述职报告没有固定的写作模式，根据不同类型和主旨，可灵活安排结构。一般由标题、抬头、正文、落款四部分组成。

1．标题

个人述职报告的标题，常见的写法有以下三种。

（1）文种式标题，只写《个人述职报告》。

（2）公文式标题，姓名+时限+事由+文种名称，如《××20××至20××试聘期述职报告》《20××年至20××年任商业局长职务的述职报告》。

（3）文章式标题用正题，或正副题配合，如《××年个人述职报告》《思想政治工作要结合经济工作一起抓——××造纸厂厂长王××的述职报告》。

2．抬头

（1）书面报告的抬头，写主送单位名称"如××党委""××组织部"或"××人事处"等。

（2）口述报告的抬头，写对听者的称谓如"各位代表""各位委员""各位同志"，或"各位领导，同志们"。

3．正文

个人述职报告的正文，由开头、主体、结尾三部分组成。

（1）开头。开头，又叫引语，一般交代任职的自然情况，包括何时任何职，变动情况及背景；岗位职责和考核期内的目标任务情况及个人认识；对自己工作尽职的整体估价，确定述职范围和基调。这部分要写得简明扼要，给予听者一个大体印象。

（2）主体。主体，是述职报告的中心内容，主要写实绩、做法、经验、体会或教训、问题，要强调写好以下几个方面：对党和国家的路线方针政策、法纪和指示的贯彻执行情况；对上级交办事项的完成情况；对分管工作任务完成的情况；在工作中出了哪些主意，采取了哪些措施，做出哪些决策，解决了哪些实际问题，纠正了哪些偏差，做了哪些实际工作，取得了哪些业绩；个人的思想作风、职业道德、廉洁从政和关心群众等情况；写出存在的主要问题，并分析问题产生的原因，提出今后改进的意见和措施。

这部分，要写得具体、充实、有理有据、条理清楚。由于这部分内容涉及面广，量大，所以宜分条列项写出。要注意"条""项"的内在逻辑关系。

（3）结尾。结尾一般写结束语，可简述一下自己对自己的评价，并表明自己的态度，最后以"谢谢大家"的语言结束。或用"以上报告，请审阅""以上报告，请审查""特此报告，请审查""以上报告，请领导、同志们批评指正"等作结。

4．落款

述职报告的落款，写上述职人姓名和述职日期或成文日期。署名可放在标题之下，也可以放文尾。

三、述职报告的写作要求

写好述职报告，要注意下面几点写作要求：

（1）实事求是。述职报告要讲真话、讲实话、讲心里话，以诚感人。无论称职与否都要与事实相符。要正确处理个人与集体、主观与客观的关系，要分清功过是非。承担责任要恰如其分，既不争功，也不必揽过。

（2）个性要鲜明。不同的岗位，有着不同的职责要求，即使是相同的岗位，也由于述职者个人的个性差异，其工作方法、工作业绩也不相同。因此，述职报告要突出个性特点，展示述职者个人风格和魄力，切忌千人一面。

（3）内容要周详，述职报告要重点突出。在全面汇报任职期间所做各项工作的基础上，要突出任职期间的重大成绩和创造性业绩，以表明自己的胜任和事业心。应当明确，述职报告必须围绕"职责"二字做文章。它的写作目的，不是评功摆好，而是为了说明是否称职。

（4）情理相宜。述职报告在叙事说理过程中，要有适度的感情色彩。

（5）态度要诚恳。述职，是向机关和群众汇报工作。写作述职报告之前，应对自己进行认真的全面的反思，并虚心听取群众的意见，弄清群众的不满和要求，对群众意见较大的问题尤其要如实阐述，以坦诚的胸怀，赢得群众的谅解和支持。接受群众的监督，而不是作报告，这个特定的角色必须明确，也是写好"述职报告"的前提。

项目五　练习四

（6）语言要庄重。行文语言要朴实，评价要中肯，措辞要严谨，语气要谦恭，尽量以陈述为主，也可写一些工作的感想和启示，但不得描写、抒情，更不能使用夸张的语言。

案例

护士长述职报告

各位领导、各位同事：

　　你们好！

我被任命为病房护士长至今已有九个月，现在我将这期间的工作作个汇报，恳请大家对我的工作多多提出宝贵的意见和建议。

说句实话，刚接管该病房时我感到肩上的担子很沉重，心中产生了从未有过的压力，第一因为……；第二……

有句话说得好，"路是人走出来的"，我在夏院长及护理部领导的帮助下化压力为动力，分步制定切实可行的方案。第一，……；第二，……；第三，……；第四，……；第五，……

此外，我知道在目前竞争激烈的形势下，只有不断地学习、学习、再学习，才能使自己适应这竞争、改革的大潮……

虽然工作是平凡而辛劳的，放弃了不少与家人、孩子团聚的时间……我坚信只要通过不断的努力，只要把满腔的激情奉献给医院，把爱心播撒到每一位患者的心里，我就一定会把综合病房的工作开展得更好。

谢谢！

项目六

商务法律专用文书

学习目标

知识目标
1. 掌握商务合同的写作要求。
2. 了解商务合同写作原则。
3. 了解招投标书的含义和用途。
4. 掌握招投标书的基本格式。
5. 了解招投标书的特点和类型。

能力目标
1. 能写作规范的商务合同。
2. 能做到总结材料的点面结合,观点和材料的统一。
3. 能比较出经济合同和经济合作意向书的区别。
4. 能详细写明招投标的内容、要求及有关事项。
5. 能有针对性地认真研究招投标文件,有竞争性地明确表达招投标意愿。
6. 能写作规范的招投标书。

素养目标
1. 要遵守诚实信用的原则。
2. 要具有实事求是的精神。
3. 培养学生提高政策水平和熟悉业务的意识。
4. 培养学生较高的思维能力和表达能力。

思维导图

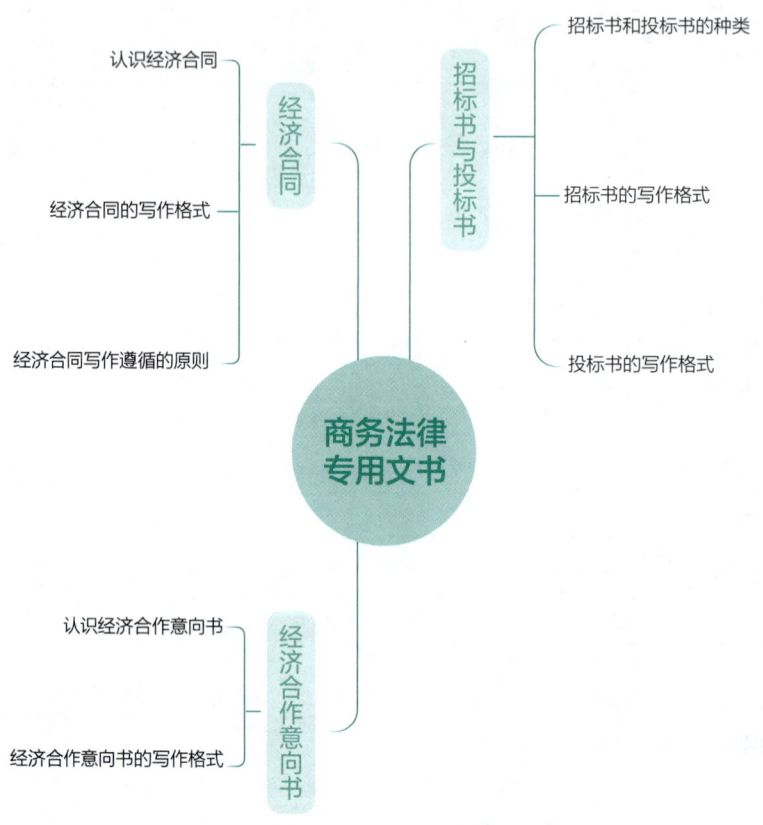

任务一 经济合同

 案例

购销合同

需方：××××××88　　　　供方：××××××88
电话：×××××88　　　　电话：×××××88
传真：×××××88　　　　传真：×××××88

第一条　合同标的

1.1　本合同标的为××××××88向需方提供密闭气罩系统，包括设备供货、技术服务（包括技术资料、使用说明、维修保养手册等）、质保期保障等服务。

供货范围、技术标准及价格：《×882800×8统技术文件》。

第二条　价格

2.1　合同总价（含税）：人民币×××××8，即人民币××××××整。

2.2　所有货物的价格包括了设备及随机附件的制造、包装、17%税费以及验收、安装、调试、技术服务（包括技术资料、使用说明、维修保养手册）等、运费及质保期保障等的全部费用。

第三条　付款

3.1　付款方式：

3.1.1　合同签订后，需方向供方支付合同总价30%作为预付款；货物制造完成后，凭供方发货传真，需方前往验货合格后，发货前付合同总价的85%（分批发货，分批付款）。合同内货物安装完后付合同总价的10%，质量保证金5%，无质量问题一年后付清。

3.1.2　付款方式：承兑汇票

3.2　发票：

3.2.1　本合同所指发票均为17%增值税发票。

3.2.2　边付款，边开票，需方付到95%款时，供方应开具合同总额的全额发票。

第四条　交货、安装与交货安装条件

4.1　发货时间：合同生效后80天内供方开始发货。第一批将气罩骨架、换辊装置、送风总管、支管、吹风箱发齐；90天内将气罩板、风机、热回收等其余部件全部发完。

4.2　安装周期：从80天安装起，40天安装完毕；如因需方的原因影响安装周期的，可以顺延。

4.3　交货地点：需方安装厂区内。

4.4 货到需方交货地点后的卸货由供方应有人到场查验、指导，需方提供起重机械或叉车卸货。

4.5 货物验收：供方于交货时需提供《合格证》《出货清单》，买卖双方按供方出具的《出货清单》和本《合同书》以及国家相关标准验收。

第五条 包装、运输与安装

5.1 设备包装采用厂家标准包装，但供方保证该包装是适合长途运输和吊装要求的。

5.2 运输责任：供方负责。

5.3 设备运输方式：供方负责确定。

5.4 供方安排4~6人进行安装，需方指派2~3人配合供方一起进行安装，需方为供方安装人员免费提供食宿。

第六条 质量技术保证与售后服务

6.1 质量技术保证：

6.1.1 供方保证所提供的设备在工作环境下达到本合同规定的运行参数，并保证其在合同规定的质量保证期内，对因提供的设计、工艺、制造、安装、调试或材料缺陷等原因引起的影响生产的任何缺陷、故障和损坏负责。

6.1.2 供方保证所供的设备是全新的，未使用过的，采用先进的设计和合适材料制造，并在各个方面符合合同要求。

6.1.3 售后服务：

6.1.3.1 产品保证期自设备交货之日起18个月。

6.1.3.2 质保期内，如设备出现故障，供方在接到需方的书面通知后，将在24个小时内回复或在48小时内到达现场处理问题。如果故障责任在需方，则发生的维修费用（包含维修人员交通、食宿、零部件等费用，但不包括维修服务费）由需方承担；如果责任在供方，则发生的一切费用由供方承担。

第七条 不可抗力

7.1 供方对由于在制造、运输过程中出现的不可抗力因素而延期或未发货将不负责任，当事件发生时供方应在上述（不可抗力因素）发生后立即告知需方，并由供方提供由不可抗力发生地政府出具的官方事件证明。在此情况下，供方应采取切实的补救措施加快设备的交货。

第八条 违约责任

8.1 需方付款后，因供方原因不能按时发货，需方将按每周合同总价的0.5%收取违约金。不足一周的按一周计算。违约金的总金额不得超过合同总价的5%。从合同总金额中扣除。

8.2 如合同设备已生产完毕，但因需方原因不能按时出货，供方只提供仓储最长期限为2个月，超出此时限，供方有权对合同设备收取仓储费用，合同总价的1%每月。不足1个月的按1个月计算。违约金的总金额不得超过合同总价的5%。

8.3 如合同执行过程中，因客户原因，项目推迟，需方应提前15日通知供方，合同期限相应顺延。

第九条　争议的解决

9.1　就合同执行过程中出现的一切争议，买卖双方应通过友好协商加以解决。不能达成协议，既可提交仲裁机构仲裁，也可向法院起诉。

第十条　合同生效、变更、终止

10.1　本合同由买卖双方盖章后合同生效。传真件有效。

10.2　对本合同条款的任何变更、修改或增减，须经双方协商同意后签署书面文件，作为本合同的组成部分并具有同等法律效力。

10.3　在本合同有效期内，本合同的技术文件和有关合同文本的变更以书面形式并由双方协商同意后签字盖章后生效。

10.4　本合同一式两份，供需双方各持一份，本合同的技术文件具有同等法律效力。供需双方同时约定合同传真件有效。

需方：×××××88	供方：×××××88
签约代表：	签约代表：
地址：	地址：
电话：	电话：×××××88
传真：×××××88	传真：×××××88
邮编：	邮编：410600
开户行：	开户行：
银行账号：	银行账号：
税务登记号：	税务登记号：
时间：	时间：

一、认识经济合同

《中华人民共和国民法典》第四百六十四条规定，"合同是民事主体之间设立、变更、终止民事法律关系的协议"。

经济合同是商务组织在其生产经营过程中，合作各方根据《中华人民共和国民法典》的规定，订立的以交易关系为内容的合同。经济合同具有以下几个特点：

合法性。当事人订立，履行合同应遵守国家法律、法规、方针、政策，尊重社会公德，不得扰乱经济秩序，损害社会公共利益。

平等性。订立商务合同必须遵循"平等互利，协商一致"的原则。不允许任何一方以强迫、威胁、欺骗、命令等不正当手段把自己的意志强加给对方。

规范性。《中华人民共和国民法典》以法律的形式规定了合同的制作过程和履行环节，为制作合同提供了规范模式。规范性要求还体现在语言表达准确，书写工整，条理清晰等方面。当事人双方权利、义务和责任都要分别写清。

二、经济合同的写作格式

根据《中华人民共和国民法典》规定，当事人订立合同，可以采用书面形式、口头形式或者其他形式。书面形式是合同书、信件、电报、电传、传真等可以有形地表现所载内容的形式。以电子数据交换、电子邮件等方式能够有形地表现所载内容，并可以随时调取查用的数据电文，视为书面形式。

1. 标题

①合同性质+种类，如《××合同》；
②合同标的物+种类，如《××××租赁合同》《××××转让合同》；
③合同的有效期+种类，如《××××年××合同》；
④单位名称+合同种类，如《成都市××厂、高新区××公司××买卖合同》；
⑤由多种因素混合运用的标题，如《日照钢铁集团、日照港务局××××年下半年×××水路货物运输合同》。

2. 正文

这是合同的主要部分，由约首和主体两部分组成。

①约首，即签订日期、合同编号和当事人名称等内容。当事人名称，应写明签订合同的双方或多方单位名称及法人代表或代理人姓名。

②主体，主体是经济合同的核心部分，主要写明合同当事人议定的条款。合同条款大致有以下三类：一是要求共同必备的主要条款；二是根据法律规定或某类合同性质要求必备的条款，它取决于法律的特殊规定和某类合同的特殊性质，如仓储保管合同中的保管方式、损耗标准、损耗处理办法等条款；三是当事人一方要求规定，而另一方同意的条款。

根据《中华人民共和国民法典》规定，合同的内容由当事人约定，一般包括下列条款：

①当事人的姓名或者名称和住所。

②标的：标的是指合同当事人之间存在的权利义务关系，这种关系构成了合同的基础和核心。简言之，标的就是合同双方共同追求的目标或结果，它可以是货物交付、劳务交付、工程项目交付等。这里要注意标的与标的物的区别，标的物则是指这种权利义务关系所指向的具体对象。例如，在房屋买卖合同中，标的是双方关于房屋买卖的权利义务关系，而标的物则是具体的房屋。

③数量：数量是标的物在量方面的限度，是标的的计量，通常以数字和计量单位来表示。

④质量：质量是标的物在质的方面的规定，是标的内在素质和外观形态优劣的标志。

⑤价款或者报酬：价款或者报酬是指取得对方商品或接受双方劳务等所支付的代价。一般包括单价和总金额两项，通常以货币的数量来表示。

⑥履行期限、地点和方式。

⑦违约责任：包括违约情况及所应承担的相关责任，如支付违约金、赔偿损失等。

⑧解决争议的方法：在履行合同的过程中，当事人对合同发生争议时所采用的协调方法。

3. 落款：包括署名、日期

经济合同当事人单位名称和法定代表人签名，并加盖印章（公章或合同专用章）。如有签证机关，也应署名加印。日期，就是签订合同的具体日期。为了便于相互联系，有时还在合同署名处注明合同当事人的单位地址、电话、传真、开户银行、银行账号、邮政编码等项内容。

三、经济合同写作遵循的原则

项目六 练习一

（1）平等原则。合同内容必须平等商议，任何一方不得把自己提出的条款强加于对方，不得强迫对方同自己签订合同。

（2）自愿原则。当事人如果在受欺诈、胁迫的情况下签订的合同是无效的。

（3）公平原则。当事人双方的权利与义务是对等的，当事人双方的违约责任也是对等的。

（4）诚信原则。当事人以善意的方式履行其义务，不得滥用权力及规避法律或合同规定的义务。

（5）合法原则。要确保合同内容符合法律、行政法规的规定，符合社会公德的要求。

任务二　经济合作意向书

案例

刚到某高职院校校办当秘书的小李，主要工作是辅助学校主管实践教学的副校长，提供某些参考意见，偶尔也起草一下文件。这天，小李陪校长一起到开发区一大型制造企业看望实习的毕业班学生，在和企业领导的谈话中，副校长提出要和这家企业进行校企合作尝试，企业领导十分欢迎，回校的路上，副校长要求小李拟一个文字稿，并把大致想法谈了一下，第二天小李把拟好的稿子送给副校长时，副校长看后笑着说，小李啊，我昨天没有说用什么文体，你倒好，一上来就是一个校企合作培养人才的合同条款，步子走得太快了一点啊，还没有到那一步，我的意思是只要拟一个合作的意向书就可以了，你回去改改再拿来。

从案例中我们看出，意向书多用于经济技术的合作领域，是商业活动中用于向对方表示合作或交易的意向并经过对方同意接纳的一种文件，它是协议或合同的先导。意向书为进一步正式签订合同奠定了基础。意向书的起草和合同的起草是有区别的，"意向"与"合同"是事项约定的两个不同阶段，前者还停留在设想阶段，而后者则进入了具体实施阶段。设想阶段的利害冲突一般较少，而一旦付诸实施，双方的切身利益就成为双方考虑的重点，所以我们要清楚意向书的使用环境和具体作用。案例中的小李显然尚未考虑到两者间的差异。

一、认识经济合作意向书

经济合作意向书是商务活动中贸易的双方或多方在进行贸易或合作之前，通过初步谈判，就合作事宜表明基本态度、提出初步设想的协约性文书。一般称作"意向书"，是双方或多方进行实质性谈判的依据，是签订协议（合同）的前奏。它主要用于洽谈重要的合作项目和涉外经营项目。如合资经营企业、合作经营贸易、承包国际工程等方面。可以在企业与企业之间、地区与地区之间、国家与国家之间等使用。

经济合作意向书主要是表达贸易或合作各方共同的目的和责任，是签订协议、合同前的意向性、原则性一致意见的达成。它是实现实质性合作的基础。经济合作意向书制作既可以使磋商合作的步伐走的稳健而有节奏，避免草率从事，盲目签约，也可以及时抓住意向、开拓发展，避免失去商机。

经济合作意向书具有以下特点：

意向性与一致性。经济合作意向书的内容是各方原则性的意向，并非具体的目标和实施方法。这与协议与合同是有很大区别的。协议与合同的内容要求必须是非常具体的，且有实施的操作性。它的具体内容应是经过协商双方一致同意的，能表达双方的共同意愿。

协商性与临时性。经济合作意向书是共同协商的产物，也是今后协商的基础。在双方签署之后，仍然允许协商修改。经济合作意向书只是表达谈判的初步成果，为今后谈判作铺垫；一旦谈判深入，最终确定了合作双方的权利和义务，其使命即告结束。

信誉性而非法律性。经济合作意向书是建立在商业信誉之上的，虽然对各方有一定的约束力，但并不具有法律效力。这与协议与合同的执行具有法律强制性是不同的。

二、经济合作意向书的写作格式

写经济合作意向书

经济合作意向书由标题、正文和落款三个部分组成，书写格式有条文式、表格式和条文表格综合式。

1. 标题

经济合作意向书的标题一般有以下三种形式。

（1）单独由文种做标题。

（2）由项目名称和文种组成，如《合资经营××项目意向书》《兴建日照娱乐城意向书》。

（3）由协作单位、协作项目和文种组成，如《××公司与××有限公司关于合资经营××项目意向书》《日照大地公司、香港古龙集团公司共同经营建筑材料的意向书》。

2. 正文

经济合作意向书的正文由前言、主体和结语三个部分组成。

（1）前言。前言分为三个层次书写：一是写明合作方单位的全称，在名称后面加括号注明"简称甲方""简称乙方",以方便后面的行文。二是简要介绍双方接触的情况,签订意向书的缘由、目的和依据的原则。三是用"现达成以下意向"或"经友好协商,特就××事宜签订本意向书"等语句,过渡到主体部分。

（2）主体。这部分是意向书的重点内容,一般写明双方或各方认可的事项,包括合作的项目、名称、合作方式、程序,双方的义务等。多采用分条列项的条款形式。

主体部分各项条款之间的界限要清楚,内容要相对完整,不要交叉叠述,也不要有所疏漏。

（3）结语。主要为合作双方提出实施意向、落实合作项目的要求和希望。一般以"未尽事宜,在正式签订合同或协议书时予以补充"作结语,以便留有余地。有些意向书没有结语,主体写完,正文就结束了。

3. 落款

包括签订意向书各方当事人的法定名称,谈判代表人的签字,签署意向书的日期等内容。

案例

合作培训意向书

甲方：××市现代科技培训中心

乙方：××出版社

经双方商讨,拟合作举办一期编辑、校对技术短期培训班。初步意向如下：

一、培训期3个月。20××年9月1日开班,11月30日结业。

二、培训学员10名。由乙方选送25岁以下、具有高中文化程度的人员。

三、培训费2万元,由乙方在开班前支付给甲方。

四、甲方提供培训场地、师资、教材,并负责教学管理,发放结业证书。

××市现代科学技术培训中心　　　代表：×××（签字）

××出版社　　　代表：×××（签字）

××××年×月×日

这份意向书篇幅不长,但符合意向书结构与写法的要求。标题采用的是"事由+意向书"的写法。而正文开头先写合作双方的单位名称、合作事项；主体部分再写出合作的初步协商一致内容,用四个条文形式表述。签署则写明双方单位的名称、双方代表的名称及成文日期。

项目六　练习二

练一练

下面这份意向书有好几处错误,请指出并改正。

一、甲、乙两方愿以合资或合作的形式建立合资企业,定名为××有限公司。建设期为×年,即从×年—×年全部建成。

二、双方意向书签订后，即向各方有关上级申请批准，批准的时限为×个月，即×年×月×日—×年×月×日完成。然后由×××厂办理合资企业开业申请。

三、总投资×万元。××部分投资×万元；××部分投资×万元。甲方投资×万元（以工厂现有厂房、水电设施现有设备等折款投入）；乙方投资×万元（以现金投入，购买设备）。

四、利润分配：各方按投资比例或协商比例分配。

五、合资企业自营出口或委托有关进出口公司代理出口，价格由合资企业定。

六、合资年限为×年，即×年×月—×年×月。

七、合资企业其他事宜按《中外合资法》有关规定执行。

八、本意向书生效后，双方必须严格遵守意向书的规定，任何一方在未经协商的前提下不得违约。否则，违约方将承担全部责任。

本意向书一式两份。作为备忘录，各执一份备查。

甲方 乙方
××××厂 ××××公司
代表：××× 代表：×××

这份意向书有多处错误：

一是格式不合要求。意向书的结构一般由标题、正文、签署三部分组成。这份意向书不完整，正文缺少了开头部分，使得签订意向书的双方交代不清楚，应加上开头"××厂（甲方）××××公司（乙方）。双方于×年×月×日在×地，对建立合资企业事宜进行了初步协商，达成意向如下："。

二是主体部分的内容过于具体。它对投资金额、利润分配、合资年限等实质性的内容都作了具体的规定，协议（合同）的内容写了进去；另外，意向书是没有法律效力的，因而也不存在违约责任，主体部分的第"八"项应删去。

三是有些语言表达不够准确。如"定名为××有限公司"的"定名"改为"暂定名"较为准确；"总投资×万元"一句有歧义，"元"是指"美元"还是"人民币"？应写清楚。

在写经济合作意向书时，要注意以下要点：

一是经济合作意向书的写作应注意语言要相对比较平和。

意向书内容不像经济合同、协议书那样带有鲜明的规定性和强制性，而是具有相互协商的性质；因此，行文中多用商量的语气，一般不要随便使用"必须""应99%可否"等。同时，因为意向书不具备按约履行的法律约束力，所以，在主体部分里不写违反约定应该承担什么责任的条款，也不规定意向书的有效期限。

二是经济合作意向书的格式可参照合同的写法。

任务三 招标书与投标书

 案例

理实一体化教学楼施工工程公开招标公告

1. 招标条件

本招标项目为理实一体化教学楼施工工程，已由淮安经济技术开发区经济发展局以淮开经发审【20××】23号文批准建设，招标人为淮安市工业学校。建设资金来自财政拨款，项目出资比例为100%。项目已具备招标条件，现对该项目的施工进行公开招标。

2. 项目概况与招标范围

2.1 项目概况：本工程总建筑面积13333.63平方米，其中地上六层。层高：一层为4.2米，二至六层层高均为3.9米。建筑高度23.9米，东西长95.20米，南北长62.50米（连廊长42.0米）；结构类型为钢筋混凝土框架结构，基础形式为柱下独立基础。

2.2 标段划分：一个标段。

2.3 建设地点：成都路东，三亚路北。

2.4 投资金额：19758178.81元。

2.5 计划工期：250日历天，实际开工日期以总监理工程师下达的开工令为准。

2.6 质量要求：合格。

2.7 招标范围：图纸范围内的淮安市工业学校理实一体化教学楼工程施工、安装及保修，具体详见本工程工程量清单及图纸。

3. 投标人资格要求

3.1 本次招标要求投标人须具备建筑工程施工总承包二级及以上资质，并在人员、设备、资金等方面具有相应的施工能力，且具有有效的安全生产许可证。

3.2 投标人拟派项目负责人须具有建筑工程专业贰级及以上注册建造师执业资格，并具备有效的安全生产考核合格证书。

3.3 市外投标单位还须提供《进淮安建筑业企业信用登记证》和投标单位工商注册所在地地市级及以上建设行政主管部门出具的近三年市场行为和安全生产证明资料。

3.4 投标人在近三年内应无行贿犯罪记录，若有行贿犯罪记录则作废标处理。本项内容以开发区检察院出具的《检察机关查询行贿犯罪档案结果告知函》为准。各投标单位报名结束后，告知函由代理机构统一查询，不接受投标人单独查询。

3.5 本次招标不接受联合体投标。

3.6 单位负责人为同一人或者存在控股、管理关系的不同单位，或同一母公司的子公司，不得参加同一标段投标或者未划分标段的同一招标项目投标。

3.7 资格审查方式：资格后审。

4. **投标报名及招标文件的获取**

4.1 有意参加本工程项目投标的施工企业，请于20××年02月22日至20××年02月26日（法定节假日除外），上午08：30—11：30、下午14：00—17：00（北京时间，下同）携带法定代表人身份证明书原件（法定代表人参加投标报名时提供，需附贴法定代表人身份证复印件）或法定代表人授权委托书原件（授权代表参加投标报名时提供，需同时附贴法定代表人和被授权人身份证复印件）到淮安市公共资源交易中心（烟台路与济南路交会处淮安市国际金融中心B座）二楼公共资源交易窗口报名并领取招标文件。投标报名的接受并不代表资格审查的通过。

4.2 招标文件售价：300元/套，售后不退。

4.3 招标人不提供邮购招标文件服务。

5. **投标文件的递交**

5.1 递交投标文件时间和地点：20××年03月14日09：00—09：30，招标代理机构在淮安市公共资源交易中心（淮安市国际金融中心B座）四楼第五开标室接收投标文件，逾期收到或不符合规定的投标文件恕不接受。

5.2 投标截止时间：20××年03月14日09：30。

5.3 开标时间和地点：招标代理机构于20××年03月14日09：30在淮安市公共资源交易中心（淮安市国际金融中心B座）四楼第五开标室举行开标仪式。

6. **发布公告的媒介**

本次招标公告同时在淮安市政府采购网、淮安政务网、淮安市公共资源交易网上发布。

7. **联系方式**

招　标　人：淮安市工业学校　　联　系　人：李晓磊

联系电话：×××××××

代理机构：淮安路达招标代理有限公司

联　系　人：王娜

联系电话（传真）：×××××××

招标书又称招标通告、招标启事、招标广告，是招标人利用投标者之间的竞争达到优选买主或承包方的目的，从而利用和吸收各地优势于一家的交易行为所形成的书面文件。它是将招标主要事项和要求公告于世，从而招使众多的投资者前来投标。是招标过程中介绍情况、指导工作、履行一定程序所使用的一种实用性文书。一般都通过报刊、广播、电视等公开传播媒介发表。它是一种告示性文书，它提供全面情况，便于投标方根据招标书提供情况做好准备工作，同时指导招标工作开展。

投标书又叫标书、标函，指投标人根据招标公告以及其他招标文件（如招标单位要求、投标人须知等）的条件和要求而制作的递送给招标单位的文书。它要求密封后邮寄或派专人送到招标单位，故又称标函。它是投标单位在充分领会招标文件，进行现场实地考察和调查的基础上所编制的投标文书，是对招标公告提出的要求的响应和承诺，并同时提出具体的标价及有关事项来竞争中标。

投标书是招标工作时甲乙双方都要承认遵守的具有法律效应的文件，因此逻辑性要强，不能前后矛盾，模棱两可，用语要精练、简短，对政策法规的准确理解与执行。

一、招标书和投标书的种类

（一）招标书的种类

按方式分，有公开招标书、邀请招标书。
按时间分，有长期招标书和短期招标书。
按内容及性质分，有企业承包招标书、工程招标书、大宗商品交易招标书。
按招标范围分，有国际招标书和国内招标书。

（二）投标书的种类

按形式分：表格式投标书。表格式投标书的表格格式往往由招标人设计制定，其具体内容则由各竞标单位研究填写；文字式投标书。文字式投标书由投标人根据招标人的条件和要求，以文章的形式将自己的竞标方案表达出来。实际运用中，表格式投标书更为常用。

按投标使用对象划分：生产经营性投标书，如工程投标书、承包投标书；技术投标书，如科研课题投标书、技术转让投标书；生活投标书。

二、招标书的写作格式

写招标书

1. 标题

由招标单位名称、招标项目名称和文种三部分构成：如《××大学修建图书馆楼的招标通告》；由招标单位名称和招标文种构成：如《××集团招标公告》；只写招标文种：如《招标公告》《招标书》。

2. 正文

一般用条文式，有的也可用表格式。

（1）引言。应写明招标目的、依据以及招标项目的名称。

如《××里住宅小区建筑安装工程施工招标通告》："本公司负责组织建设的××里住宅小区工程的施工任务，经××市城乡建设委员会批准，实行公开招标，择优选定承包单位，现将招标有关事项通告如下：……"。

（2）主体。这是招标公告的核心。要详细写明招标的内容、要求及有关事项。一般采用横式并列结构，将有关要求逐项说明，有的还需要列表。具体包括了以下几个方面。

① 招标内容。如标明工程名称、建筑面积、设计要求、承包方式、交工日期等。

如《××里住宅小区建筑安装工程施工招标通告》："工程名称和地址：××里住宅小区，坐落于××市东城区内城东北角。工程主要内容：总建筑面积10.7万平方米，其中14层至18层大模外挂板住宅楼7座，计7.85万平方米，砖混结构6层住宅楼5座，计2.25万平方米，其余为配套附属建筑，也是砖混结构。工程质量要求应符合国家施工验收规范。承包方式：全部包工包料（建设单位提供三材指标）"。又如《××大学修建图书馆的招标通告》："工程名称：××大学图书馆楼。建筑面积：××平方米。施工地址：×市×路×号。设计及要求：见附件（略）。交工日期：20××年2月"。

②招标范围。投标单位资格及应提交的文件，如"凡持有一二级建筑安装企业营业执照的单位皆可报名参加投标"。报名时应提交下列文件：A. 投标单位概况表；B. 技术等级证书（复制件）；C. 工商营业执照（复制件）；D. 外地建筑企业在本市参加投标许可证。

③招标程序。包括内容：A. 报名及资格审查；B. 领取招标文件；C. 招标交底会（交代要求及有关说明）；D. 接受标书；E. 开标；F. 交招标文件押金或购买招标文件。

项目六　练习三

④招投标双方的权利和义务、双方签订合同的原则、组织领导以及其他事项等。

（3）结尾。应写明招标单位名称、地址、电话、电报、邮政编码等。

招标书写作是一项严肃的工作，写作时要注意：

（1）周密严谨。招标书是签订合同的依据，是一种具有法律效应的文件，内容和措辞都要周密严谨。

（2）简洁清晰。招标书没有必要长篇大论，只要把所要讲的内容简要介绍，突出重点即可，切忌胡乱罗列、堆砌。

（3）注意礼貌。招标书涉及的是交易贸易活动，要遵守平等、诚恳的原则，切忌盛气凌人，更反对低声下气。

三、投标书的写作格式

1. 标题

可由项目名称和文种构成，如"××宿舍建筑工程投标书"；可由投标单位名称和文种构成；也可只写文种名称。

写投标书

2. 主送单位

即对招标单位的称呼。

3. 正文

开头。简要介绍投标人的基本情况，并表明投标的意愿。例如，单位名称、法人代表、隶属关系、营业执照及资格证书、单位目前人员结构、固定资产、流动资金、设备、技术力量、单位生产经营业绩等。要求简明扼要、重点突出。

主体。主要包括三个方面的内容：一是具体写明投标项目的指标；二是实现各项指标、完成任务的具体措施；三是对招标单位提出希望配合与支持的要求。例如，工程项目承包投标书主要写以下内容：标书综合说明；标价；工程质量达到的等级和保证质量；安全的主要措施；工程进度安排；主要施工方法和选用的施工设备等。

4. 落款

投标者名称（加盖印章）、地址、电话、邮编等。

此外，在制作投标书时应注意以下一些问题：有针对性地认真研究招标文件。招标文件反映了招标单位的招标目的和要求，作为投标者，必须"投其所需"；同时要结合招标文件，客观地分析本单位的各项条件，判断有没有能力或希望参加该项目的投标竞争。有竞争性地明确表达投标意愿。招标、投标活动的显著特点就是竞争性强。因此，投标书的写作要突出本单位的实力、优势和特色，增加中标机会。要实事求是。对本单位的实力介绍要客观，对项目的分析要透彻，引用的数据要准确，确定的目标要可信，制定的措施要可行。切不可为了增加中标机会而夸大其词，采取欺骗手段。

项目七

求职文书

学习目标

知识目标
1. 了解求职文书的定义、特点及其在职场中的重要性。
2. 掌握撰写求职信和简历的基本格式和结构。
3. 学习如何有效地表达个人优势和职业目标，以提高求职成功率。
4. 理解招聘过程中的法律法规和职业道德。
5. 熟悉不同行业和岗位对求职文书的具体要求和期望。

能力目标
1. 能够根据目标职位的要求，撰写出专业且具有针对性的求职文书。
2. 能够准确评估自己的能力和经验，并在求职文书中有效地展示。
3. 能够独立完成求职文书的撰写，包括目标设定、内容组织和语言润色。
4. 能够根据招聘反馈调整和优化求职文书。
5. 能够运用求职文书进行有效的职业规划和自我推广。

素养目标
1. 培养良好的求职文书写作习惯，注重文书的规范性、准确性和时效性。
2. 提升自我认知能力，能够客观地评估自己的职业能力和发展潜力。
3. 增强沟通和表达能力，使求职文书更具说服力和吸引力。
4. 培养敏锐的市场洞察力和创新意识，能够根据市场变化调整求职策略。
5. 强化职业道德和责任感，确保求职文书内容的真实性和诚信度，维护个人职业声誉。

思维导图

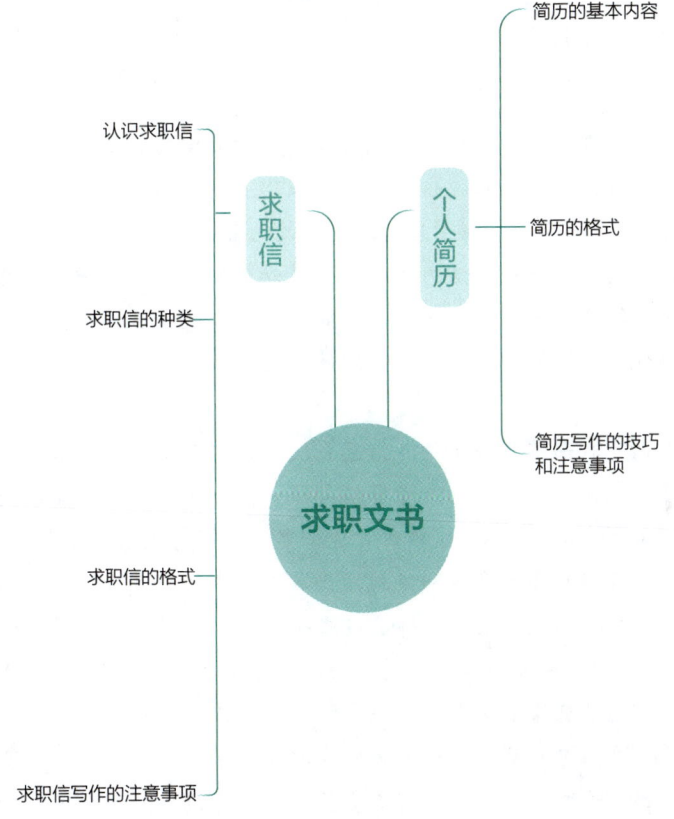

任务一 求职信

求职信

尊敬的招聘经理：

您好！

我是王梓伊，一名即将毕业的现代物流管理专业的大学生。得知贵公司在物流领域的卓越成就和对人才的重视，我怀着满腔热情和对未来职业发展的期待，希望能够成为贵公司的一员，为贵公司的物流优化和供应链管理贡献自己的力量。

20××年，我出生在一个充满活力的城市，自幼对物流和供应链管理充满兴趣。20××年，我考入××学院物流管理专业，开始了为期三年的专业深造。在校期间，我系统学习了物流管理、供应链优化、运输管理、仓储管理等专业课程，并积极参与实践活动，将理论知识与实际操作相结合。

在专业技能方面，我熟练掌握了物流信息系统的操作和管理，能够运用专业软件进行物流数据分析和处理。我通过了国家物流师资格考试，具备了一定的物流规划和执行能力。此外，我还自学了项目管理知识，取得了项目管理证书，能够高效地进行项目规划和执行。

我热爱挑战，积极参与各类竞赛和实践活动。在校期间，我曾组织并参与了多个物流方案设计比赛，其中"绿色物流方案"获得了校级一等奖。我还曾担任学生会实践部部长，负责组织和协调各类物流实习和实践活动，这些经历锻炼了我的组织协调能力和团队合作精神。

我深知物流管理在现代企业运营中的重要性，因此我特别注重实践经验的积累。在大学期间，我曾在××物流公司实习，参与了仓库管理和货物调度工作，积累了宝贵的一线工作经验。我也曾在××电子商务公司担任物流实习生，负责订单处理和客户服务，这段经历让我对电商物流有了更深入的了解。

我对自己的未来充满信心，相信通过在贵公司的学习和工作，能够不断提升自己的专业技能和工作效率。我愿意从基层做起，不断学习和成长，为贵公司的发展贡献自己的一份力量。

感谢您阅读我的求职信，期待有机会加入贵公司，与贵公司共同成长。

此致

敬礼

王梓伊　敬呈

20××年5月5日

联系地址：××学院　　　　　　　　邮政编码：431082
联系电话：1387×××××××　　　　E-mail：××@163.com
附件：1. 个人简历表；2. 成绩单；3. 证书复印件

一、认识求职信

求职信是一种用来自我推销以谋取某个职位的专用书信。在市场经济时代应用十分广泛，是针对特定的用人单位而写的，要求集中突出个人的特征与求职意向，让用人单位相信自己适合担任某项工作或从事某种活动，因此写好求职信是敲开职业大门的重要步骤。

一般来说，求职信具有以下几个特点：

一是既有个人特色，又不过于随意；既体现出个人所受的良好教育和优秀的个性品质，又不过于自谦或自傲。

二是恰当评估自己的知识水平、能力和价值，直接陈述自己的兴趣和动机，表明求职目标。

三是表达简洁、清晰、明了、积极，充分显示出你是一个尊重他人、讲求效率、有责任心、乐观向上、有创造力和通情达理的人，以期打动招聘人的心。

二、求职信的种类

根据投递方式的不同，可以分为广泛性求职信和专递性求职信。

根据诉求目标是否明确，可以分为自荐信和应聘信。

三、求职信的格式

求职信一般由标题、开头、正文、结尾、落款、附件等几个部分组成。

（1）标题。写明"求职信"或"自荐信"，第一行居中，字体略大。书本上写求职信通常不写标题，事实上目前很多求职信还是写标题的。

（2）求职信的开头，要根据不同的情况，顶格写对收信人的称谓。国有企事业单位的称谓一般写单位名称或单位的人事处（组织人事部）。民营、私营或合资独资企业的称谓一般写公司老板或人事部负责人。具体联系一般写××先生、××女士。称谓之后另起一行，写上问候语。不宜采用如"叔叔""阿姨""大哥""大姐"之类学生常用称谓。

（3）正文是求职信的主体部分。应写清楚以下几方面内容：个人基本情况，如姓名、就读学校、专业名称、何时毕业等。个人所具备的条件，如专长、特点、成果等，这是求职信的核心。

（4）求职信的结尾可提醒用人单位希望得到他们的回复或能有面试的机会。再写上表示祝愿或敬意的话。如"希望领导给我一次面试的机会""盼望答复""静候佳音"等。

（5）落款包括署名和日期。

（6）若有附件，可在信的左下角注明。如个人简历、成绩单、证书和有关材料的复印件等。

> **练一练**

下请大家讨论一下下面这则求职信的优缺点。

××经理：

　　我从《××都市报》上看到了贵公司招聘市场部助理的广告，特此写信表达我的应聘意愿。

　　我身高1.65米，相貌端庄，贤良淑德。我将于三个月后毕业于上海××大学市场营销专业。在校期间，我系统学习了市场营销、消费者行为学、市场调研、品牌管理、广告策划等核心课程，并在多个项目中担任负责人，成绩优异，多次获得学术奖学金。我熟练掌握Office软件操作，英语水平达到国家六级，具备良好的听说读写能力，并通过自学掌握了基础的德语交流能力。

　　去年暑假，我在上海××广告公司实习，参与了多个市场推广项目，积累了宝贵的实战经验。我对市场营销充满热情，渴望在贵公司这样充满活力的团队中发挥我的专业技能，为公司的市场发展贡献力量。

　　随信附上我的个人简历和相关证明材料，期待有机会与您进一步交流。

　　联系地址：上海××大学市场营销系

　　联系电话：××××××××

　　此致

敬礼

求职人：小冰

　　这则求职信优点：正文内容符合写作要求；突出专业和个人能力，有助提高求职成功率；态度诚恳、彬彬有礼；用词准确、描述详略得当，有的放矢；信件长度适中。

　　这则求职信缺点：格式存在错误，缺少标题、落款日期；落款署名应该是亲笔签名并署全名；"贤良淑德"之类的词句不适合在求职信中出现。

四、求职信写作的注意事项

　　多写自己的优势，展示业绩和能力；可适当说明自己求职注重的是某个职位更适合发挥个人的才能，为单位的发展做出贡献，而不只是考虑经济上的收入；应聘式求职函，应依据招聘条件逐条如实地表述；态度自信、恳切，尊重对方，礼貌，不卑不亢。

项目七　练习一

> **练一练**

下请大家讨论求职信的常见误区。

1．过于笼统——"我具有多年的学习和工作经验，具备良好的沟通能力和团队合作精神。我相信我能为贵公司带来价值。"（缺乏具体实例，无法体现个人特色和实际能力）

2．夸大其词——"我是无与伦比的团队领导者，拥有无与伦比的创新能力和解决问题的技巧。在我的上一份工作中，我成功地将销售额提高了500%。"（没有具体数据支持，显得不真实）

3．过度谦虚——"虽然我没有太多的工作经验，但我相信我能够快速学习并适应贵公司的工作环境。"（过分谦虚可能会让招聘者怀疑你的能力）

4．不相关的个人信息——"我热爱旅游、阅读和瑜伽。我相信这些爱好使我成为一个全面发展的人。"（除非与职位相关，否则过多个人爱好可能会分散招聘者的注意力）

5．过于随意的语言——"嘿，你们好！我听说你们在找一个像我这样酷炫的设计师。"（求职信应保持专业和正式的语气）

6．缺乏针对性——"我随信附上我的简历，希望你们能给我一个面试的机会。"（没有明确说明为什么对该公司和职位感兴趣）

7．不恰当的幽默——"我保证我不是那种只会在办公室里打瞌睡的家伙。"（不恰当的幽默可能会给人不专业的印象）

8．过于冗长——"自从我记事起，我就对这个行业充满了热情，我经历了无数的挑战和成功……"（求职信应简洁明了，过长可能会让招聘者失去兴趣）

9．缺乏行动呼吁——"我相信我是这个职位的理想人选。"（没有明确的行动呼吁，如请求面试或进一步的联系）

任务二 个人简历

案例

个人简历

PERSONAL RESUME

王小萌

照片

求职意向：医药信息沟通专员
人生格言：人之所以能，是相信能

基本信息

- 出生日期：20××.××.××
- 政治面貌：群众
- 学历：大专
- 性别：女
- 联系方式：
- 邮箱：

教育背景

- 20××.10—20××.06　　××学院　　　　　市场营销
- 主修课程：市场营销策划、推销与谈判技术、消费者行为学等
- 自学专业：会计实务，会计经济法基础。

实习经历

20××.04—20××.06　　×××公司　　　化妆部　　首席化妆师
- 负责给顾客化妆及服装的搭配
- 负责配合市场部策划宣传品牌服装

20××.07—20××.08　　××有限公司　　销售部　　拓客专员
- 负责给银行开拓商家收款码用户，审核通过后教商家使用收款码及售后服务
- 整理商家信息并上报给银行

自我评价

- 为人乐观，积极向上，不断从工作中吸取经验，快速成长，自学能力强
- 有较强的责任感和事业心，工作认真积极
- 性格开朗，善于沟通，有良好的团队合作意识和协调能力
- 适应能力强，积极，灵活，爱创新，有独特的想法

简历是一种市场推广（Marketing）的手段，是用于应聘的书面交流材料，它向未来的雇主表明你拥有能够满足特定工作要求的技能、态度、资质和资信。简历就是你自己的一份广告，能把自己成功推销出去的广告，自己就是商品，就是要向你的目标群体说明你是他们最需要的，而且你不仅仅是要证明自己是他们需要的，而且要证明自己是必要的才可以。所有的求职材料中，简历是最核心的内容。

一、简历的基本内容

1．个人基本信息

一般包括姓名、政治面貌、毕业院校、所学专业、住址、电话、电子邮箱等内容。提供过多的个人信息，一是会透露自己过多的个人信息，二是过多的个人信息并不会引起HR的注意，反而有时还会使其反感。

2．求职目标

说明求职者想要从事什么样的工作。虽然对于简历是否要明确求职目标说法不一，但从HR角度考虑，没有人愿意去阅读一份未明确应聘职位的简历。求职在制作简历的时候最好标注自己要应聘的职位。

3．工作经历

工作经历是简历的重头戏，不管全职还是兼职，是有薪还是义务，校园实习还是社会实践，是课题经验还是项目经验，都可以算是工作经历，我们要突出写的只是选择与应聘岗位密切联系的工作经历，使我们的简历既能突出自己的亮点，又能保证内容的充实。

4．教育背景

教育背景是应届毕业生或者任何无工作经验的求职者需要用心准备的内容。学校正规的教育、自我提升和学习经历、参观专业机构的培训内容都可以在教育背景中说明，但前提是培训经历要与所应聘的工作相关。

5．所获荣誉

更多的荣誉称号会增加你获得面试的机会。

6．技能及证书

包括外语水平证书、计算机能力证书、各项认证考试证书、培训证书、从业资格证书，只要与应聘职位相关的，都可以列入简历。

二、简历的格式

1．时序式简历

时序式简历，即按照时间顺序（一般是倒叙）制作的简历，是目前使用最为广泛的简历格式，其中的工作经历、教育背景均按照倒叙的方式详细阐述。

时序式简历着重于对工作经历的详尽描述，且时间顺序比较清晰。

时序式简历模板如下。

时序式简历模板

姓名：
地址：
手机号码：
固定号码：
电子邮件：
求职意向：（申请的职位名称）
工作经历：（可添加实习经历、项目经历、校园活动经历等，但要使用倒叙写法）
教育背景：（可添加培训经历）
技能及其他：

 案例

张明
135××××××××
0374××××××××
dq@163.com
求职意向： 中国移动通信集团管理培训生
教育背景： 2022.9—2025.3　　北京师范大学　　金融学专业　　　　　　　　　　　经济学硕士 2018.9—2022.7　　四川大学　　　人口、资源与环境经济学专业　　　经济学学士
实习经历： 2023.4—2023.12　北京师范大学成人教育学院　兼职讲师 ◆为函授 14 级、15 级信息管理专业、经济管理专科学生讲授专业课程 ◆课堂包括《组织与管理概述》《市场营销学》《管理学》《人力资源》等 ◆采用 PPT 讲解、放映教学录像等多种教学手段，课堂气氛活跃 ◆通过授课积累了一定的讲课经验，提高了理论与实践的结合能力；锻炼了沟通能力、组织能力以及语言表达能力 2023.2—2023.5　北京师范大学国际文化交流中心　项目助理 ◆顺利完成为期 2 个月的日韩留学生汉语教育计划 ◆参与校方在日韩期间的英文翻译工作 ◆协助项目负责人为留学生办理出入境手续
校园活动： 2023.9—至今 担任班长 ◆负责三年中秋、元旦大型晚会的筹划工作及具体运作 ◆负责班级在学院体育赛事的赛前动员工作及后勤保障工作 ◆在实践中不断提高团队合作能力、沟通能力、策划能力以及组织能力
技能及爱好： ◆ 大学英语六级，口语流利，曾担任语言翻译 ◆ 熟练使用 Word、Excel、PPT、SPSS 等常用软件 ◆ 热爱绘画，曾参与《中国少儿百科全书》（第六版）的插图绘制工作 ◆ 爱好音乐，曾在北京师范大学校园文化大赛中获"最佳歌手奖"

2. 功能式简历

功能式简历以求职者具备的能力为核心展开陈述,全面以求职者在工作中具备的技能、能力为主题,强调技能、资质、能力、业绩和成就,而忽略时间顺序,不对工作经历和教育背景作详细陈述。功能式简历模板如下。

功能式简历模板

姓名: 地址: 手机号码/固定电话: 电子邮件: 求职意向:(申请的职位名称、职业生涯规划)
职业能力总结:(与申请职位相符的技能,该技能匹配的工作内容以及获得的成就)
工作经历:(简单罗列出工作时间、单位名称,职务名称即可)
教育经历:(简单罗列教育时间、学校、专业名称即可)
其他技能:(外语、计算机能力等)

 案例

张明 北京市石景山区古城西路 117 号楼 138×××××××× 010××××××× zhangming@163.com
求职意向: 大型零售业分店店长
任职资格: →管理能力 ◆具有 2 年丰富的物业租赁管理经验 ◆曾负责年销售额 300 万元零售企业的行政工作,包括企业信息及日常办公事务管理、行政后勤保障、车辆及安全管理等事宜 ◆能够胜任公司新员工的培训工作,并将企业的新制度和运作流程传达至老员工,使企业员工遵照执行 →组织能力 ◆筹备、策划并组织公司年会,确保全体员工安全和年会顺利进行 ◆多次策划公司的聚餐、郊游活动,增进了员工之间的沟通与交流

功能式简历注重的是求职者岗位胜任能力的阐述,教育背景和工作经历虽然也是按照时间倒叙形式描述,但是只是在简历的后半部分一笔带过。

3. 混合式简历

混合式简历是时序式简历和功能式简历的结合，采用时间倒叙陈述使逻辑更加清晰，采用技能总结使岗位胜任素质更加突出，融合了时序式简历的可靠性和功能式简历的实用性，是一种很好的简历。混合式简历模板如下。

混合式简历模板

姓名：
地址：
手机号码：
固定电话：
电子邮件：
求职意向：（申请的职位名称、职业生涯规划等）
任职资格总结：（与申请职位相符的工作年限、教育培训经历、成就等总结）
职业技能总结：（与申请职位相符的外语、计算机能力、从业资格认证等总结）
工作经验：（以倒序方式写出工作单位及职务、职责权限、业绩以及获得的锻炼）
教育背景：（简单罗列出教育时间、学校及专业名称即可）

 案例

张明 北京市海淀区苏州街 121 号 150××××××× 010××××××× zhangming@163.com
求职意向： 大型企业人力资源经理
职业总结： ◆ 3 年大型企业人力资源管理工作经验 ◆ 系统掌握现代企业人力资源管理模式 ◆ 在绩效、培训和薪酬管理方面积累了丰富的实践经验 ◆ 良好的沟通能力、协调能力、执行能力
技能总结： ◆国家高级人才资源管理师证书 ◆大学英语六级证书 ◆熟练掌握办公应用软件
→客户服务能力 ◆为客户提供信息查询和咨询服务，满足客户需求，提高客户满意度 ◆妥善处理客户投诉，使客户对投诉处理的满意度达到 90% →财务能力 ◆提供客户信用评估报告和制定合同协议条款 ◆擅长制订货款回收计划，具有丰富的应收账款回收经验

续表

工作经历：		
2023.8—2024.9	北京物美价廉集团	营业部主任
2022.5—2023.7	北京科空物业管理有限公司	财务部应收账款主管
2021—2022	北京环宇有限公司	综合部办公室助理
教育背景：		
2018.9—2022.7	北京信息工程学院　　工商管理专业　　管理学学士	
技能：		
英语水平：大学英语六级		
计算机技能：熟练使用 Word、Excel、Powerpoint 等办公软件		

三、简历写作的技巧和注意事项

1．避免冗长

应聘者生怕简历薄，不够分量，引不起招聘者的重视，会写很多内容，殊不知看简历的大多是企业领导，经理们日理万机，那些冗长、空洞的简历，还来不及看完开头就被扔到了一边；甚至简历太厚，放进人才档案库都嫌挤占空间。所以，撰写简历还是以简洁精练、重点突出为好。

2．避免虚夸

有的应聘者错误地认为简历写得越奢华、越夸张越好：知识无所不懂，技能无所不通，极尽夸张，任意拔高。其实，脱离自身能力的虚夸，往往适得其反，招聘者一看就留下了不诚实、不踏实的印象；尤其到了面试时，张口结舌，露出狐狸尾巴，落得个"聪明反被聪明误"。

3．避免过谦

有的应聘者从一个极端，走到另一个极端，简历写得过于谦虚：行文小心翼翼，措辞扭扭捏捏，缺乏自信。招聘者看了，还以为你真的"没料"，对你胜任工作的能力产生怀疑，最终与成功失之交臂。所以，简历还是应当实事求是，朴实无华。

4．避免遗漏要点

有的应聘者，尤其是刚毕业的求职者，缺乏社会经验，写简历眉毛胡子一把抓，无关紧要的写一大堆，捡了芝麻丢了西瓜，把真正的要点遗漏了。一份简历通常要写明：基本情况、学历、资历、特长、求职意向、应聘要求、联系方法等，这些要点遗漏了，就会给应聘者带来不必要的麻烦和损失。

5．避免喧宾夺主

有的应聘者为了突出自己一专多能的素质，在写简历时，主次不分，轻重无别；甚至把业余爱好浓墨重彩，喧宾夺主。使招聘者看后，分不清你的特长和优势到底是什么。所以，写简历一定要重点突出，你的重点应该放在呈现你的"亮点"上，主次分明，以便人尽其才。

6. 避免书面差错

现在，应聘者写简历多是电脑打印，简历写完后，一定要调整格式，符合行文规矩，选择适当字号和字体，用词要准确，如用"参与""协助"代替"负责"，加粗重点部分引起阅读者重视，或用编辑技巧、粗体、下划线、项目符号，使版面整洁、美观；然后要反复检查，认真校对，避免涂改和错别字；最好征求朋友或家人的意见，反复修改后再定稿打印。

项目七　练习二

"简历查错歌"

简历首查错别字，语句通顺在其次。
时间经历逻辑通，信息精准要三思。
不做假账讲实事，前后标点要一致。
行距统一外观美，对齐功夫有人知。

参考文献

[1] 关莹，李淼，李伟权. 应用文写作[M]. 4版. 北京：清华大学出版社，2024.
[2] 孙发禄，徐景宏. 应用文写作[M]. 2版. 北京：中国财政经济出版社，2024.
[3] 徐中玉. 应用文写作[M]. 6版. 北京：高等教育出版社，2023.
[4] 周妮，唐丽莉. 应用写作[M]. 北京：北京出版社，2021.
[5] 耿云，康莉霞. 应用文写作[M]. 5版. 北京：清华大学出版社，2023.
[6] 刘金同，刘金来，刘晓晨，等. 应用写作教程[M]. 北京：清华大学出版社，2023.
[7] 罗永妃，王强. 应用文写作[M]. 上海：华东师范大学出版社，2023.
[8] 凌伟荣. 应用文写作[M]. 杭州：浙江大学出版社，2022.
[9] 薛颖. 新时代应用文写作[M]. 西安：西安电子科技大学出版社，2022.
[10] 郭青春. 职场应用文写作[M]. 北京：电子工业出版社，2022.
[11] 党政公文写作格式与范例编写组. 党政公文写作格式与范例[M]. 3版. 北京：中共中央党校出版社，2021.
[12] 陈承欢. 财经应用文写作[M]. 2版. 北京：人民邮电出版社，2021.
[13] 朱孔阳，吴义专. 商务应用文写作教程[M]. 2版. 大连：东北财经大学出版社，2021.
[14] 余效诚. 经济应用文写作[M]. 2版. 北京：清华大学出版社，2020.
[15] 肖清华，俞秀红. 应用文写作教程[M]. 2版. 南京：南京大学出版社，2020.
[16] 刘常宝. 财经应用文写作[M]. 2版. 北京：机械工业出版社，2019.
[17] 苏豫. 办公室公文写作[M]. 北京：中国商业出版社，2019.
[18] 王首程. 应用文写作[M]. 4版. 北京：高等教育出版社，2019.
[19] 孙晓，郎红玲. 应用文写作[M]. 北京：化学工业出版社，2019.
[20] 张建，尹莉. 应用写作[M]. 北京：高等教育出版社，2019.